豪商 鴻池

Wealthy Merchants, The Kōnoike Family
—Their Life and Culture—

—その暮らしと文化—

ごあいさつ

豪商・鴻池家は、十七世紀初頭に始祖の山中新六が摂津国川辺郡鴻池村（現・伊丹市）から大坂・内久宝寺町に進出し、大規模な酒造業・海運業を展開したことで発展の足掛かりを得ました。十八世紀初頭には大坂を代表する両替商として成長し、鴻池新田を開発するなど、「質素倹約」を旨とし、安定した経営に努めたのです。

明治維新を迎え、時代の荒波により両替商の多くが没落していくなか、鴻池家は第十三国立銀行、ついで鴻池銀行を設立するなど、数度の家政改革を経て、十一代幸方《ゆきかた》の時代には大阪経済界の名門としての地位を確固たるものとしたのでした。

文化面では、鴻池家には茶の湯に精進し茶人として知られた人物を多く輩出しました。四代宗貞《むねさだ》（一六九八～一七四五）、五代宗益《むねます》（一七一七～一七六四）、分家の鴻池道億《どうおく》（一六五五～一七三六）、別家《べっけ》の草間直方《くさまなおかた》（一七五三～一八三一）などの名は広く知られています。鴻池家は表千家との交流が深く、七代如心斎《じょしんさい》・八代啐啄斎《そったくさい》らと交わり、大徳寺塔頭《たっちゅう》の玉林院へ「南明庵《なんめいあん》」「蓑庵《さあん》」「霞床席《かすみどこせき》」（重要文化財）を寄進したほか、名物を含む多くの茶道具を積極的に蒐集しました。これらの茶道具類は昭和十五年（一九四〇）に「松筠亭《しょういんてい》蔵品」として展覧・入札され、世に出ることになります。

ここでは、豪商・鴻池家の草創から両替商としての成功の過程、茶の湯を中心とした文化交流のありさま、明治時代から昭和初期にかけての経営と暮らしについて広く紹介し、豪商・鴻池家の姿を浮き彫りにしていきます。

平成十五年三月

大阪歴史博物館

凡例

◇本図録は、大阪歴史博物館において企画・開催される特別展「豪商鴻池—その暮らしと文化—」(平成十五年三月十二日(水)～五月五日(月))の展覧会図録である。

◇本図録は、出品資料のうち主要なものを掲載している。なお、展覧会に出品しない作品等を数点掲載し「参考」と明記した。

◇掲載図版の番号および配列は本図録独自のものとし、展示場の配列とは異なる。

◇巻末の出品目録の番号は、本文中の番号と対応する。但し、本図録に掲載されない出品資料については番号は付さない。「参考」と表記した資料は、写真パネルにより展示する。

◇所蔵者については、博物館・美術館など公的機関は明示したが、個人については個人蔵とした。なお、◉は国宝を、◎は重要文化財を、○は重要美術品を示す。

◇掲載図版に所蔵者名の表記がないものは、大阪歴史博物館蔵である。

◇随時展示替をおこなうため、図録に図版が掲載されている資料・作品が会場に陳列されていない場合がある。

◇作品名は、基本的に所蔵先の表記に従ったが、語句の統一を図るため、一部変更したものがある。

◇本図録で使用した用語のなかには、その時代の状況を理解するため、当時使用されていた用語のまま使用しているものがある。

◇扉解説・作品解説は、大阪歴史博物館 学芸員・松浦 清(M)、船越幹央(F)、内藤直子(N)、中野朋子(T)、八木 滋(Y)が執筆した。その分担は、各文末の( )内に、上記のイニシャルで示した。

◇巻頭の「鴻池家の日々—『堀幸清回想録』にみる大正・昭和初期の暮らし—」は船越幹央が、巻末の「鴻池家の茶の湯」は中野朋子が執筆した。「鴻池家系図」「鴻池家年表」「鴻池家大坂市中所持屋敷の分布」「算用帳から見える鴻池家の資産の推移」の各図表は、八木 滋による。

◇本図録の編集は、中野朋子が担当した。

◇図版写真は、原則として各所蔵者からの提供を受けた。

◇英訳は、阪本好子が担当した。

目次

鴻池家の日々

「堀幸清回想録」にみる大正・昭和初期の暮らし

船越　幹央

一

鴻池家の大正・昭和初期の日常を知ることができる重要な資料に「堀幸清《よしきよ》回想録」がある。これは、十一代鴻池善右衛門《ぜんえもん》幸方《ゆきかた》(一八六五〜一九三一)の子息である堀幸清氏によって、平成二年(一九九〇)八月から十月にかけて筆録されたもので、自筆稿本として鴻池家に残されている。そこには、六十ページにわたり、家族以外にはうかがい知れなかった鴻池家の日々の暮らしが細やかに綴られている。

回想録は、大正七年(一九一八)生まれの堀幸清氏の幼少時の記憶に基づいている。すなわち、大正末頃から、善右衛門幸方が逝去する昭和六年(一九三一)に至る時期を振り返ったものである。この時期の鴻池家は、大正八年(一九一九)に日銀出身の加藤晴比古を迎え、新たな経営刷新を進めていた。その事業は、鴻池銀行・鴻池信託銀行・鴻池合名会社へと収斂していき、鴻池ビルディングが落成、当主幸方は還暦を迎え(大正十三年)、晩年の時を過ごしていた。

二

回想録は、次のように書き始められる。

父は一言で云へば一国一城の主、即ち「お殿様」であり一家の頂点に立っていて、家族及び使用人の末に至る迄其の威光はあまねく行届いていて、当然ではあるが父の存在に依って今橋本邸内の秩序が保たれ、平穏の内にも緊張した日常の時が流れていた。

この一文は象徴的である。なぜなら「鴻池善右衛門」という威光は、家内だけでなく、ひろく世間に及んでいたからである。鴻池家は、江戸時代から明治時代にかけて、三井家や住友家と並んで日本を代表する富豪であった。明治時代半ば、善右衛門幸方が大阪の財界人らによって設立された日本生命・大阪貯蓄銀行などの社長・頭取に就いたのも、鴻池家の名声と信頼に負うものであった。

では、その日常の時とは、いかなるものであったのか。様式の面から言えば、それは「和」と「洋」とが混在した生活であった。回想録には、それを示す興味深いエピソードが記されている。鴻池銀行や合名会社の重役を招いて行われた玉突き会・晩餐会でのこと。洋館の玉突場で、ビリヤードを楽しみ、晩餐は洋食のフルコース。そして、食事のバックには蓄音機から音楽が流れている。ところが、その音楽は浄瑠璃であったという。

浄瑠璃は幸方の好みであった。鴻池家の日常の基本は、伝統的な「和」の様式に基づくものであったが、日常生活の一部や来客へのもてなし、そして趣味などに「洋」のスタイルが取り入れられていたのである。

三

父の日常に付ては多くの思出が有るが、一言で云へば非常に規則正しい生活であった。朝食は「大座敷」で七時半、トーストにオバルチン(コーヒー、紅茶、牛乳は飲まない)果物位で軽く済ませたあと、其の日の昼食と夕食の献立を決めて口述し、女中頭が之を献立帳に筆記する。献立帳は即刻、待ちかまへている料理人の手元に届けられ、二人の料理人の活動開始となる。

幸方の朝食は洋食であったが(オバルチンは麦芽飲料の一種)、昼食と夕食は主に和食で、それを調理する料理人は老舗割烹店「升仁」で修業した勇吉と縫之助であった。料理場には石畳が敷かれ、天窓から光が射し込んだ。大俎に向かって、高下駄を履いた勇吉が包丁をふるい、縫之助もまた別の俎で調理をした。煮物や焼き物はかまどで行われ、冷蔵庫もあったし、隅の井戸では夏、麦茶や西瓜を冷やした。この料理場で、家族や女中達の食事が作られたのである。

料理場の一日は鰹節を削る音で始る。次に一日分の出汁《ダシ》を昆布と鰹で大鍋に二杯作る。その内に出入りの魚屋から、其の日の朝入荷した鮮魚の品書きが届き之が直ちに父の手元に提出され、前述の如く、父が自ら当日の献立を決めて八時半頃には献立帳が料理場へ戻って来るので、料理人達は即刻活動を開始する。父の好みの魚は筆頭が真鯛、以下すずき、めいた鰈《カレイ》、平目、はも、等の白味《〔ママ〕》の魚が主で鯵、鯖、鰯、マグロ、フグ等は全く食べなかった。然し穴子、鰻、鯨、スッポン、キンコ(なまこの乾物)は好んでいた。

その最も好んだ鯛を使った料理のひとつが「鯛のおコウコまぶし」であった。

父が屢々献立にのせ、私たちも大好きであった料理を一つ挙げると、それは「鯛のおコウコまぶし」である。関西では大根の沢庵漬けを「おコウコ」と言う。此の料理の作り方は割に簡単で、先ず「おコウコ」を可能な限り俎の上で微塵に切り刻み、之を薄めた酢に軽くくゞらせた鯛の刺身に万辺なくまぜ合せて器に盛って出来上りと云う訳である。見た目にも美しく、私は之を鴻池家名物料理の筆頭に掲げたいと思う。唯注意すべき点は沢庵の選定であり、子供の舌でも其の日使った沢庵によって出来、不出来が識別出来た位だから料理人もきっと神経を使った事と思う。

父は味付には厳しく、出された料理の味付けが気に入らぬ時には料理場へ戻して作り直しを命ずる事も稀ではあるが私は見て来た。この様な時私は勇吉が可愛そうと思った事である。

大阪の駸々堂から明治三十三年(一九〇〇)に出版されたあきしく編『家庭の栞 第一編』には、これと全く同じ料理が「黄金鯛」の名で簡易料理のひとつとして紹介されている。当時大阪で食されていた一般的な料理と考えてよいものであろう。

さて、いまひとつ幸清氏の記憶に残った食べ物について触れておこう。それは銀杏である。

毎年秋鳥取県鹿野《シカノ》の幸盛寺《ユキモリデラ》(山中幸盛のお墓の有るお寺)から境内に在る大銀杏の「ギンナン」が沢山送られて来る。母はお納戸の大形の角火鉢でこの「ギンナン」を炒って私達や女中達に食べさせた。〔中略〕お納戸の角火鉢には色々と思い出が多く、お餅、かき餅、酒の粕、するめ等を母や女中頭が焼く匂をかぎつけて、よく此の火鉢の側に坐りに行ったものである。

山中幸盛《ゆきもり》(鹿介《しかのすけ》)は戦国時代の武将で、鴻池家の遠祖とされる。その墓所のある幸盛寺《こうせいじ》は鳥取県気高郡鹿野町にあり、樹高約三十五メートルの大銀杏も健在である。

四

鴻池家では、経営する銀行などとは別に、家を切り盛りするために大勢の人々が働いており、総勢四十名余りにのぼる。幸方専属の上女中が三人、妻路子の用を受けるお納戸女中が八名、四人の子息に一人ずついるお付きの女中、その他、御飯炊女中、洗濯係の女中、看護婦と、女性だけで十八人。男性が、勘定場員五名、門衛二名、男衆八名、庭・植木係、運転手、運転助手一名か二名、料理人二名、そして大工。それに加え、重役室に詰める執事、次席執事、家庭教師がいた。

午前九時頃になると、勘定場員や男衆《オトコシ》も出揃い老執事の平井直三郎、次席執事の渡辺竹三郎も自席に就いてシャッターキャビネットを開いて仕事を始める。一方女中達は、広い家中を夫々の持場に分散して掃除に多忙を極め、邸内には活気が漲って来る。

朝の仕事のひとつに仏壇のお供えがあった。仏様のお守り役は路子であり、幸清氏もそれをよく手伝った。なかでも仏間の雰囲気は強く印象に残っている。

御先祖の祥月命日には顕孝庵の住職有沢透関和尚が回向に来られる。この時母・私・女中頭の三人が仏間の次の間へ坐ってお経を聴いてお焼香をする。〔中略〕尤も幼い目には暗い火灯《カトウ》窓の奥の一円宗信様、円理妙元様のお木像や鬼子母神様の立像が少々恐かったが、次第に仏間の神秘的な雰囲気やお経の声明、カネ、木魚、の音、香の薫りなどに魅力を覚える様になって行った。

顕孝庵《けんこうあん》は鴻池家の菩提寺で、現在の大阪市中央区中寺にある曹洞宗の寺院。また、目に焼きついた木像の主、一円宗信様は初代善右衛門正成、円理妙元様はその夫人種である。当主幸方は次に述べるように天神様への信仰が篤かったから、仏事は路子が務めた。

五

鴻池家の暮らしのなかに「洋」の要素が多分に入り込んでくるのが、幸方の趣味である。ここ

1・2 鴻池正成(右)・種木像　　鴻池家蔵

初代善右衛門正成(1608～1693)とその夫人種の木造。正成は、始祖新六の八男で、父や兄に従い大坂に出て、海運業をはじめた。父新六の死後、大坂の店を相続した。明暦2年(1656)より両替店を開店し、のちに十人両替の一人となった。正成は、健康で子にも恵まれ、性格も楽天的で、しかも質素倹約につとめ家業に励んだという。大坂の鴻池家の基礎を築いた人物である。(Y)

では「御運動」と呼ばれたものを紹介しておこう。

健康を保つには又適度の運動が欠かせないが、こゝで思い出すのは、家人の称する父の「御運動」に付てである。之は実は父が自家用車で、一時間か二時間市内や近郊をドライブする事を云う。行先は父の崇敬する天満宮、氏神の座摩神社、或は住吉神社等主として神詣でである。予定の時刻（大てい午後早々）に父は衣服を改め大好きな舶来の香水《コティ》をスプレーし、中折帽《ソフト》を被《カブ》ってお居間を出る頃合を見て勘定場の手代上りの忠勤者住山兎三郎が「黒テ」のあたりで大声で「お出ましでっせー」と叫ぶ。

ハイカラなドライブと「お出ましでっせー」という大阪弁の掛け声が、何とも不釣合いで微笑ましい。出掛けるとき、粋な洋装に召しかえるところがまた、ドライブが当時特別な人にのみ許された趣味であったことをよく物語っている。「コティ」は、フランスの著名な香水・化粧品会社である。

さて、ドライブの行き先に「崇敬する天満宮」とあるが、幸方は慶応元年（一八六五）、つまり乙丑年の五月二十五日生まれで、幼名を丑之助といった。そのことから天神様を崇敬し、本邸内には天神様を祀って毎月二十五日には祭祀を行ったし、南邸にはお初天神大座敷という部屋もあった。また、大阪天満宮・北野天満宮をはじめとする各地の天満宮に奉幣している。

なお、幸方の多彩な趣味については、別項に述べたのでここでは割愛したい。

六

さて、回想録は興味深い内容に満ちているが、最後に鴻池家におけるハレの日のことを引いておこう。まずは、幸方の姉妹（和田愛・大村内《だい》）らも招いて行われる幸方の誕生祝いを紹介しよう。

父は毎年五月廿五日の誕生日にはお十畳と次の間八畳半の仕切りの襖を外し、盛大なパーティーを催した。母と私達子供の他、和田の伯母及大村の叔母も列席した。次の間には家職の重立った人達が居並ぶ。幼かった私の目にも優雅に映ったのは、母、伯母、叔母、が「紋付の御裾引き」で静々と入って来て座に着く姿である。〔中略〕此の日は女中達も小ざっぱりした着物に日本髪を結って料理を次々と運び、御酌にも忙しい。頃合を見て家職の誰かゞめでたい謡をうたって父の誕生日をお祝いする。

宴が酣《タケナワ》に達すると、待ちに待った「大福引」が始る。上女中頭が大三宝に山と積まれた最中《モナカ》を捧持して入室し、来会者の席を回って一個づゝ取ってもらう。〔中略〕全部終ると最中を一斉に割って中に入っている番号札を出し、女中達が一人づゝ受取っては賞品の番号と照合して夫々の列席者に賞品を渡す。賞品は「反物」が主で、あとは「債券」が多く、子供向きの品物は無かったが、福引と云ふ催しそのものが楽しいものであった。

（参考）　昭和初期の大阪天満宮
（『産業と風光の大阪』）

そして、もう一日は元旦であった。

元旦の儀式はやはりお十帖〔ママ〕だが、父母子供達だけの小人数で静かに行はれる。母以下順々に南向に坐っている正装の父の前へ進み出て両手で懐紙を差出す。父は三宝に盛られた厚く削った鰹節一片と梅干一個を箸で取って懐紙の上へ乗せてくれる。私達は梅干が紙からころげ落ちない様に捧げ持って自席に戻り、お膳の脇に置き、之が済むと異口同音に「あけましておめでとう」と父に挨拶する。

それから九谷焼の湯呑の蓋を取って「大福《オオブク》」を飲む。頃合を見て、御雑煮が運ばれて来る。黒塗に父の紋の付いた御椀である。御雑煮は勿論白味噌仕立で、円いお餅と里芋と大根の短冊と、「常節《トコブシ》」の薄切り一きれが入っている。祝儀だから「お屠蘇」も朱盃に注がれる。「味醂」が台になっているので甘くて口当りがよいが酔うからと云うのでほんの一口だけに止める。之でお十帖での元旦の儀式が終り、しびれた足を引ずり乍ら自室へ戻る。

活気のあるなかにも、穏やかな時間が流れていた大正・昭和初期の鴻池家。回想録から、その一端をしのぶことができる。

「堀幸清回想録」の引用に際しては原文を尊重したが、読みやすさを考慮して原文にない改行を施した部分がある。また引用文の配列は原文をかなり組み替えたものになっていることをお断りしておきたい。なお、（　）は原文にあるもので、〔　〕は引用者によるものである。

（ふなこし・みきお　大阪歴史博物館　学芸員）

豪商鴻池誕生

鴻池の家と経営

鴻池善右衛門《ぜんえもん》家は、江戸時代、大坂を代表する豪商として知られている。鴻池家は摂津国川辺郡鴻池村（現在の兵庫県伊丹市）の出身で、始祖の新六幸元《ゆきもと》が慶長年間（一六〇〇年前後）に酒造業（清酒）をはじめた。初めて清酒を発見したのが新六だという伝承があり、醸造した清酒を江戸へ出荷して、大きな財を成すようになった。大坂へは元和年間（一六一五～一六二四年）に進出した。酒の銘柄は、大坂で「清水」、鴻池村では「相生」といった。

大坂の店は新六の八男善右衛門正成《まさなり》（善右衛門家初代）が相続した。海運業にも進出し、次第に大名貸も行うようになり、十七世紀のなかばには両替店を開業するようになった。寛文十年（一六七〇）には少なくとも十人両替（両替商仲間の筆頭）の一人となっており、この頃には大坂有数の大商人に成長していた。十七世紀のおわりには、本拠を大坂に進出した当時の内久宝寺町《うちきゅうほうじまち》から今橋二丁目に移した。三代善右衛門宗利《むねとし》の代には、酒造業・海運業を廃業し、両替商のみの経営とした。また、十八世紀のはじめには、大和川の付け替えにより、河内国若江郡の土地の開発を請け負い、鴻池新田とした。

このように、十八世紀のはじめ、三代宗利の時代に鴻池家は大坂を代表する豪商としての地位を確立したといえる。これ以降は、諸大名の蔵元《くらもと》や掛屋《かけや》、大名貸を中心に経営を行い、これまでに形成した財産を減少させないように安定した経営を進めた。この間、巷間の「長者番付」では常に「大関」の地位にあり、幕府から課せられる御用金では常時最多の額を上納していた。また、金銀改鋳の際の引き替え御用も行った。江戸時代後半から幕末にかけては、諸大名の財政の悪化など困難な状況にあったが、安定した経営につとめた。幕末には他の両替商や、鴻池と並び称される住友や三井が経営を悪化させたのとは対照的であった。　（Y）

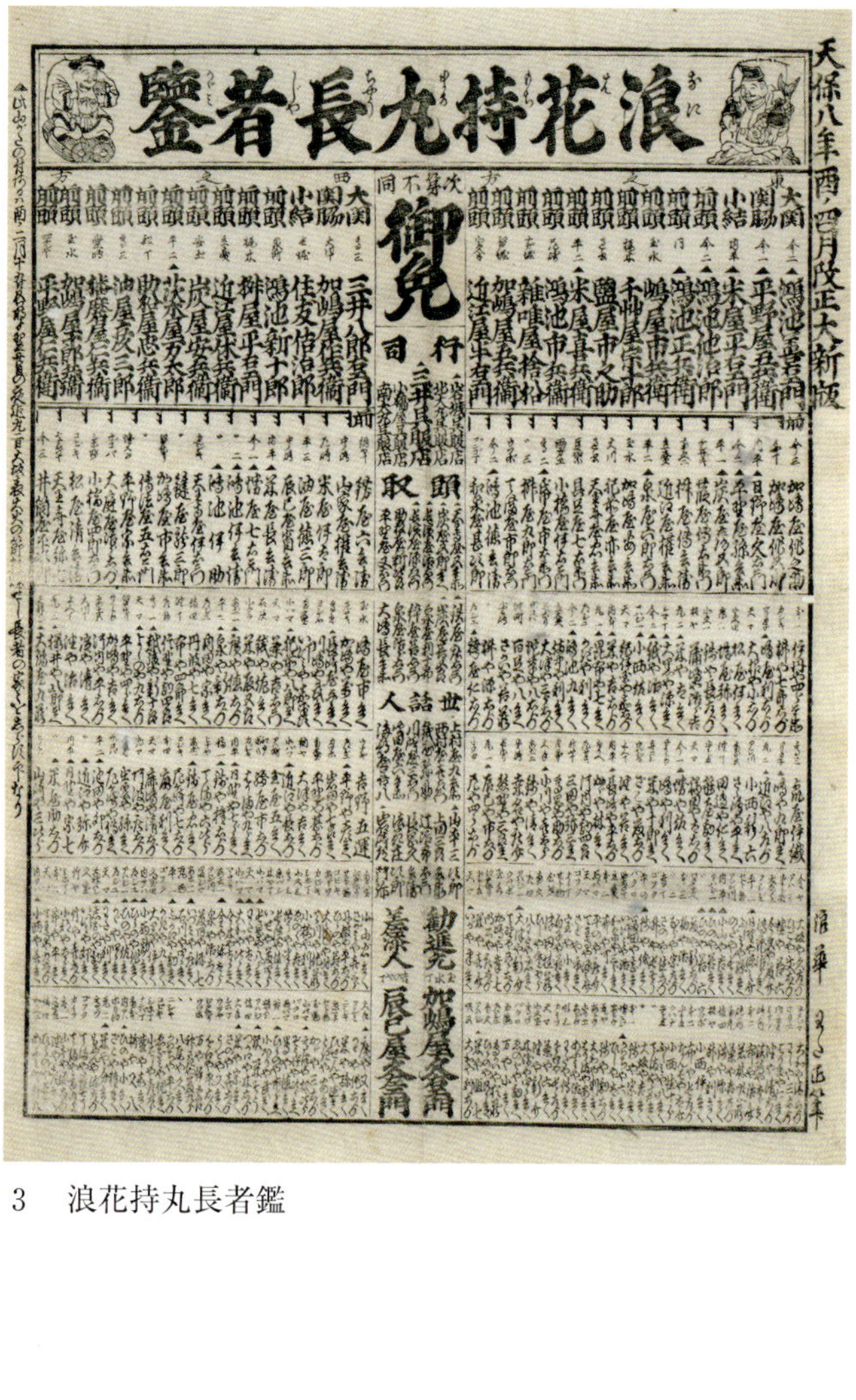

3　浪花持丸長者鑑

天保８年（1837）４月の大坂の「持丸長者」、すなわち金持ちの番付である。東西合わせて300名の名前が挙げられている。その東大関に鴻池善右衛門の名が見える。他にも鴻池の分家・別家が名を連ねている。東の１段目に他治郎・正兵衛・市兵衛、２段目に徳兵衛、３段目に九兵衛、５段目に治郎兵衛、西では１段目に新十郎、２段目に伊兵衛・伊助がいる。なお、▲印は大塩の乱で類焼した長者の家。（Y）

善右衛門歴代

鴻池家の始祖、新六幸元《ゆきもと》の二男善兵衛《ぜんべえ》秀成《ひでなり》と三男又右衛門《またえもん》之政《ゆきまさ》は元和元年（一六一五）と三年（一六一七）にそれぞれ分家して、大坂に進出して酒造業を営んだ。新六も続いて大坂に店を構えた。鴻池村の本家は新六の七男新右衛門《しんえもん》元英《もとひで》が継ぎ、大坂の店は八男善右衛門正成《まさなり》が継いだ。この善右衛門家が、成長してこれ以後の鴻池家の中心になっていく。又右衛門家も大坂和泉町で財を成し、長者番付の上位に顔を出している。

善右衛門家では、初代正成は二代之宗《ゆきむね》の時代、三代宗利は四代宗貞《むねさだ》・五代宗益《むねます》の時代にも存命しており、強い影響力をもっていたと考えられ、鴻池家の基礎を固めた。分家の中では四代宗貞の養子善《ぜん》八《はち》（善兵衛家の分家、以後善五郎《ぜんごろう》・他次《たじ》郎《ろう》を名乗る）の家が大きい。当主の妻は、一族の娘や三井、天王寺屋五兵衛、加島屋作兵衛など名だたる豪商の娘である。逆に鴻池家の娘も天王寺屋五兵衛、住友、千草屋などに嫁いだり、養子に行ったりしている。豪商同士で、婚姻関係を結んでいたのである。また、又右衛門之政は鴻池一族の菩提寺として高津中寺町に顕《けん》孝庵《こうあん》を建立した。（Y）

山中幸盛（鹿介［しかのすけ］）（？～1578）の画像。鴻池家の系図では、遠祖とされる。出雲の戦国大名尼子［あまこ］氏の武将で、毛利元就により尼子氏の居城月山富田城が開城された後も、尼子氏再興を図って各地を転戦したが、毛利氏に播磨の上月城を攻められ、尼子勝久は自刃し、幸盛も捕らえられ殺害された。尼子氏再興を図った勇将として後世に知られ、人気を博した。（Y）

4　遠祖山中幸盛《ゆきもり》画像　鴻池家蔵

鴻池家始祖、新六幸元（1570～1650）の画像。鴻池家の系図では、戦国大名尼子氏の勇将山中幸盛（鹿介）の子（あるいは孫）とされる。摂津国川辺郡鴻池村に住み、慶長年間（1600年前後）から酒造業を営み、江戸に出荷して財を成した。後に大坂にも店を構え、その後の鴻池家の基礎を築いた。また、職人が酒樽に灰を入れるのを見て清酒を発見したという説話も残っている。（Y）

5　始祖鴻池新六画像　鴻池家蔵

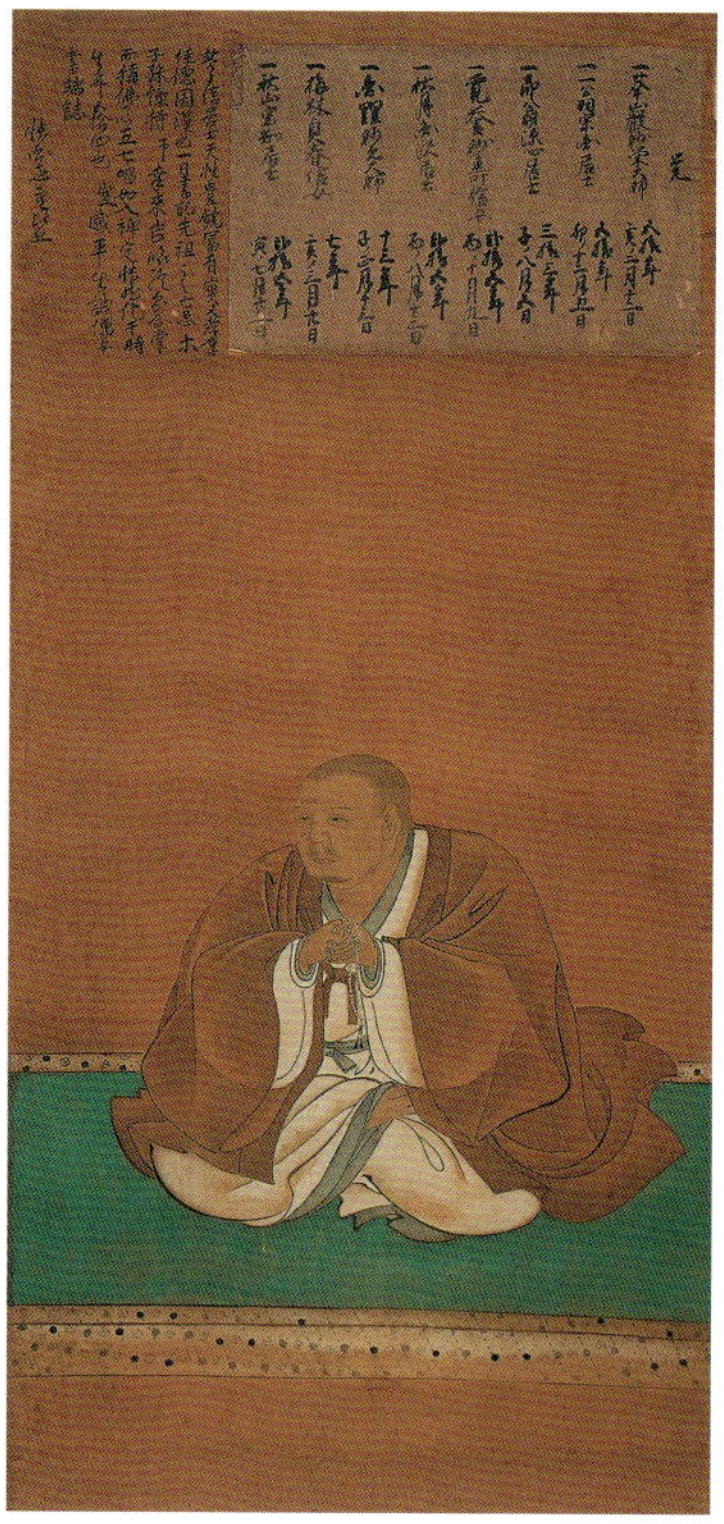

二代喜右衛門之宗（1643～1696）の画像。初代善右衛門正成の二男で、寛文３年（1663）に家督を相続した。この之宗のみ、喜右衛門と称した。之宗が当主だった時期は、父正成も存命で、二人で豪商としての地位を確立したと考えられる。この時期は、大名貸を始め、内久宝寺町から今橋２丁目に移った時期にもあたる。（Y）

6　二代鴻池之宗《ゆきむね》画像
鴻池家蔵

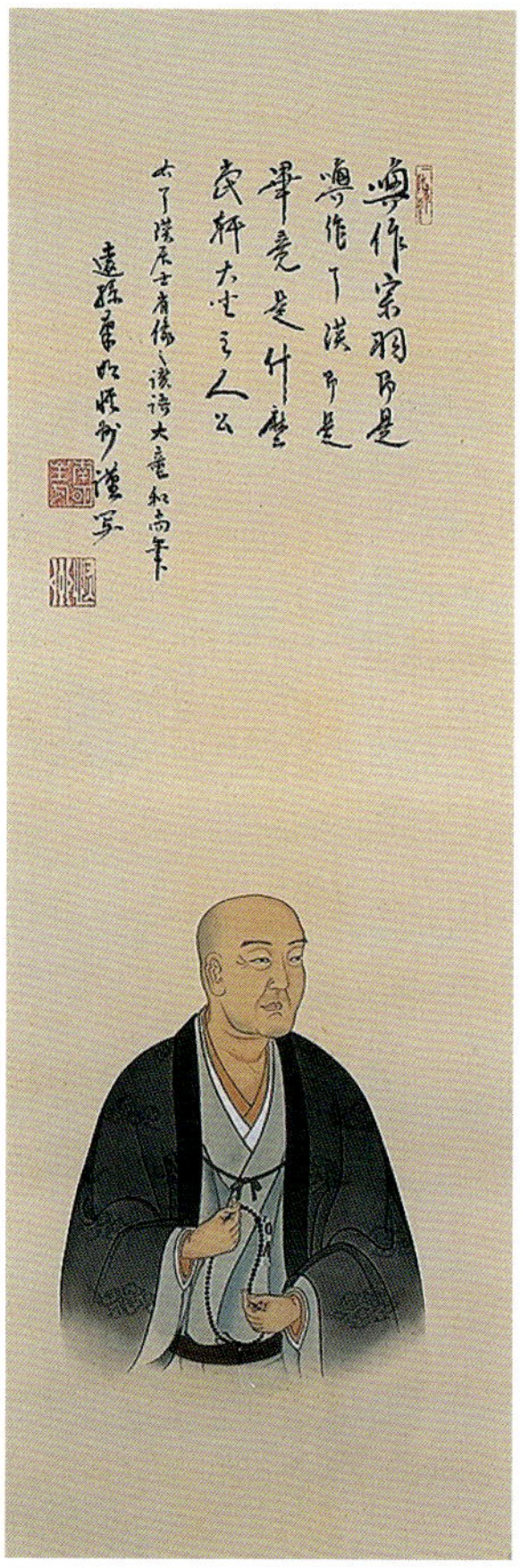

四代善右衛門宗貞（1698～1745）の画像。晩年に出家して宗羽［そうう］と称す。三代善右衛門宗利の長男。宗貞が当主だった時期は、父宗利が存命で、しかも若かったので、家業については父の影響が大きかったと考えられる。文芸の素養に優れ、隠居後は京都の八坂に住んだ。子の宗益とともに一族の道億《どうおく》に師事して、茶道に精通し、道具類などを収集した。（Y）

7　四代鴻池宗貞《むねさだ》画像
（宗羽君御肖像）
鴻池家蔵

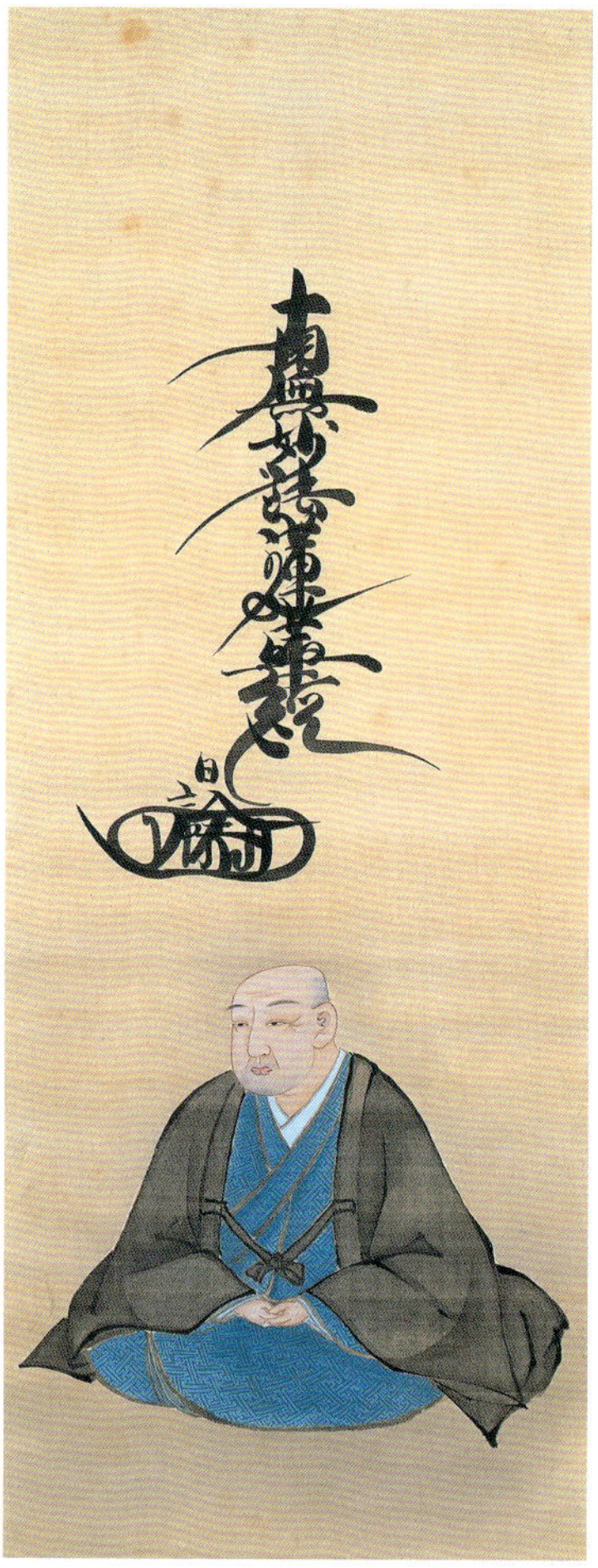

五代善右衛門宗益（1717～1764）の画像。四代善右衛門宗貞の長男。早くも享保８年（1723）に家督を相続した。父宗貞とともに茶道に精通し、種々の道具類などを収集した。（Y）

8　五代鴻池宗益《むねます》画像　鴻池家蔵

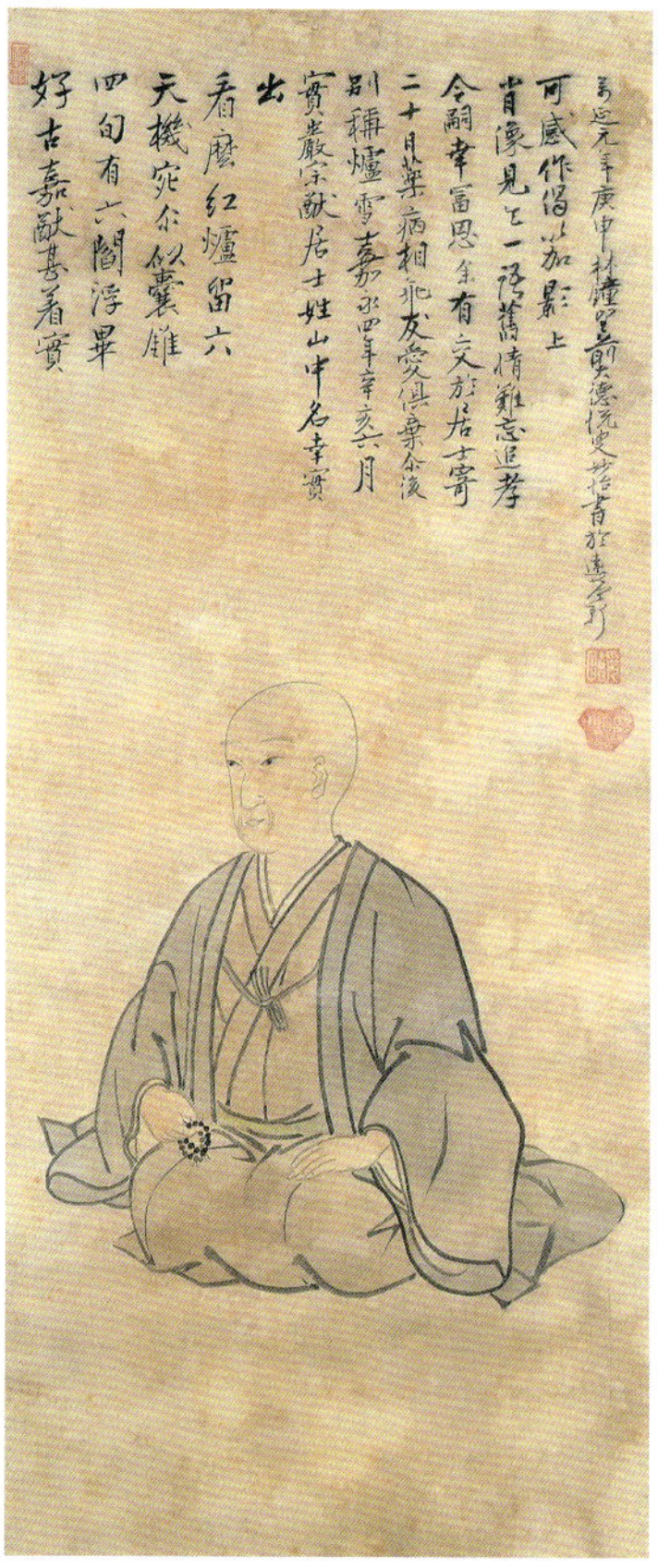

九代善右衛門幸実（1806～1851）の画像。八代善右衛門幸澄［ゆきずみ］の長男。幸実が当主だった天保から嘉永（1830・40年代）の頃は、社会状況が不安定であり、民衆への施行［せぎょう］を行ったり、幕府から莫大な額の御用金を何度も命じられた時期であった。また、天保８年（1837）の大塩平八郎の乱では今橋の屋敷が全焼するなど、家業の経営が難しい時期に当たっていた。（Y）

9　九代鴻池幸実《ゆきざね》画像　鴻池家蔵

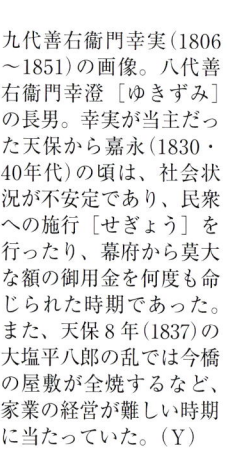

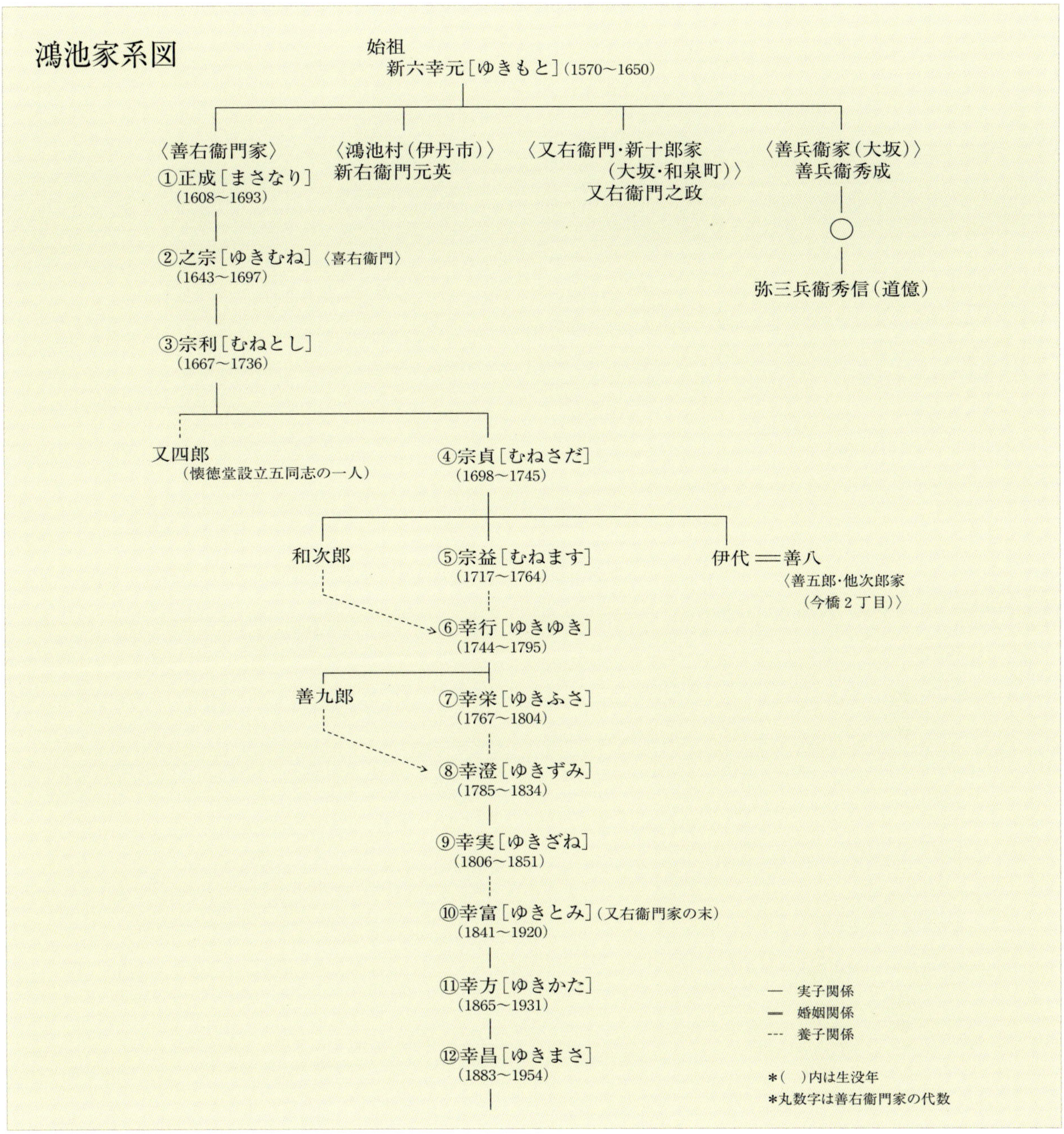

鴻池家年表

慶長五	一六〇〇	この頃、始祖新六が清酒の醸造を始めるという
元和二	一六一六	この頃、始祖新六が大坂内久宝寺町で清酒の醸造を始めるという
寛永二	一六二五	初代正成、海運業を始める
明暦二	一六五六	両替店を開業するという
寛文九	一六六九	算用帳の記帳始まる（寛文一〇年一月に決算）
寛文一〇	一六七〇	十人両替の制度が確立し、鴻池喜右衛門も列せられる
延宝二	一六七四	今橋二丁目に屋敷を購入し、両替店を移す
宝永二	一七〇五	鴻池新田の開発を始める（宝永四年に竣工）
正徳六	一七一六	三代宗利、「先祖之規範並家務」を定める
享保八	一七二三	「家定記録覚」を定める
享保九	一七二四	妙智焼けにて、今橋本邸など類焼
寛保三	一七四三	京都玉林院に山中鹿介の碑を建立
寛政四	一七九二	大火により今橋本邸焼失
文化一二	一八一五	草間直方、『三貨図彙』を著す
天保八	一八三七	大塩平八郎の乱により今橋本邸など焼失
明治六	一八七三	第三国立銀行の設立を出願するが、開業にいたらず
明治九	一八七六	第十三国立銀行を開業
明治一六	一八八三	大阪倉庫株式会社を設立
明治二二	一八八九	鴻池家憲法を制定 日本生命保険会社を創立し、十一代幸方社長となる
明治二三	一八九〇	大阪貯蓄銀行の創立に参加し、幸方頭取となる
明治三〇	一八九七	第十三国立銀行満期平穏閉店し、鴻池銀行を設立してこれを継承する
明治四四	一九一一	十一代幸方、男爵となる
大正一四	一九二五	今橋三丁目に鴻池ビルヂング落成し鴻池銀行本店となる
昭和八	一九三三	鴻池・三十四・山口の三行が合併し、三和銀行となる

『鴻池家年表』参照

家の相続と家訓

鴻池家の家訓のはじめは、始祖の新六幸《ゆき》元《もと》が慶長十九年(一六一四)に制定したといわれる「子孫制詞条目《しそんせいしじょうもく》」であるが、これは大半が後世に加筆されたもののようである。鴻池家の家訓で重要なのが、三代宗利《むねとし》が制定した「先祖之規範並家務《せんぞのきはんならびにかむ》」と「家定記録覚《いえさだめきろくおぼえ》」である。これらは十八世紀前半に制定されたものである。

このような家訓は、資産を蓄積していくための術を書いたものではなく、形成された莫大な資産を子孫にいかに損なわないように引き継いでいくか、そのためには本家・分家・別家あるいは店をどのように経営していくかを定めたものである。したがって、内容的には相続の詳細な規定や道徳的・倫理的な事項がその中心となっている。(Y)

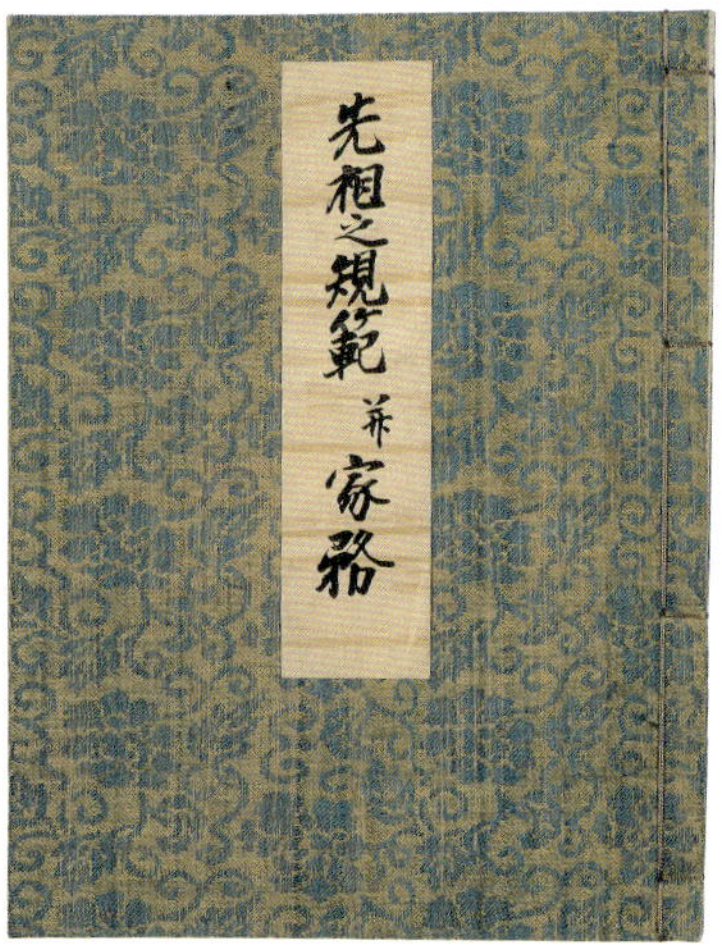

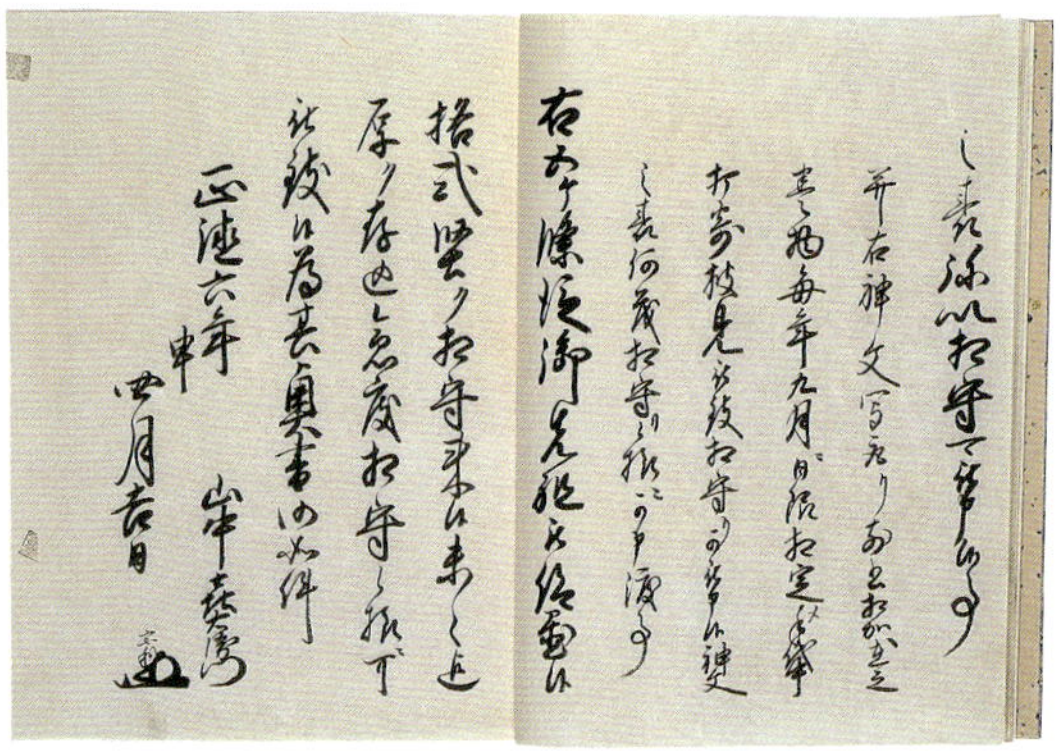

正徳6年(1716) 4月に三代宗利が定めたもの。喜右衛門を名乗っているので、隠居後だと考えられる。先祖から譲り受けた家督を相続することが大切だと説いている。不行跡の相続人が出たら改めること、近い親類縁者でも金銀を貸してはならないことなどが記されている。この後に年中行事を記した「定」8か条と、店の規定である「条々」21か条がついている。(Y)

10　先祖之規範並家務
鴻池合資会社資料室蔵

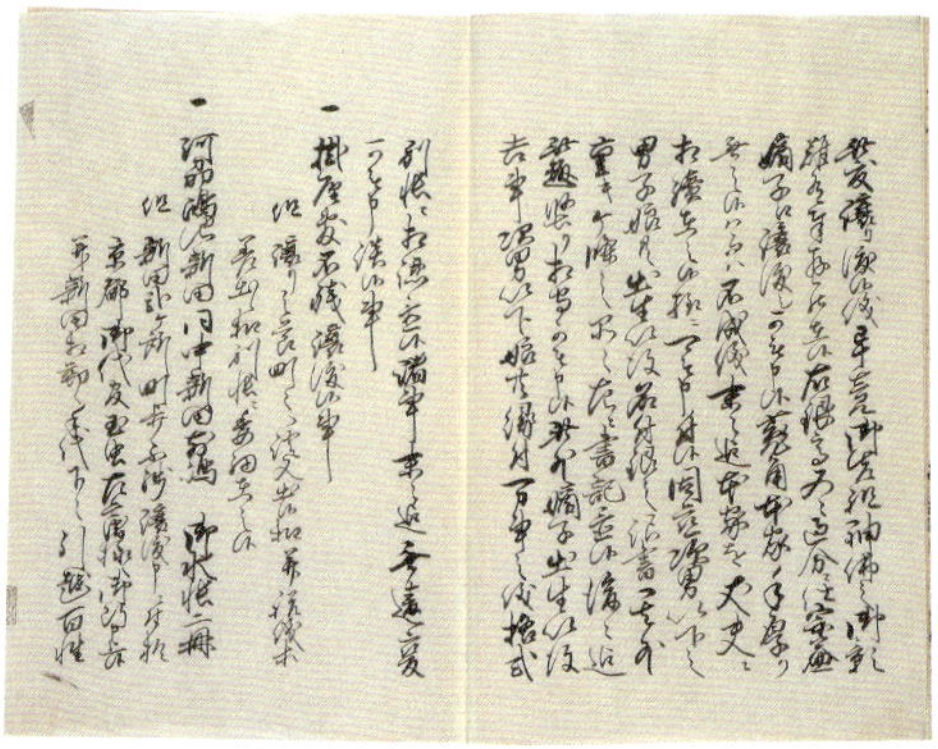

享保8年(1723)正月、四代宗貞［むねさだ］(26歳)から五代宗益［むねます］(7歳)に家督を譲り渡されたときに定められたもの。三代宗利(57歳)も健在なので、実質は宗利が制定したものと考えられる。銀子［ぎんす］、新田、掛屋敷［かけやしき］、書院の道具を残らず譲り渡したと記されており、これが家督の内容といえよう。書院の道具については出納管理を厳重にすること、土用干しを行うことなどが定められている。(Y)

11　家定記録覚
鴻池合資会社資料室蔵

市中に広がる家屋敷

鴻池家は、最初大坂内久宝寺町《うちきゅうほうじまち》に店を構えた。その後町内の町屋敷を買得していった。二代喜右衛門之宗《ゆきむね》の時代の延宝二年（一六七四）に船場の今橋二丁目の難波橋筋との交差点西北角の間口九間の町屋敷を買い、両替店を移した。延宝六年（一六七八）・貞享二年（一六八五）に西隣の屋敷を買い、合計二十五間半（後に三十六間）の本邸となったのである。鴻池家では、十七世紀の終わりから十八世紀のはじめにかけて、今橋本邸、内久宝寺町の周辺や大坂市中各地の家屋敷を買って所有するようになった。これらの屋敷の合計坪数は一万坪を越えていた。

今橋の本邸は、店舗と居宅に使われた。内久宝寺町の屋敷は「本地《ほんち》」と称され、南瓦屋《みなみかわらや》町《まち》の屋敷は庭園が築かれ別邸となり（瓦屋橋別邸）、茶の湯や大事な客の接待に用いられた。堂島や中之島など蔵屋敷周辺の屋敷は蔵として利用された。その他の多くの家屋敷は掛屋敷《かけやしき》として貸家《かしや》経営に用いられた。両替商としては、幕府や大名、商人たちと深い関係を持っていたが、都市の一般住民とも家主《いえぬし》として関わりをもっていたのである。また、京都の函谷鉾《かんこぼこ》町にも屋敷を持っていた。このような掛屋敷は、家訓で家督相続の際に相続すべき重要なものの一つとしてとらえられていた。（Y）

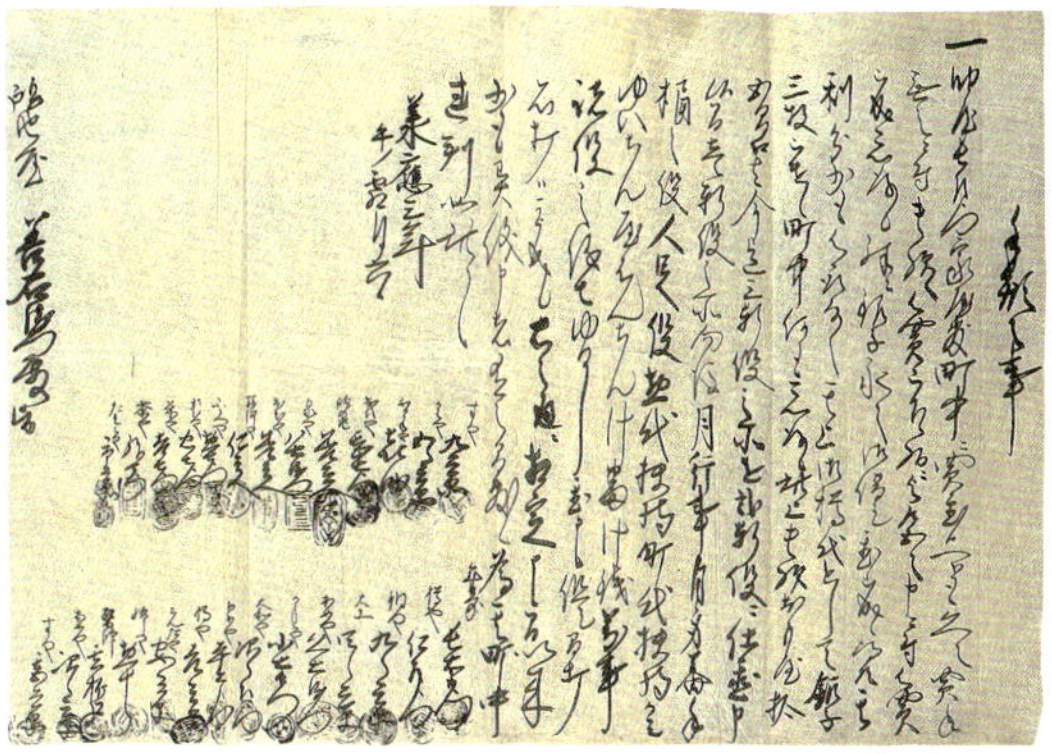

12　手形之事（一軒役免除）
鴻池合資会社資料室蔵

承応３年（1654）11月６日付。内久宝寺町の町中［ちょうちゅう］27名（連印）から鴻池屋善右衛門に宛てられたもの。油屋長右衛門が所持していた家屋敷を町中で買い置いていたが、買主が見つからなかったところ、鴻池屋善右衛門が買い取り、借銀の利子を取らなかった上に、樽代まで支払ったので、その家屋敷が三軒役のところ二軒役にし、町内の諸役も免除するという内容。（Y）

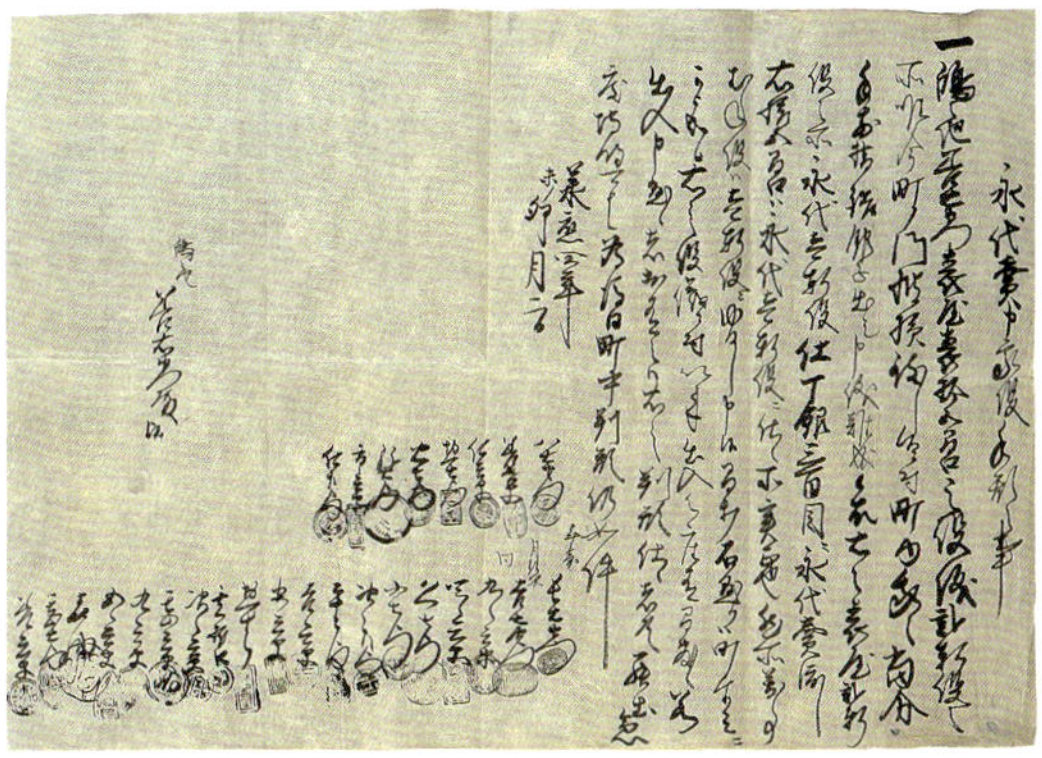

13　永代売申家役手形之事《えいたいうりもうすいえやくてがたのこと》
鴻池合資会社資料室蔵

承応４年（1655）２月。前年に鴻池善右衛門が取得した家屋敷の家役二軒役を銀300目で売り渡し、永代一軒役にするという内容。家役とは、家屋敷の間口に応じて幕府や町から課される負担のことである。（Y）

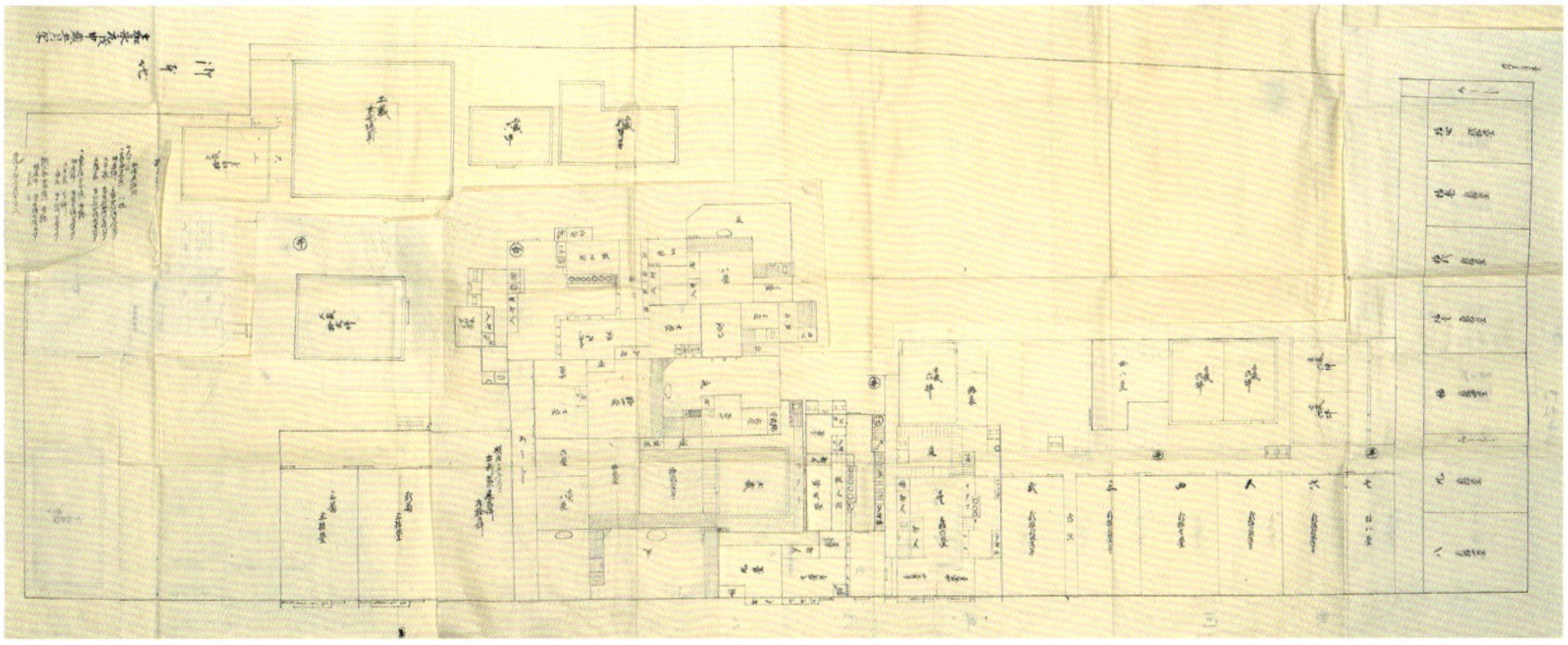

14　内久宝寺町上屋敷惣絵図　　鴻池合資会社資料室蔵

内久宝寺町にあった上屋敷の絵図。嘉永元年（1848）のもの。張り紙があり、一番上は明治15年（1882）のもの。南側が通りに面しており、東側の間口30間（約60m）と西側の間口28間半（約57m）とに分かれる。東側は、この当時は貸家になっている。この東側が始祖新六が大坂に進出したところで、「本地」と呼ばれていた。西側は元禄16年（1703）に買われたものである。（Y）

鴻池家大坂市中所持屋敷の分布

鴻池善右衛門家の所有する屋敷は、今橋本邸、内久宝寺町（本地）、瓦屋橋別邸付近を中心に広がっている。分家・別家は今橋通り周辺に集中している。（Y）

本家・分家・別家

善右衛門家は系統的には鴻池家の本家ではないが、その後の経営の発展により、鴻池家の中心的存在となり、実質的な本家であった。一族である分家の中で有力なのは、和泉町の又右衛門《またえもん》家、今橋本邸の向かいにあった善八(のち善五郎《ぜんごろう》など)家であった。彼らは一族同士でも婚姻関係を結び、関係を強固なものにした。

分家が一族のものであるの対し、別家《べっけ》は奉公人が別宅を許され、自分で家業を営むことである。別家に際して、本家から屋号を名乗ることを許され、資金が提供される。鴻池の場合、奉公人時代から資金を積み立てる「催合銀《もあいぎん》」制度があった。別家しても独立して家業を行わず、本家に通勤する場合もあった。有力な別家には、市兵衛家、伊助家、伊兵衛家、徳兵衛家、庄兵衛家などがあった。彼らは今橋通りに店を構えたものが多く、単独で「長者番付」に名を連ねる者もあった。彼ら分家や別家は同族団として、本家に従属しており、全体として鴻池家を支えていた。(Y)

15　三貨図彙《さんかずい》

草間直方が著した貨幣書。江戸時代に流通した三貨(金・銀・銭)について貨幣の図を挿入しながら解説した著作である。執筆に約20年かかり、文化12年(1815)に脱稿した。全42冊からなり、はじめの20冊が金・銀・銭の三貨について、つぎの10冊が物価の部、次の9冊が付録、最後の3冊が遺考の部となっている。なお、この写本は、適塾に学び、後に日本赤十字社総裁となった佐野常民旧蔵のものである。(Y)

草間直方(1753～1831)は、鴻池の別家の両替商鴻池屋伊助のことで、町人学者としても名高い。両替商として、熊本藩・南部藩などの財政改革に尽力する一方、『三貨図彙』や『草間伊助筆記』などを著した。後者は、彼が見聞したり経験した米価や御用金の問題についての事実を記録したもので、史料的価値が高いものである。(Y)

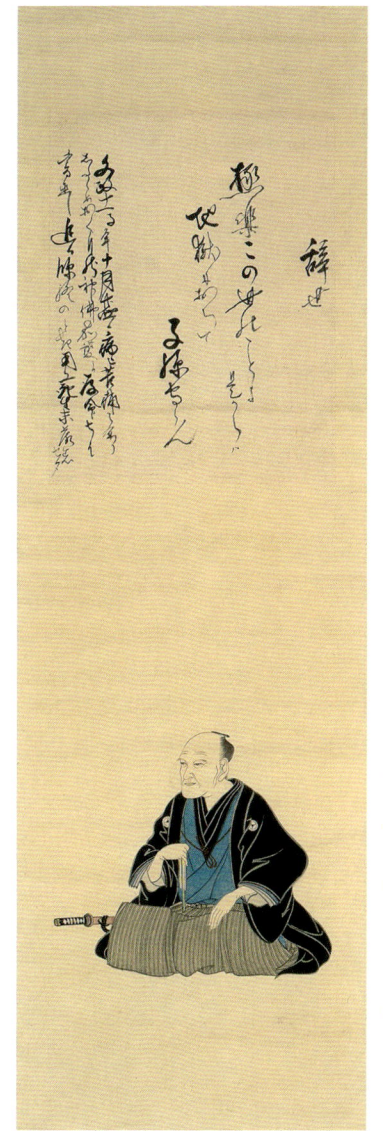

16　草間直方《くさまなおかた》画像　　個人蔵

豪商の経営

鴻池家ははじめ、酒造業をいとなみ、清酒を江戸へ出荷していた。次いで海運業、両替商に進出して、大名貸も始めるようになった。両替商になるに当たっては、天王寺屋五兵衞を見習ったようで、同家とは婚姻関係も盛んに結んでいる。寛文十年(一六七〇)には十人両替になっている。十人両替とは、本両替の中から選ばれた十軒の御用両替商のことで、両替商仲間や金銀相場の統制、幕府公金の出納などをつかさどり、帯刀許可や町役免除などの特権が与えられた。

これらの活動により、鴻池家は急速に資産を蓄積していった。十八世紀に入ると酒造業・海運業を廃業し、両替商・蔵元・掛屋・大名貸専業となった。この時期鴻池新田を開発しているが、思ったような収益は得られなかった。貸銀も次第に大名貸に純化していき、利息収入による収益が大きかった。資産は十八世紀になるとあまり増加しなかったが、十九世紀になって経済状況や社会状況が不安定になっても、かえって資産は増加する傾向にあり、他の商品取引を行う商人に比べても経営は安定していた。

江戸時代後半になると、幕府から莫大な額の御用金を課せられるようになった。また、貨幣《かへい》改鋳《かいちゅう》に際しても新旧貨幣の交換の御用をつとめるなど有力両替商としての役割を担った。(Y)

17　鴻池両替店の図　　鴻池合資会社資料室蔵

今橋2丁目の鴻池本邸(両替店)の店先を描いたもの。大坂の画家渡辺祥英の筆。明治期に描かれたと考えられる。「模古図」とあるので江戸時代を回想して描かれたものだろう。江戸時代末や明治時代始の屋敷絵図の内容とよく照合するので、当時の店先の様子をうかがえる資料といえよう。(Y)

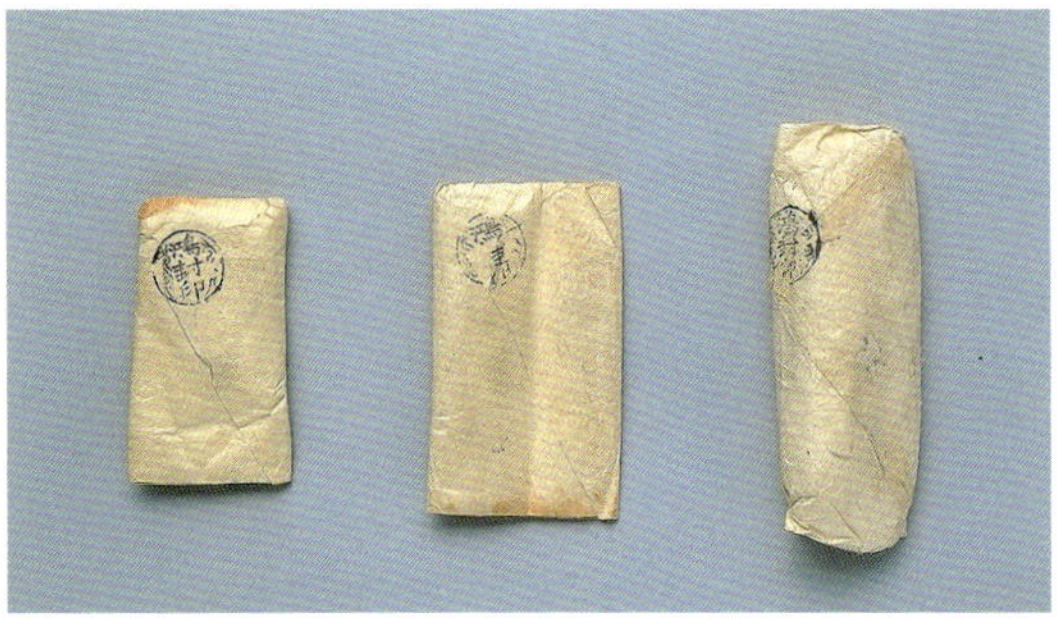

(裏)

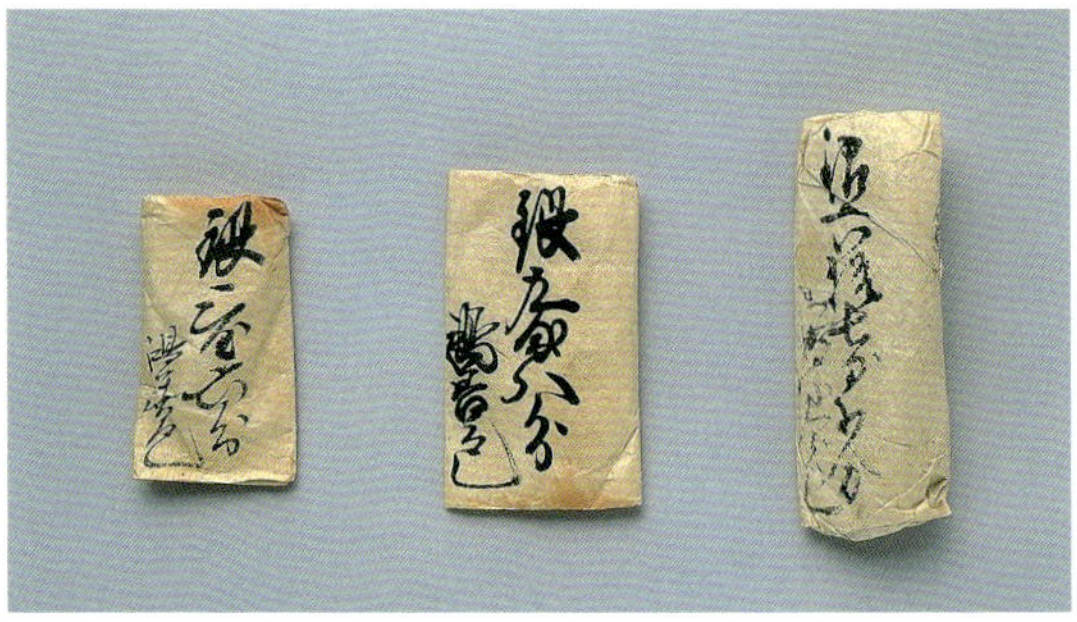

(表)

18　銀鴻善包　　UFJ銀行蔵・東京都江戸東京博物館寄託

銀貨を紙に包んで、裏に封印(「鴻封印」)したものである。右から銀67匁［もんめ］5分、銀9匁8分、銀3匁6分の包みである。両替商の封印があることでこの包みに信用が与えられる。なお、銀67匁5分の包みは当時の相場で金1両分に当たる銀貨を包んだものである。(Y)

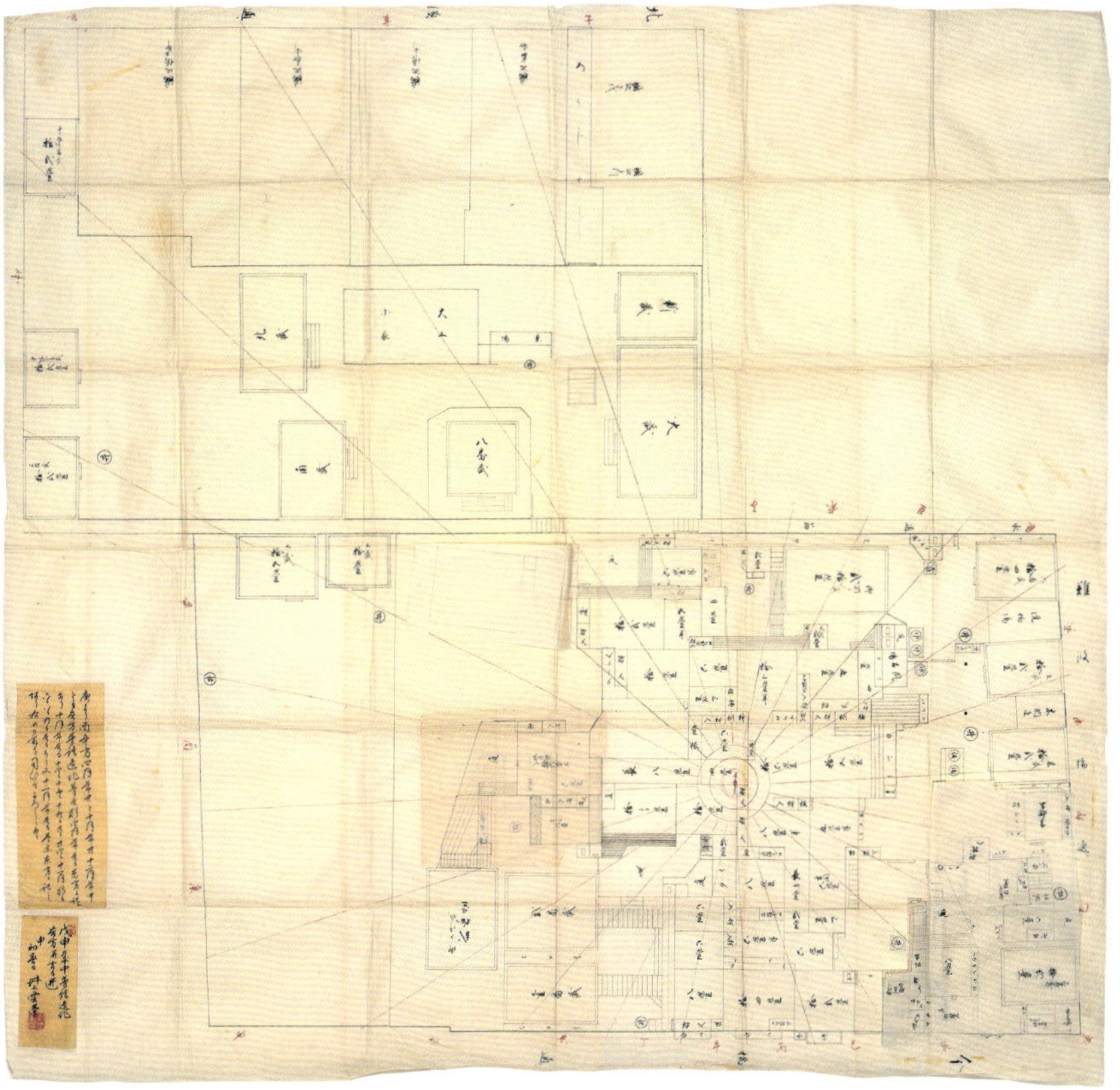

19　今橋本邸居宅惣絵図　　　　　　　　　　　　　　鴻池合資会社資料室蔵

今橋通りと難波橋筋の交差点の西北角にあった本邸の絵図。本邸は、天保８年(1837)の大塩平八郎の乱で焼失したあと、再建されたものである。この絵図は嘉永元年(1848)の普請・造作に際し、吉方を井上雲台という人物に選定させたもの。本邸だけでなく、北側の北浜２丁目にある掛屋敷も含めて描かれている。本邸は、店舗部分と当主家族の居住部分に分かれている。（Y）

20　千両箱
UFJ銀行蔵・東京都江戸東京博物館寄託

底面に「今鴻善」（今橋鴻池善右衛門）の墨書がある。焼印も鴻池家のもの。千両箱としては小さめに感じられるが、幕末に小判が小さくなってからのものと考えられる。つくりも簡素である。（Y）

千両箱 底面

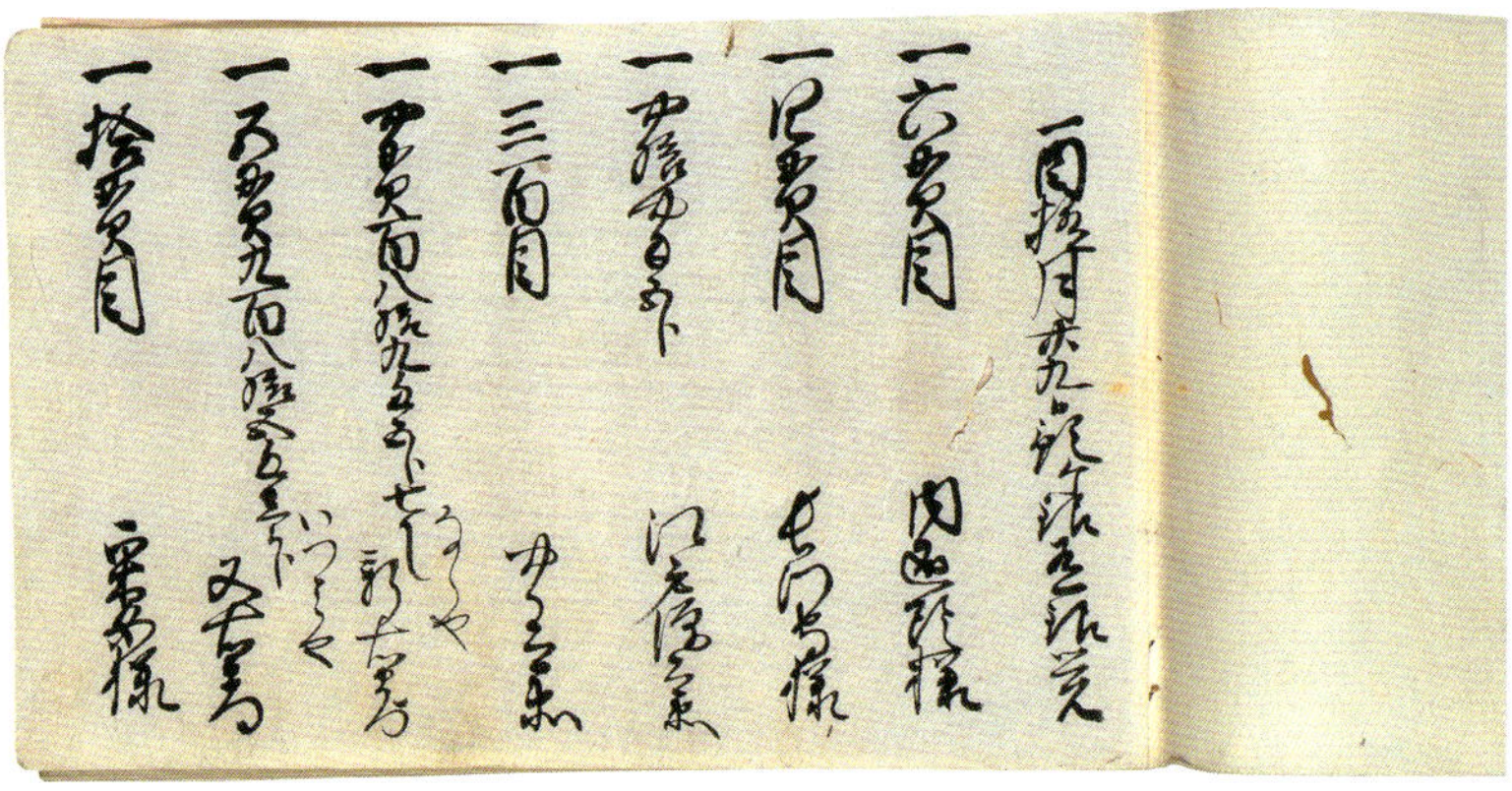

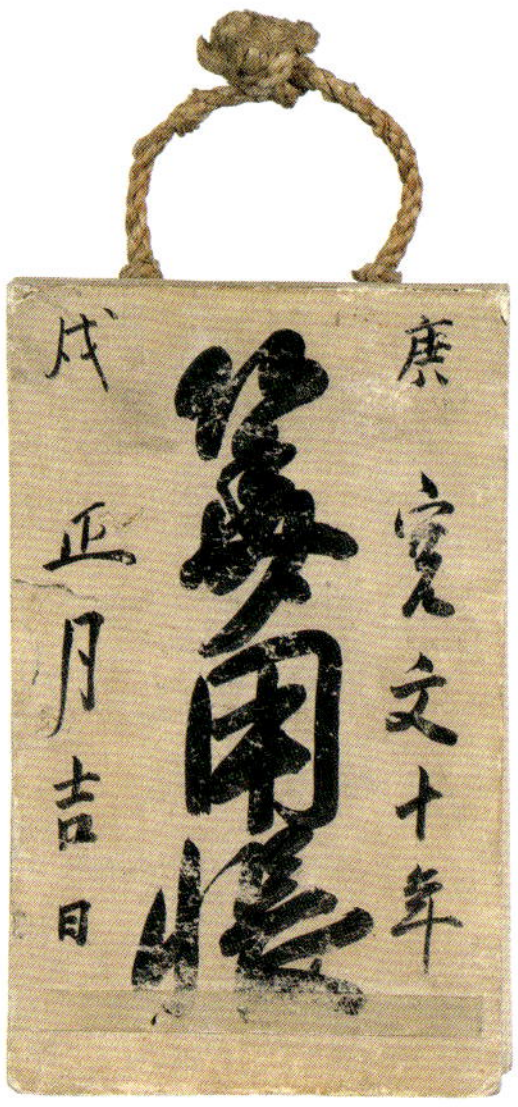

21　算用帳　　　鴻池合資会社資料室蔵

寛文10年(1670)の算用帳で、鴻池家にのこる算用帳の中では現存最古のもの。算用帳とは、１年ごとの決算簿のことで、その前年の貸付額、損益、純資産などが分かる。財産計算と損益計算の複式簿記の形になっていた。一部の年を除いて幕末まで連年で残っており、鴻池家の経営状況を知る上で極めて貴重な資料である。(Y)

算用帳から見える鴻池家の資産の推移

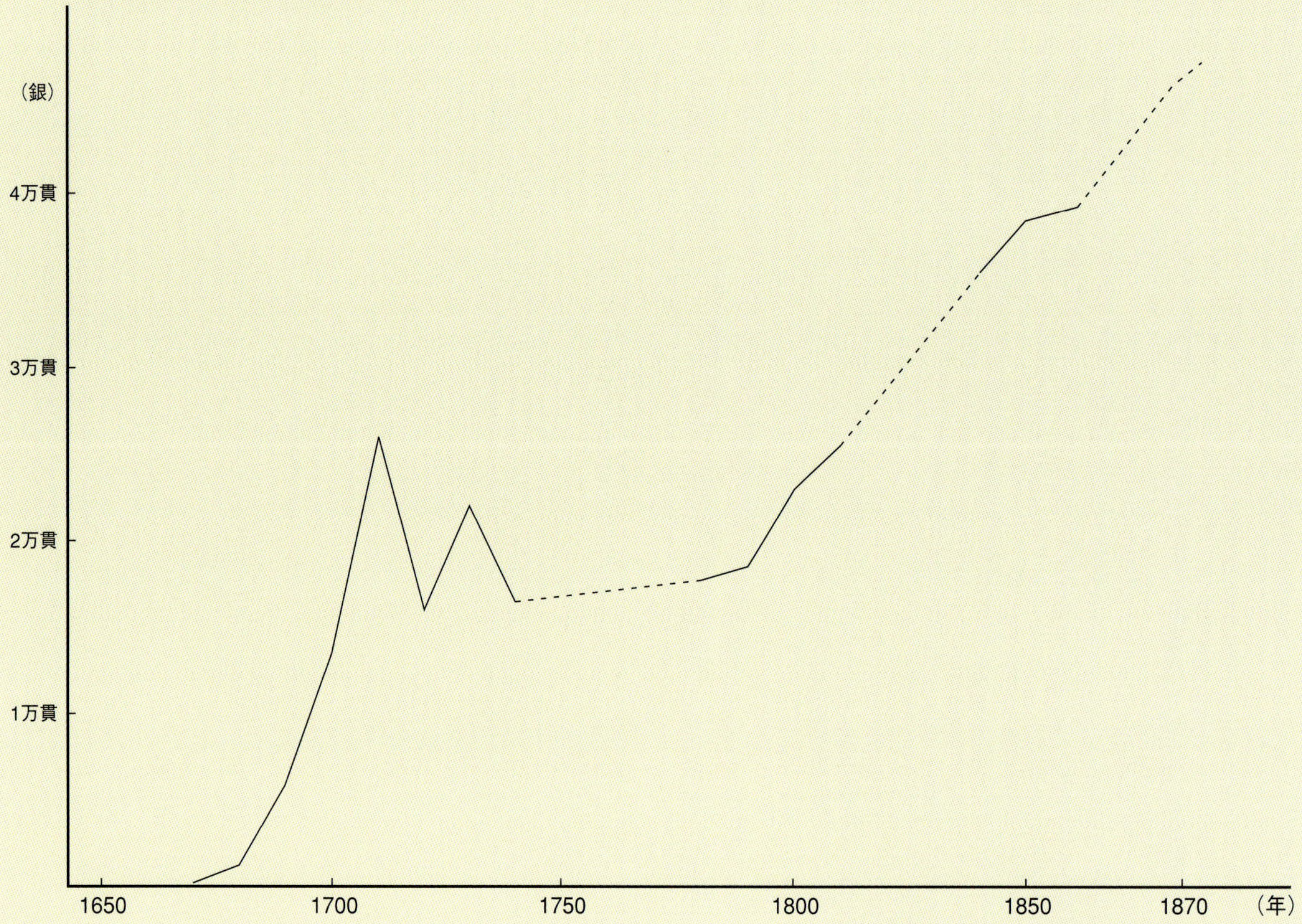

安岡重明『財閥形成史の研究[増補版]』より作成

鴻池家の資産は17世紀後半から18世紀初めにかけて莫大な資産を形成し、18世紀半ば以降はそれを維持していることがわかる。それは、酒造業・海運業など商品取引中心の経営から両替や大名貸専業になっていく動向と対応している。社会・経済情勢が混乱してくる19世紀にはむしろ資産は増加傾向にあり、明治維新の影響もさほど受けていないことが読み取れる。(Y)

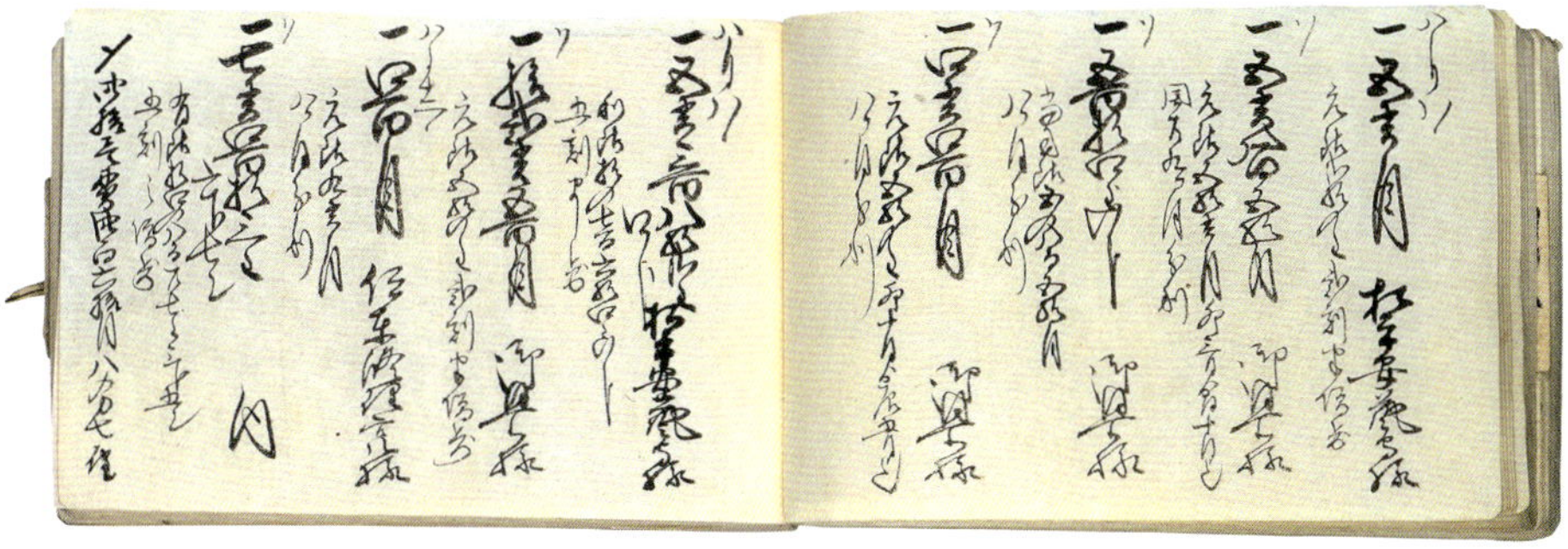

22　大福帳　　鴻池合資会社資料室蔵

享保元年(1716)の大福帳。１年ごとの総決算帳簿である算用帳に対し、貸付帳簿が大福帳である。見開きのところは、松平安芸守(広島藩主、浅野氏)に貸したことが記されている部分である。(Y)

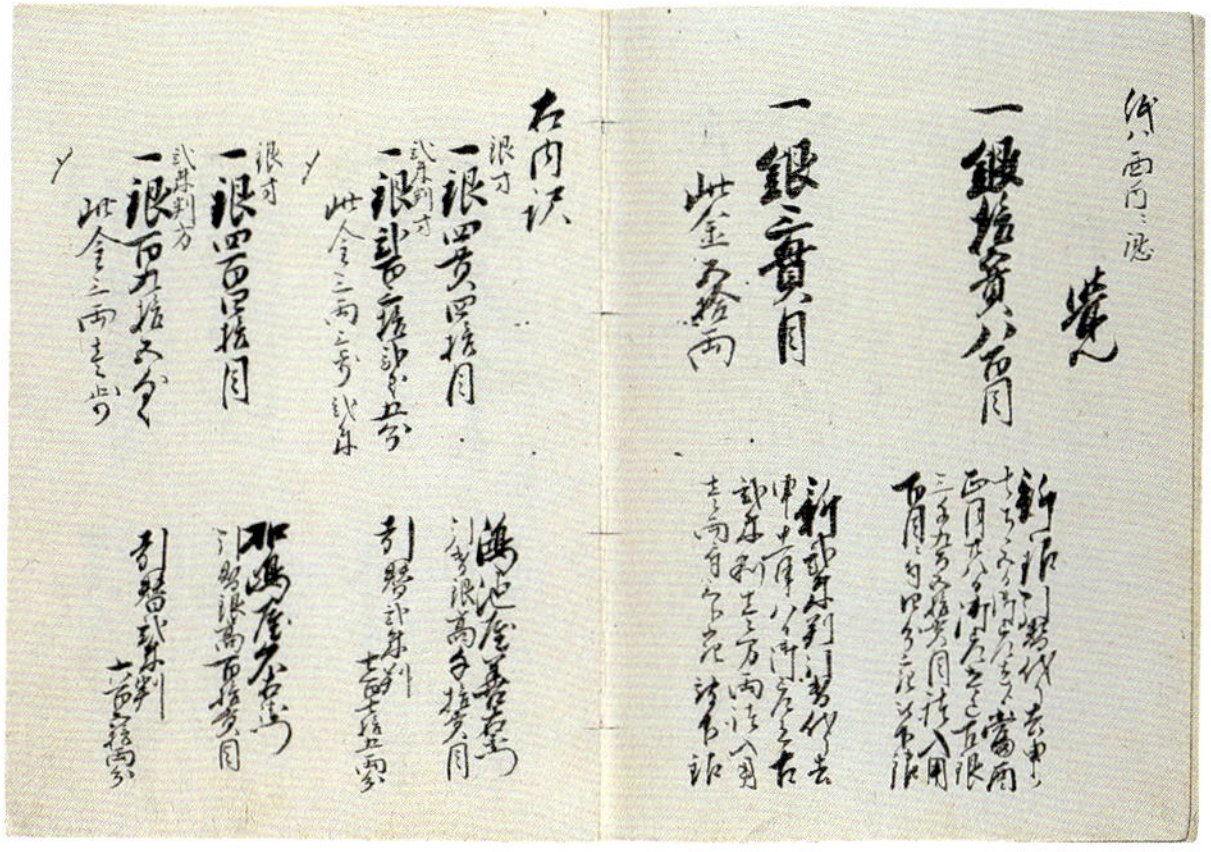

文政８年(1825)の幕府の貨幣改鋳に伴って、新旧の金銀の貨幣を交換する業務を記録した帳面である。文政の貨幣改鋳は前回の元文年間(1736～1741)の改鋳から時間が経ており、大規模に行われた。交換に当たるのは、幕府御用の両替商15軒と三井組であった。江戸から新しい貨幣が運ばれ、古い貨幣を回収していく様子が記録されている。また、交換を促進するため両替商に「手当銀」が支給された。(Y)

23　金銀引替御用之元帳　　大阪大学経済学部経済史経営史資料室蔵

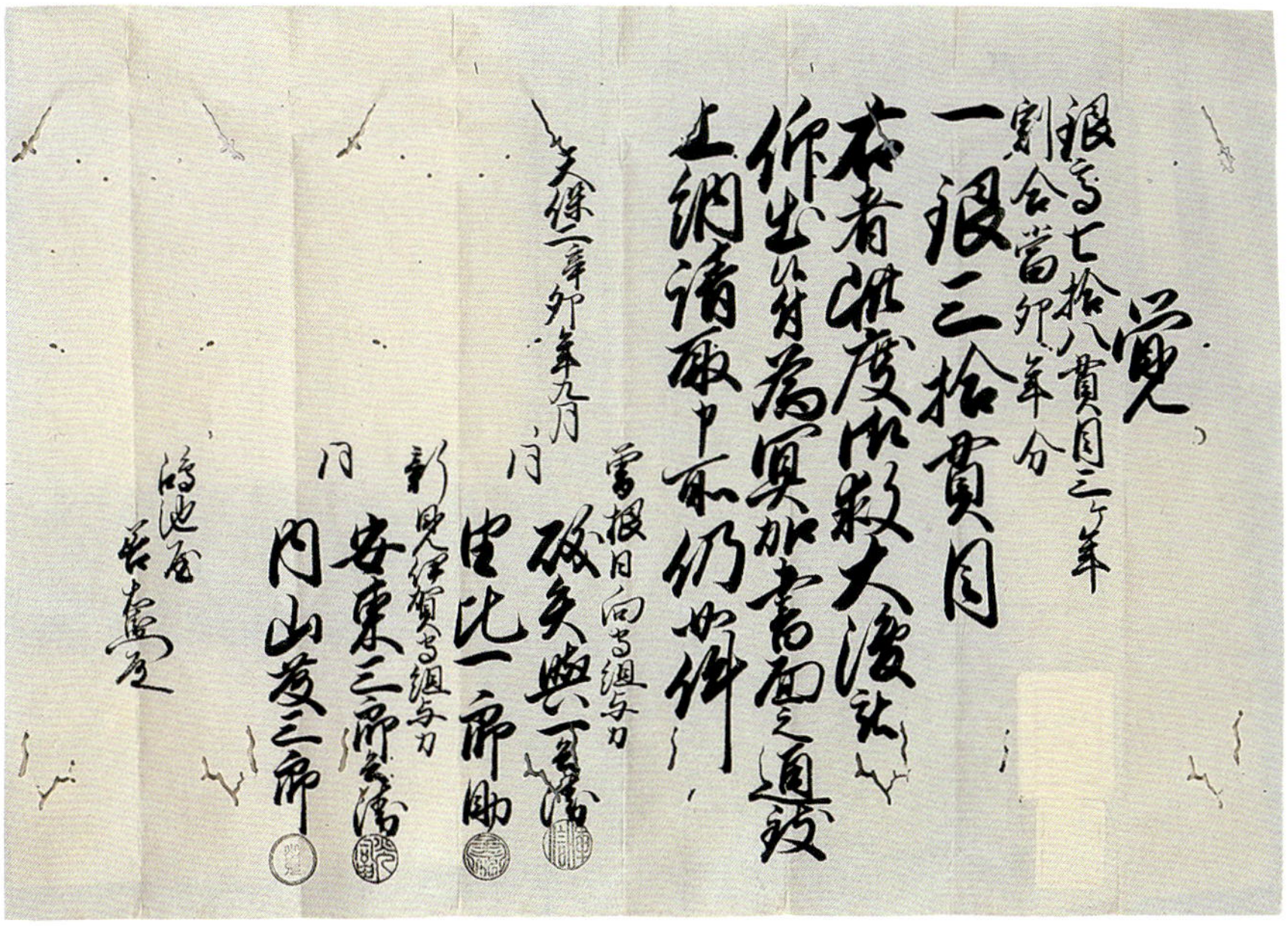

天保２年(1831)９月の御救大浚［おすくいおおさらえ］に際して鴻池屋善右衛門が出した冥加銀［みょうがぎん］(銀30貫目)の請取(領収書)である。差出は大坂町奉行所の与力である。町奉行から町人や諸株仲間に対して大浚の手伝いのための冥加銀が募られ、それに呼応したものである。御救大浚とは淀川筋の川底に堆積した土砂を浚えるもので、大坂町奉行所管下では安治川口と木津川口が浚えられ、その土砂で目印山(後の天保山)が築造された。(Y)

24　覚(大浚御用金)　　大阪大学経済学部経済史経営史資料室蔵

鴻池新田の開発

宝永元年（一七〇四）の大和川付け替え工事により、旧大和川流域の池・沼・河川が干拓され、新田に開発された。そのうちの一つが鴻池新田で、河内国若江郡にあった新開池の池床を開発したものである。新開池の開発は、はじめ大坂京橋一丁目の大和屋六兵衛と河内中垣内村庄屋長兵衛が落札したが、宝永二年（一七〇五）に鴻池善右衛門（三代宗利《むねとし》）が譲り受け、彼が開発することになった。総面積は二百五十町（二五〇ヘクタール）余りで、宝永四年（一七〇七）には工事が完了し、翌年に検地を受けている。

享保十五年（一七三〇）段階で、新田には河内・摂津・大和の村々から移住した六十人が面積の六〇パーセントを耕作し、残りは周辺農村からの入作《いりさく》（小作）であった。大坂では十七世紀終わりから大阪湾岸で町人の請負による新田開発が行われ、旧大和川跡の新田開発でも町人が開発・経営を請け負っていた。開発に当たって、鴻池家では銀約三千貫を投下したが、毎年の収益は多い時でも銀百貫程度で、利息収入にも及ばない程度であった。（Y）

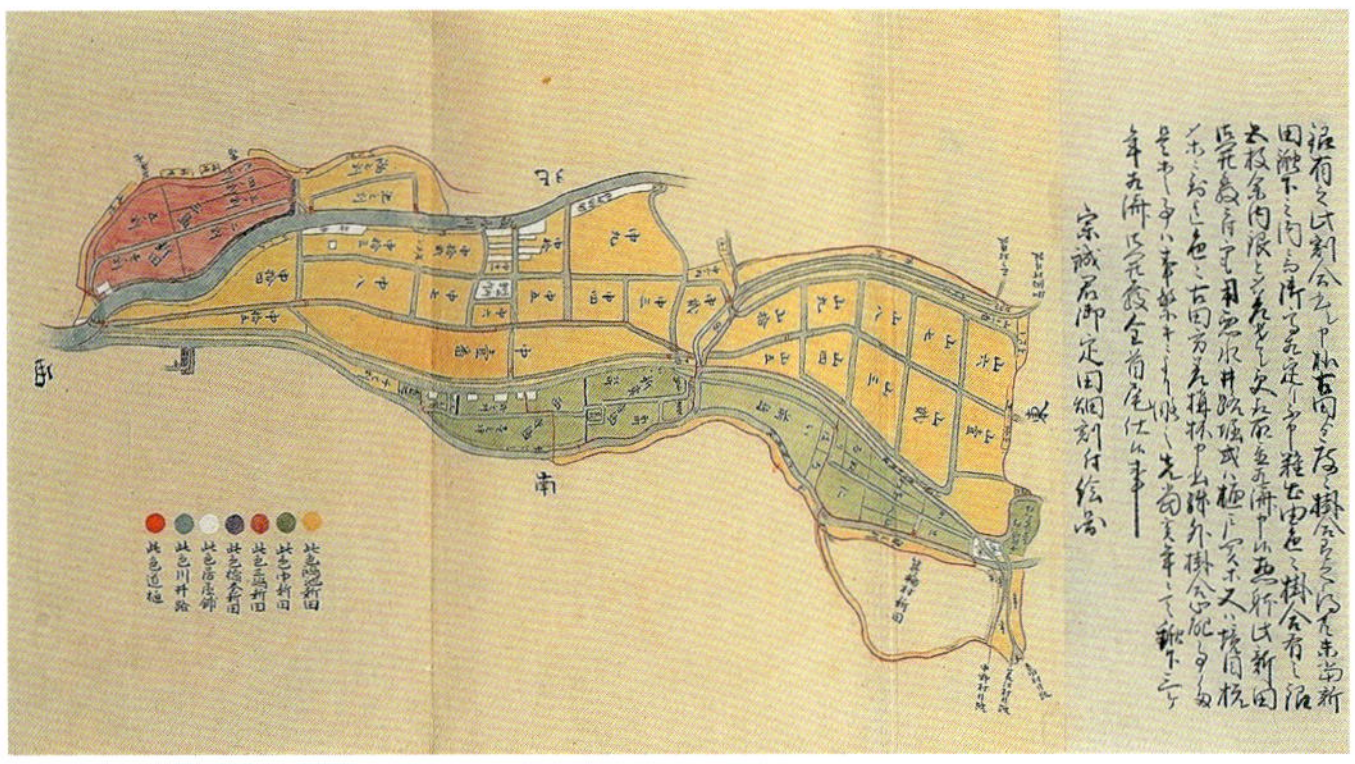

新田の絵図（中央の白いところが会所）

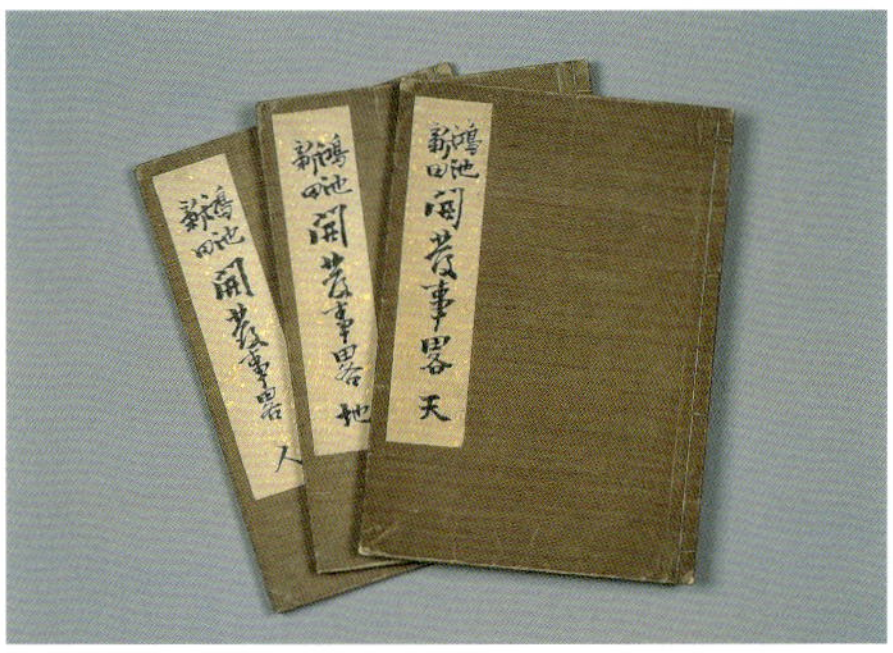

25　鴻池新田開発事略　天・地・人
鴻池合資会社資料室蔵

天・地・人の３冊から成る。鴻池家の別家で町人学者として名高い草間直方が文化９年（1812）に著した。この写本は、鴻池本家のものが散逸したので、草間家にあった原本を大正４年（1915）に筆写したもの。鴻池新田開発の経緯を詳しく叙述している。また、開発当時の新田の絵図も載せられており、新田会所が新田の真ん中に位置していることもよくわかる。（Y）

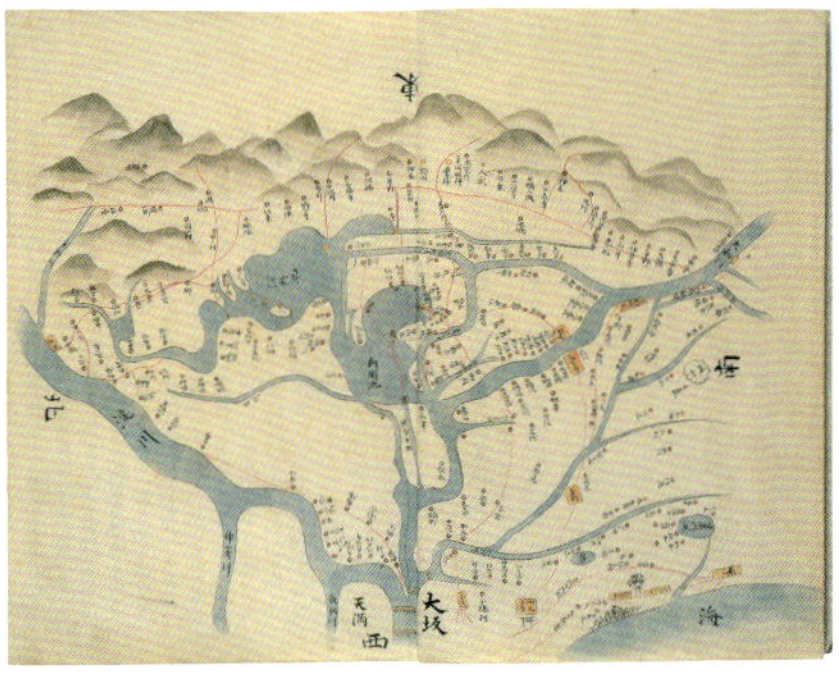

真ん中が新開池

26　◎鴻池新田会所　　　東大阪市教育委員会提供

現在の鴻池新田会所。総面積は約12,600㎡ある。昭和55年（1980）に国の重要文化財に指定され、修理工事も行われた。（Y）

諸大名とのつきあい

鴻池家は諸大名に金銀を貸し付けたり、蔵《くら》元《もと》・掛屋《かけや》として年貢米や特産物など「蔵物《くらもの》」の販売に携わった。例えば、宝永三年（一七〇六）では、三十八家に対し銀一万六千貫余り（金で約二十七万両）を貸し付けている。大名貸で多いのは、岡山藩（三十一万六千石）・広島藩（四十二万六千石）・徳島藩（二十五万七千石）・高知藩（二十万二千石）の四藩で、大名貸全体の五割から九割を占めている。

蔵元とは、諸藩の蔵屋敷で蔵物の出納・販売をつかさどる商人で、掛屋は諸藩の金銀の出納を行う両替商のことである。彼らは単に販売や金銀出納の実務を行うだけでなく、各藩の財政運営に助言を行い、経済顧問的な役割を果たしている。彼らは、諸藩の蔵元や掛屋になると、扶持米《ふちまい》（領主が家来に支給する米）が与えられている。参勤交代などで藩主が大坂の蔵屋敷に滞在した時には、面会を許されているし、刀剣や印籠などの拝領物も与えられている。（Y）

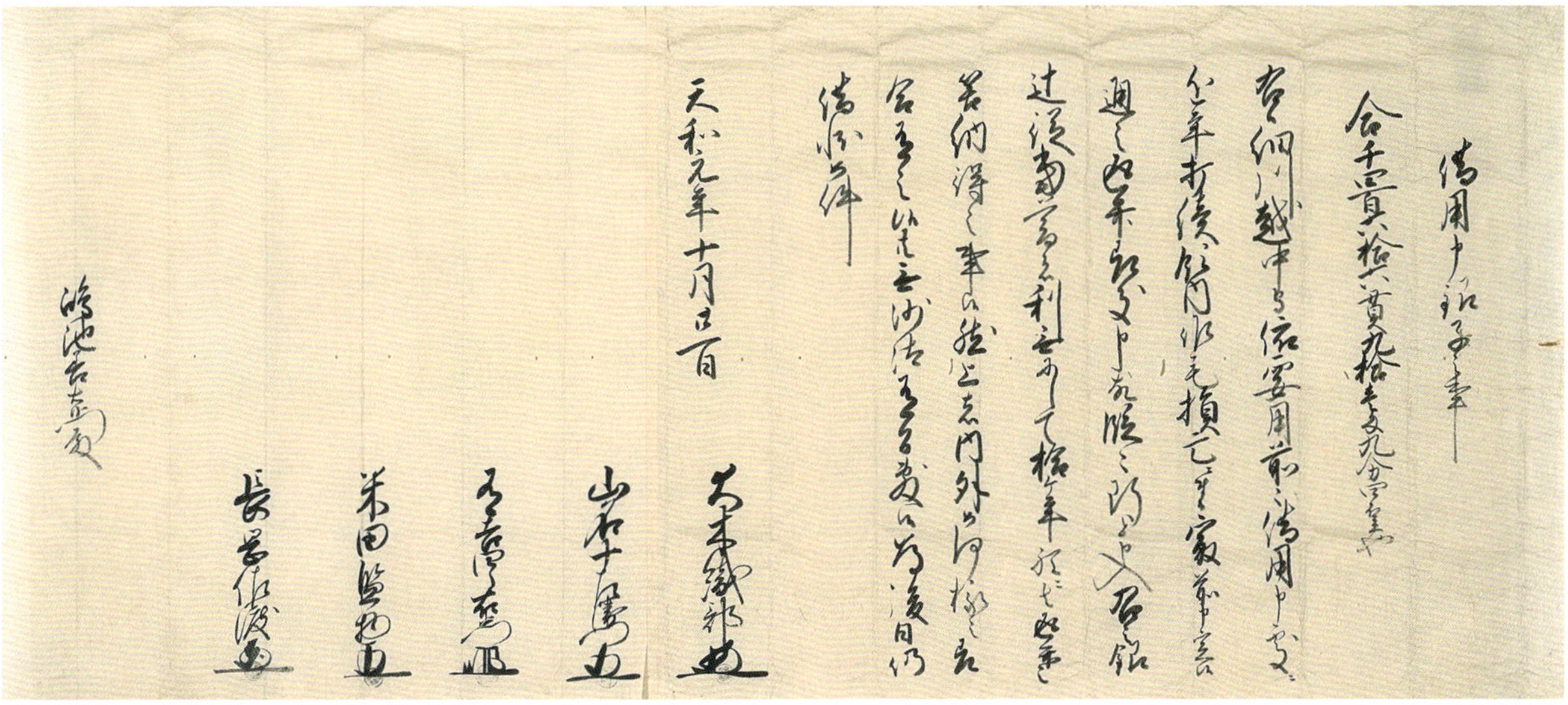

27　大名貸証文　　　鴻池合資会社資料室蔵

天和元年（1681）に、細川越中守（熊本藩主）が領内不作のため、鴻池善右衛門から銀1,466貫（金で約２万両）余りを借り、無利子で10年間で返済するという証文である。熊本藩の役人が連署している。（Y）

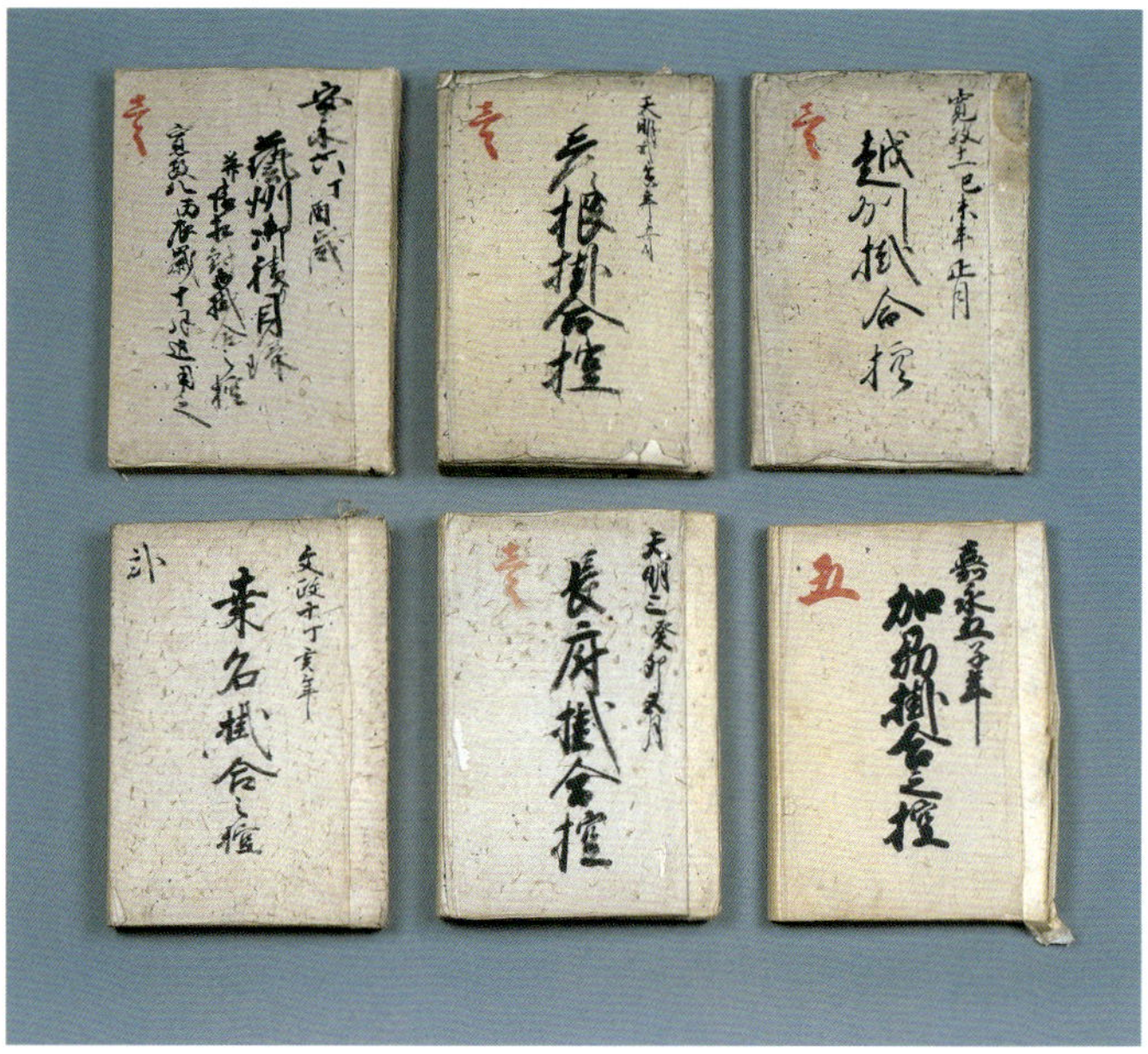

鴻池家が各大名の大坂蔵屋敷と蔵元・掛屋として交渉した記録が「掛合控」(名称は各大名・年代により異なる)である。年貢米や特産物売却の勘定、借銀の依頼や交渉、蔵屋敷の年中行事などが克明に記されている。上段左より、広島藩(安永6年(1777))・彦根藩(天明2年(1782))・福井藩(寛政11年(1799))、下段左より桑名藩(寛政2年(1790))・長府藩(天明3年(1783))・金沢藩(嘉永5年(1852))の掛合控。(Y)

28　各藩掛合控　　大阪大学経済学部経済史経営史資料室蔵

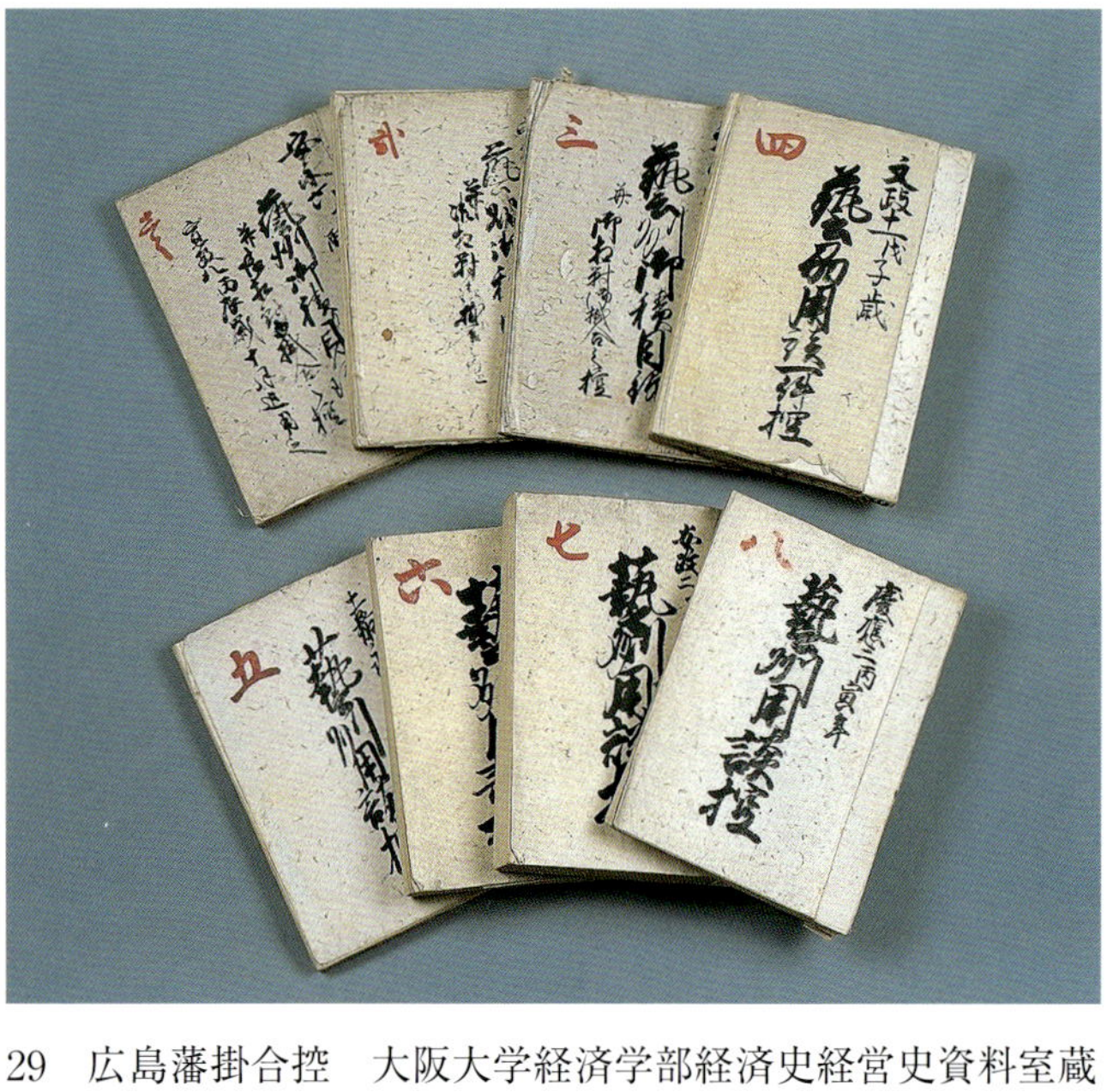

29　広島藩掛合控　大阪大学経済学部経済史経営史資料室蔵

広島藩大坂蔵屋敷との掛合控。広島藩の場合は『用談控』という名称が用いられた。年貢米の入札を蔵屋敷役人と開く際の座敷の席順まで載っており(下図左頁)、屋敷絵図の座敷の位置とも一致する。また、藩財政に関することのほかにも、年頭の住吉参詣や芝居見物の接待、厳島社や稲荷社への寄進など、年中行事とも言うべきことについても詳しく記述されている。(Y)

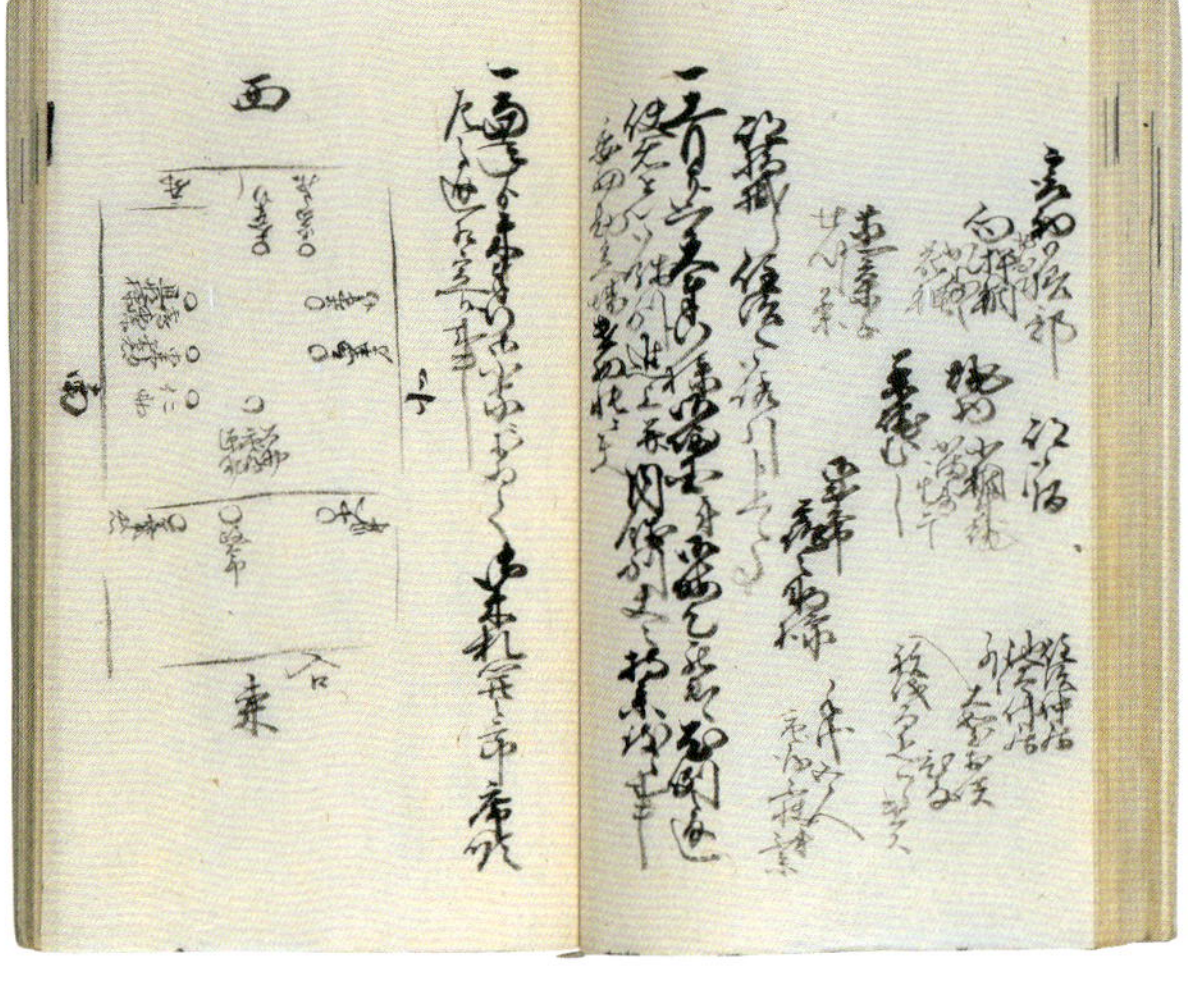

拝領物

鴻池合資会社蔵『寛政十二年　御拝領物年号附』『御拝領掛物控并に無表具之類』『刀脇差短刀新刀小刀控』などによると、鴻池家が諸大名から与えられた拝領物は刀剣、拵、印籠は元より、掛物、香炉、花瓶、料紙・硯、各藩特産の細工物、燭台、藩主の手になる墨跡や絵画など多岐にわたっていた。（T）

30　獅子牡丹蒔絵金象嵌印籠
鴻池合資会社資料室蔵

箱書に「備前太守治政様拝領之」とある、池田家からの拝領品。図柄は「石橋」をモチーフに、真中に対角線状の橋を渡し、それぞれの側に目貫様の獅子を象嵌、動きのある牡丹を蒔絵で表す。橋には大胆に箔を置き、青貝を配す。金工と漆工が融合した、見事な作である。（N）

31　梨子地瀧虎蒔絵印籠　銘　梶川作
鴻池合資会社資料室蔵

箱書の「安藝少将重晟公」が示すように、浅野家からの拝領品。表に虎、裏に滝を表し、底には「梶川作（壺印）」の銘がある。附属する孔雀石の根付には、浅野家の家紋である丸に鷹の羽違い紋の金物が配されており、浅野家旧蔵であることと符合する。（N）

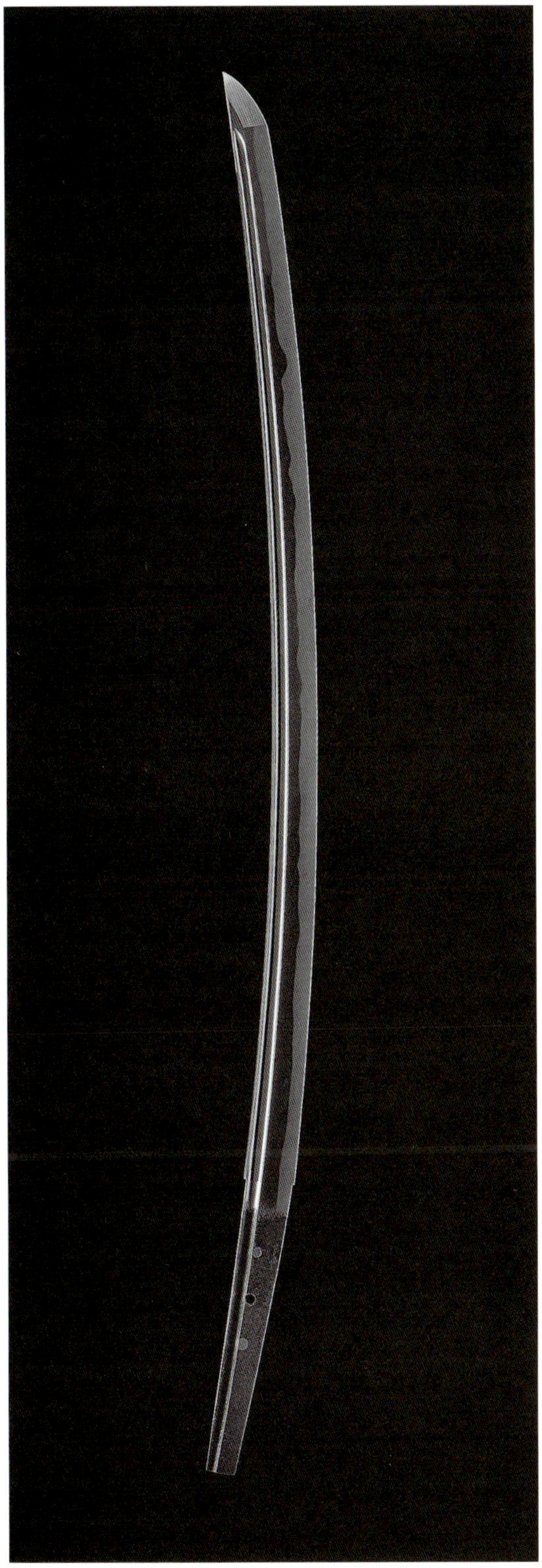

32　刀　無銘　江義弘《ごうよしひろ》（号 芦葉江）
高松市歴史資料館蔵

号を「芦葉江」といい、名物であったと思われる。高松に伝わるが、鴻池家の蔵札が附属するところから、一時期同家の所蔵にかかる時期があったものと推察される。（N）

鴻池家の刀装具蒐集

鴻池家の刀装具蒐集《とうそうぐしゅうしゅう》の傾向は明快で、将軍家お抱え金工の後藤家のものに絞られる。蔵帳は三所物《みところもの》、目貫《めぬき》、小柄《こづか》と分類され、初代から順に記載されるなど、管理形態もまた明快である。これらの品々の多くには、「折紙」と呼ばれる一種の鑑定書が附属するが、この折紙が青い上紙でつつまれる点が、鴻池家伝来を特徴づける一つの指標とされる。蒐集対象が後藤家に絞られた理由として考えられるのは、正統派お抱え金工としての家柄の確かさ、また、極めの折紙で真偽が保証される品質の確かさ、そして直系を初代から順にきっちりと系統立てて蒐集することができる蒐集上の明快さなどがあり、ここからは、鴻池家の手堅い蒐集方針が見て取れる。

蒐集時期は、従来折紙の極め時期から、後藤十二代、十三代頃と目されてきたが、蔵帳にある寛政年間の年期はそれを裏切るものではなく、また、今回初公開となる鎺《はばき》は、十四代の若銘の在銘作であり、時代的にやはり符合する。

蒐集は量だけでなく質も良い。初代祐乗《ゆうじょう》作「鞍置馬金目貫」は、伝来・作行きの面で祐乗を代表する名作で、織田信長が愛玩したと伝える名物である。五代徳乗《とくじょう》作「龍虎金目貫」は、前田家に伝来する光乗作の目貫(信長旧蔵)と同形で、それに比肩しうる出来栄えである。こうした作品の中にこそ鴻池家に至るまでの伝来のよさを感じさせる。このように各代にわたり蒐集された品々は、いずれも蒐集時からの状態が保たれている点も見所である。例えば「龍図三所物」は、経年でついたさびを落とさずに保管されており、金工品の年代感を知る上で格好の作品である。

(N)

33　鞍置馬金目貫　初代祐乗《ゆうじょう》(1440～1512)　個人蔵

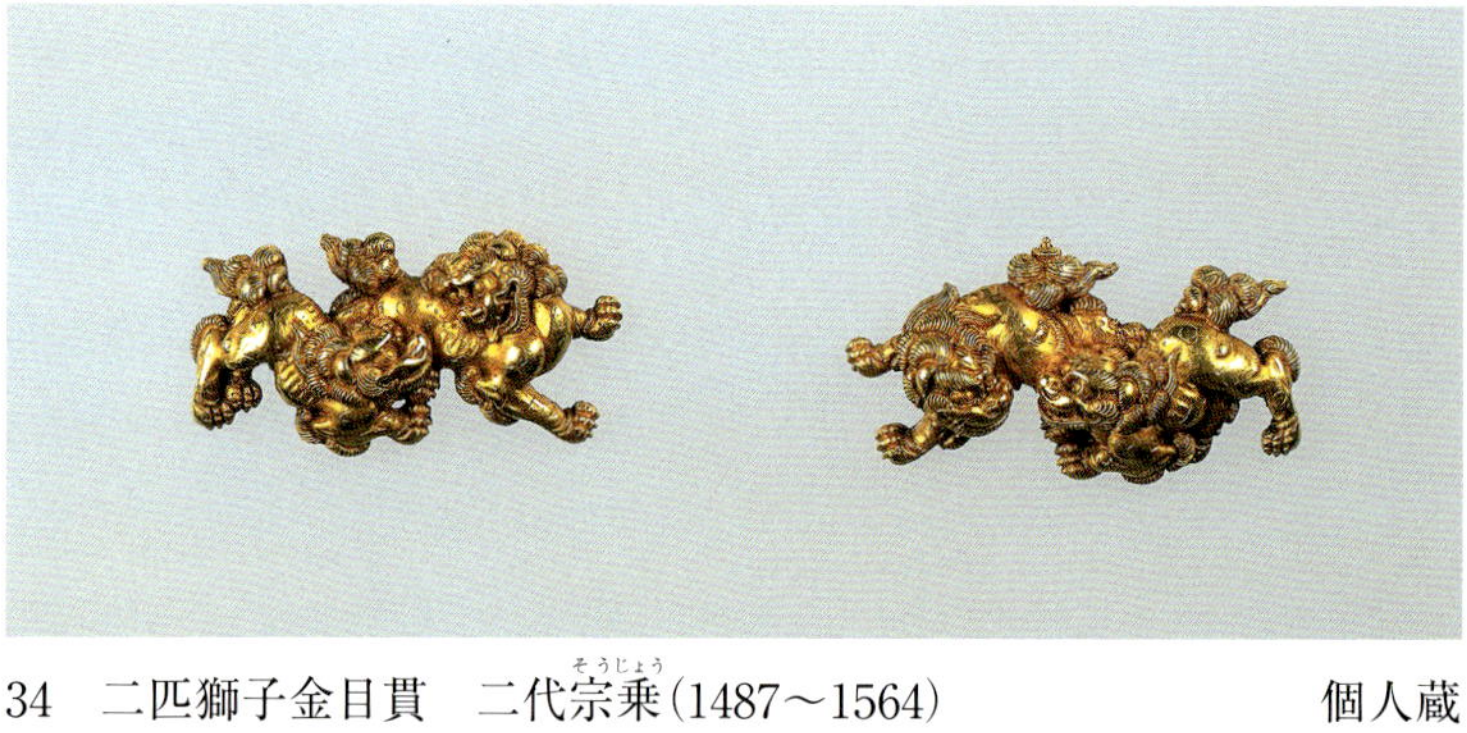

34　二匹獅子金目貫　二代宗乗《そうじょう》(1487～1564)　個人蔵

35　十二支目貫　三代乗真《じょうしん》(1512～1562)　個人蔵

36　龍虎金目貫　五代徳乗《とくじょう》(1550～1631)　個人蔵

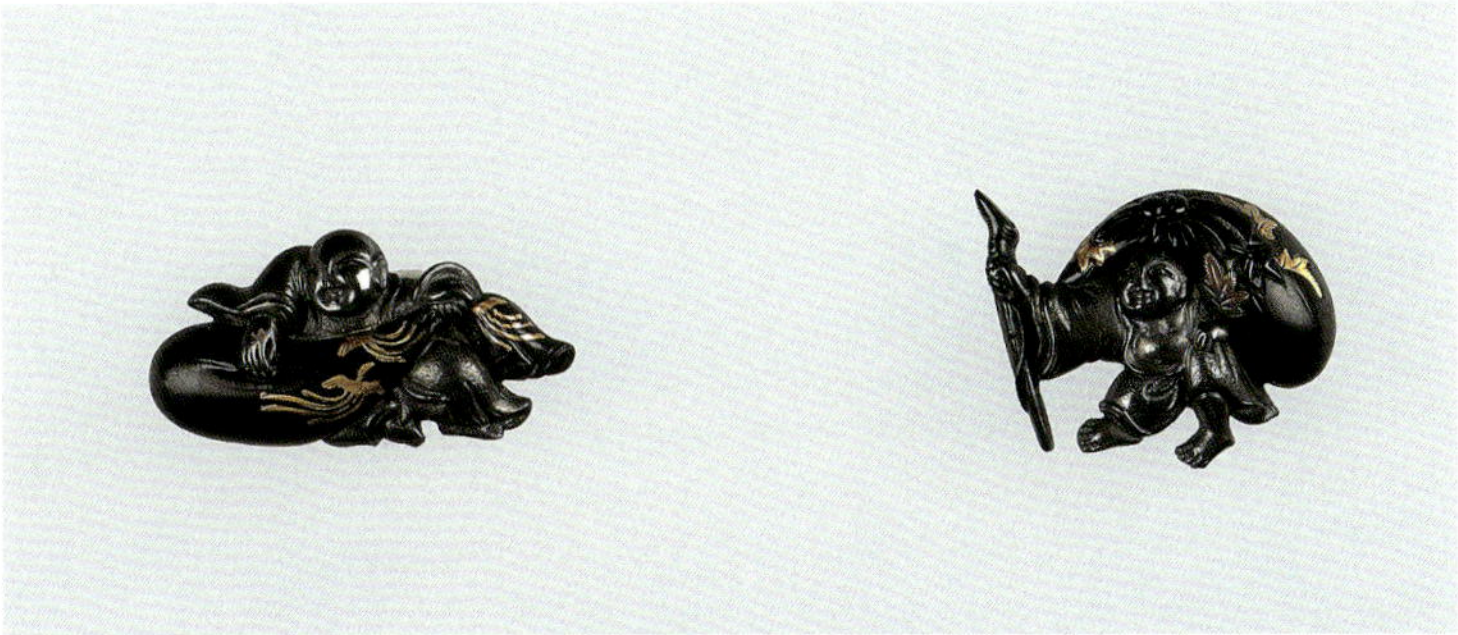

37　色絵布袋目貫　六代栄乗《えいじょう》(1577～1617)　個人蔵

38　赤銅五羽鶴小柄　七代顕乗《けんじょう》(1586～1663)　個人蔵

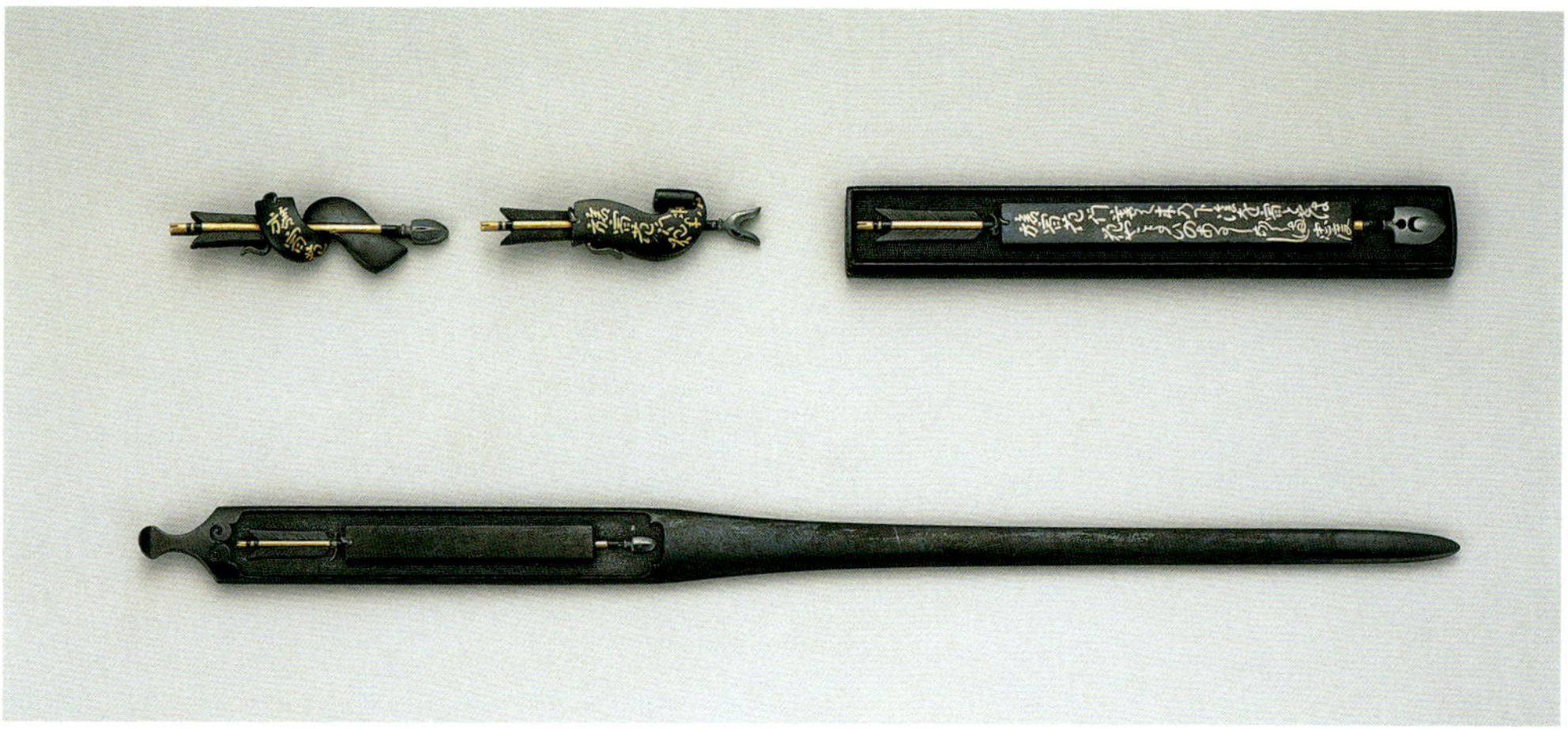

39　矢短冊三所物　七代顕乗《けんじょう》(1586～1663)　林原美術館蔵

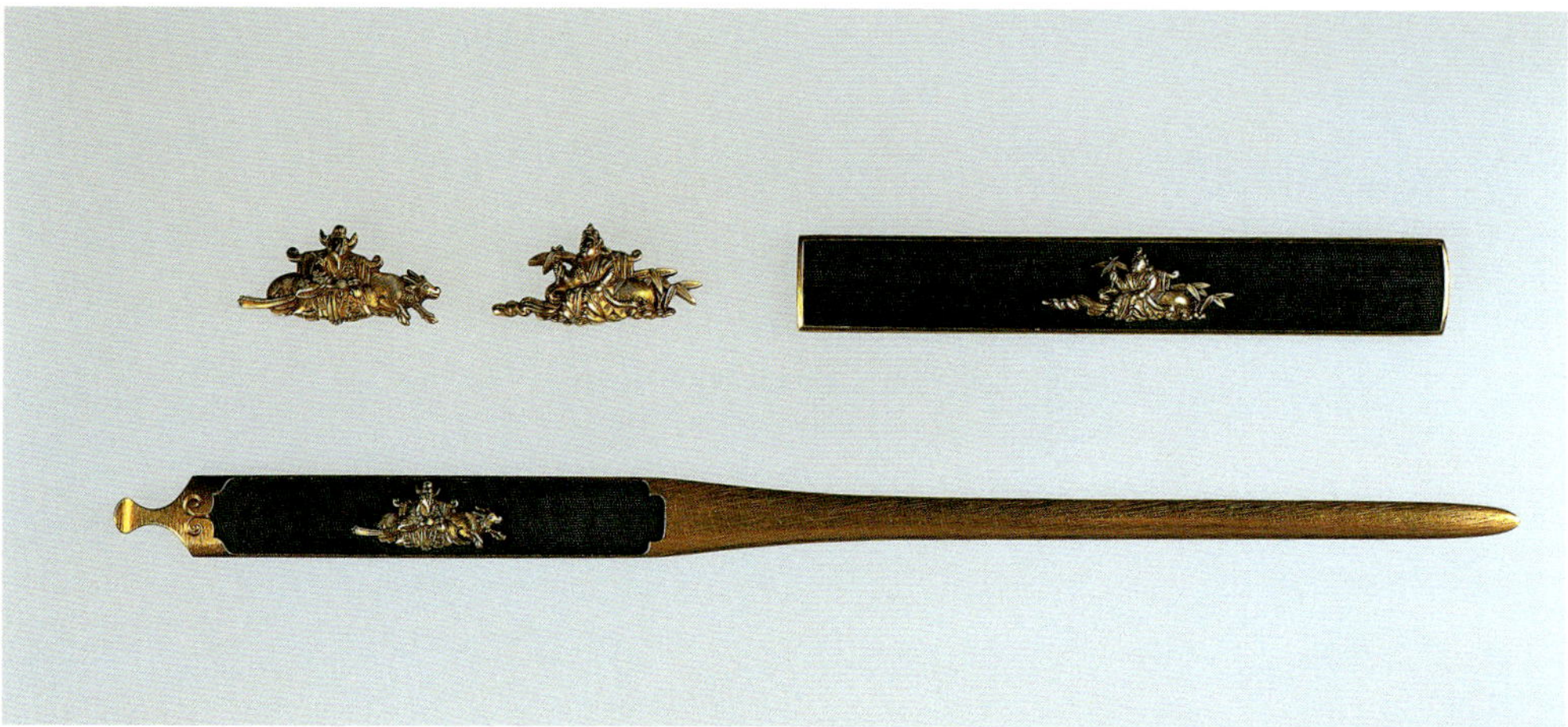

40　玄宗楊貴妃三所物　八代即乗《そくじょう》(1600～1631)　個人蔵

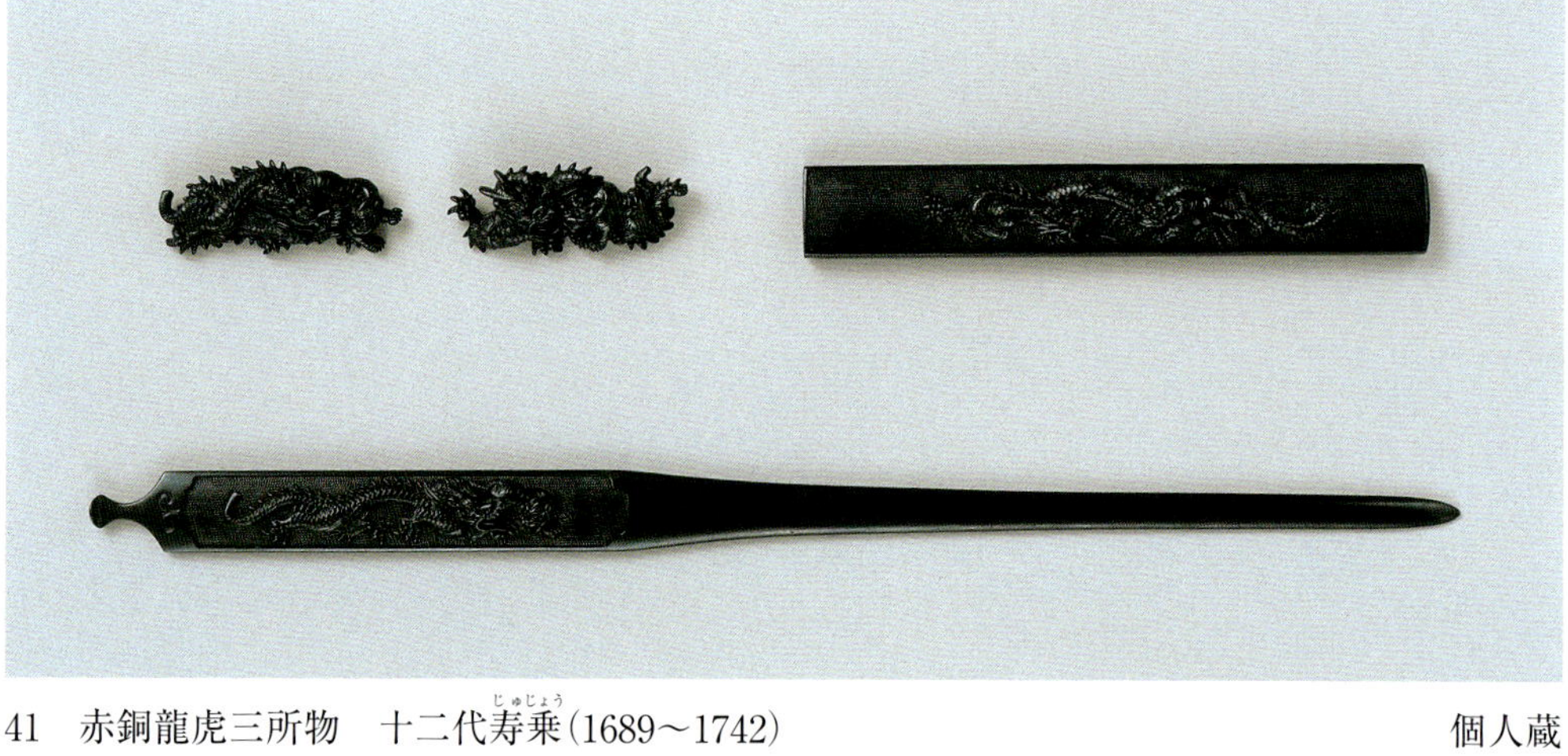

41　赤銅龍虎三所物　十二代寿乗《じゅじょう》(1689～1742)　個人蔵

42　這龍《ほうりゅう》三所物　十三代延乗（1722～1784）　個人蔵

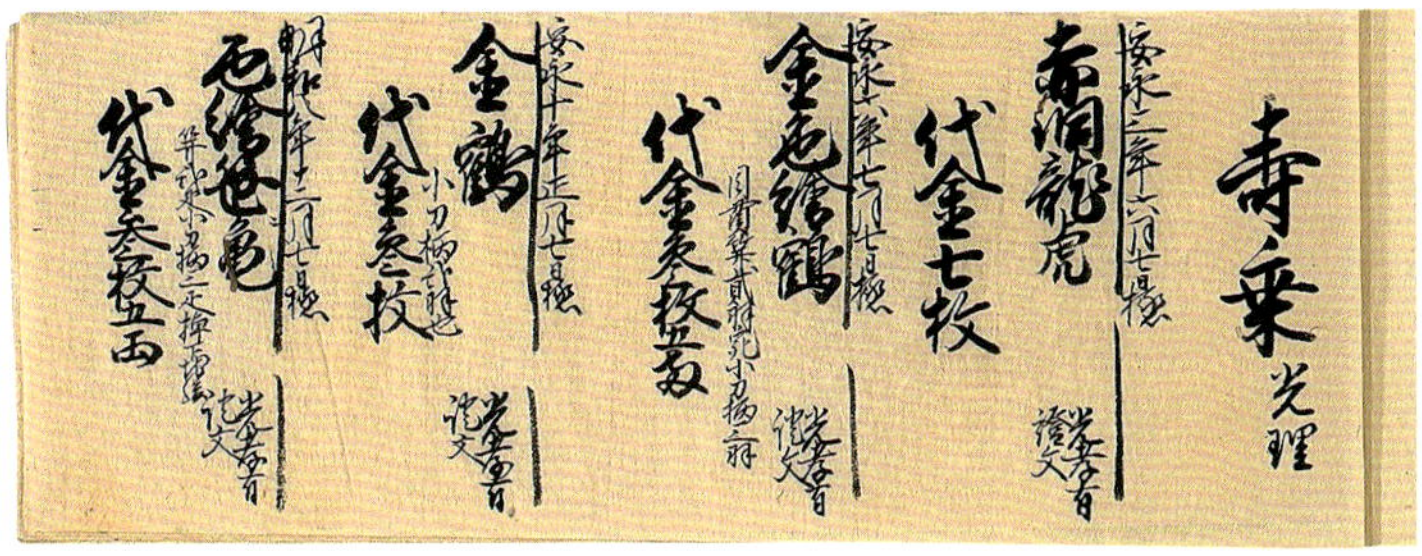

43　後藤彫三所物十三代之控　鴻池合資会社資料室蔵

10冊にわたり、三所物、目貫などの分野別に、初代から順に所蔵品をリスト化した蔵帳の一部。「赤銅龍虎三所物」についての記載が見られる。（N）

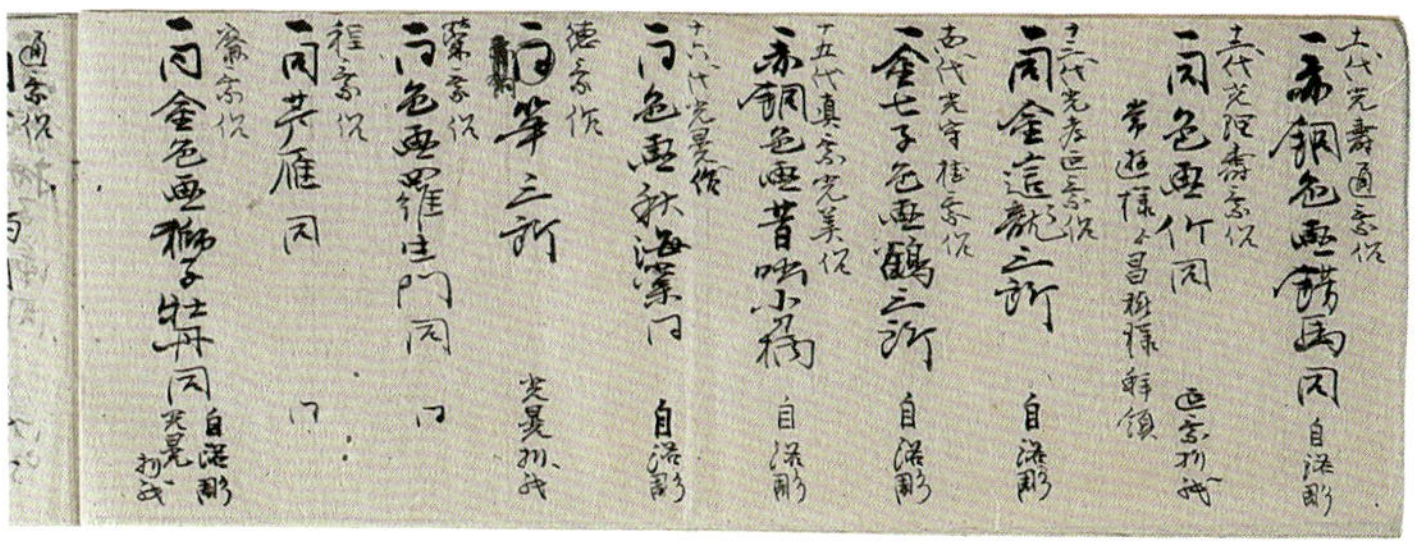

44　嘉永七年 初秋小道具仮控　鴻池合資会社資料室蔵

「這龍三所物」についての記載がある。（N）

45　正月鎺・五月鎺・九月鎺 光俦作
鴻池合資会社資料室蔵

銘は「光俦《みつとも》（花押）」。光俦は後藤十四代桂乗《けいじょう》光守の若銘で、花押は自身作を示すもの。後藤直系金工の在銘の鎺は大変珍しい。十三代延乗《えんじょう》光孝時代の作と思われるが、鴻池家で蒐集された刀装具の折紙に光孝極めの物が多いことと併せ、この期の鴻池家と後藤家の関係を考える上で興味深い。

鎺［はばき］はそれぞれ、正月鎺（右京正宗添）、五月鎺（江義弘添）、九月鎺（則重《のりしげ》添）であり、また蔵帳には、三月鎺を貞宗に添えていた旨の記載がある。もともとは五節句の鎺として製作され、後藤家の鎺にふさわしい名刀五口に添えられていたようである。逆に言うと、これらの五口は、鴻池家において五本の指に入る名刀として認識されていたものともいえる。いずれにせよ鞘に収めてしまえば外からは見えなくなる鎺に、後藤家の金工の作品を添えるとは、贅沢の限りであり、いかにも豪商らしい。（N）

鴻池家の風雅

鴻池家の当主は代々風雅で知られた。茶の湯を愛し、幾多の名器を含む茶道具の蒐集《しゅうしゅう》、江戸時代初頭から明治末期にかけての扇面の蒐集でも名高い。京焼の永楽家の有力なパトロンでもあった。学問にも熱心で、かつ能楽・地唄・浄瑠璃などの諸芸にも通じた。

家業が安定期に入った江戸時代中期、四代宗貞《むねさだ》（一六九八～一七四五）・五代宗益《むねます》（一七一七～一七六四）は表千家七代如心斎《じょしんさい》宗左（一七〇五～一七五一）について茶の湯の奥義を究めた。宗貞は如心斎の好みによって大徳寺塔頭《たっちゅう》の玉林院へ「南明庵」、「蓑庵《さあん》」、「霞床席《かすみどこせき》」の建立をおこない、宗益は瓦屋橋別邸に七畳半の茶室を自らの好みで設《しつら》えている。このころ分家に鴻池道億《どうおく》（一六五五～一七三六）が、やや遅れて別家に草間直方《なおかた》（一七五三～一八三一）が輩出した。六代幸行《ゆきゆき》（一七四四～一七九五）は「雅好」の名をもって俗謡に謡われるほどの人物であり、七代幸栄《ゆきふさ》（一七六七～一八〇四）は京都で少年期を過ごし、十二歳で能の添後見をつとめるまでになっている。

蒐集した茶道具や扇、刀装具のほか、諸大名から与えられた刀剣、印籠、掛物などの鴻池家に伝来した道具類はまさに名品揃いであり、昭和戦前期から戦後にかけて世に出て、高い評価を受けることになった。（T）

46　伝山中鹿介所持　音羽茶入　銘「玉葛《たまかづら》」　箱書遠州　　鴻池合資会社資料室蔵

山中鹿介所持の伝をもつ、音羽茶入・歌銘「玉葛」。音羽茶入は瀬戸茶入の窯分け名のひとつで、破風窯に属し、中興名物の音羽山茶入を本歌とする。茶入の挽家の書付は小堀遠州の手になるものであると、古筆了延が極めている。「玉葛」の歌銘は『源氏物語』からの取材で、「恋わたる　身はそれならて　たまかつら　いかなるすじを　たづねきぬらむ」に由来する。やや大振りで腰の脹らんだ肩衝形の茶入である。（T）

郵便はがき

料金受取人払

天王寺局
承認
537

差出有効期間
2004年3月
31日まで
（有効期間中 切手不要）

5438790

大阪市天王寺区大道一の八の十五
安田生命天王寺ビル

東方出版 編集部 行

（受取人）

(〒　　　　　　)
●ご住所

●ご氏名《ふりがな》　　☎

●購入申込書（小社へ直接ご注文の場合は送料が必要です。）

書名		本体価格		部数
書名		本体価格		部数

ご指定書店名		取次	
住所 〒			

愛読者カード

●ご購読ありがとうございます。お送りいただきましたこのハガキはご愛読者名簿として長く保存し、小社の新刊案内、その他ご案内の資料とさせていただきます。
●このハガキを、小社への通信または小社刊行図書のご注文にご利用下さい。より早く、より確実にご入手できます。

●お買上いただいた書物名

●お買上書店名

県　　郡市　　町　　書店

●お買い求めの動機（○をおつけください）

1. 新聞・雑誌広告（　　　　）　2. 新聞・雑誌記事（　　　　）
3. 内容見本を見て　4. 書店で見て
5. 人にすすめられて　6. 執筆者に関心があるから
7. タイトルに関心があるから　8. その他（　　　　）

●ご自身のことを少し教えて下さい

ご職業　　年齢　　歳　　男・女

ご購読の新聞雑誌名

通信欄（本書に関するご意見、ご感想、今後出版してほしいテーマ、著者名など）

47　初代宗信様御印判　山中善右衛門幸栄箱書

鴻池合資会社資料室蔵

宗信居士こと初代正成の印判を、七代幸栄が封印したもの。封のなかには小型の角印が封ぜられている。これを革製の嚢物に収め、さらに小箱に収めている。（T）

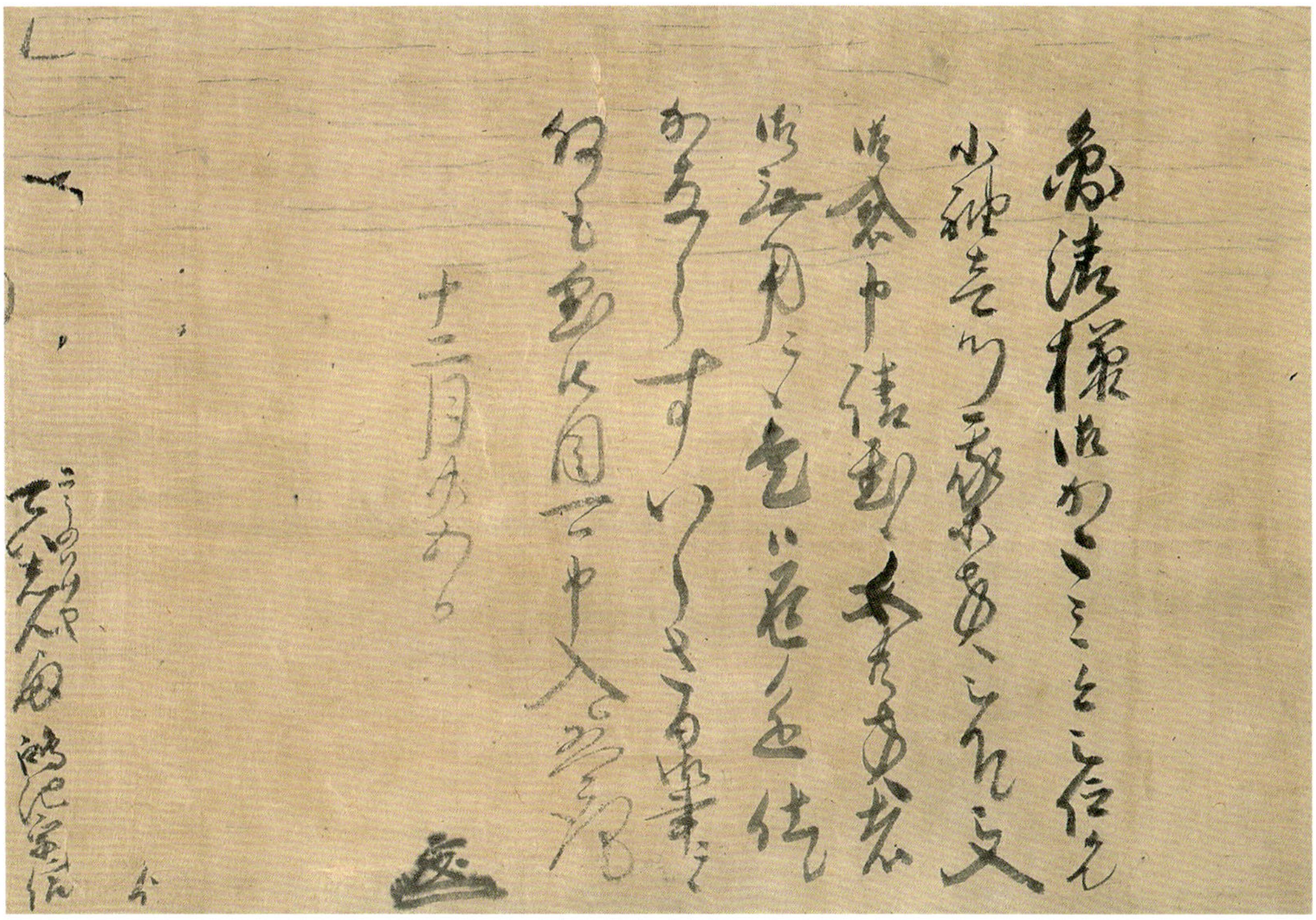

48　初代宗信居士御文　「こうのいけやていしん殿」宛　鴻池合資会社資料室蔵

「鴻池屋ていしん」に宛てて書かれた宗信の文。宗信とは、初代正成のこと。内容は鴻池村を相続した新右衛門元英（涼山円清信士）の形見として、小袖を一領受け取ったことなどについて記している。（T）

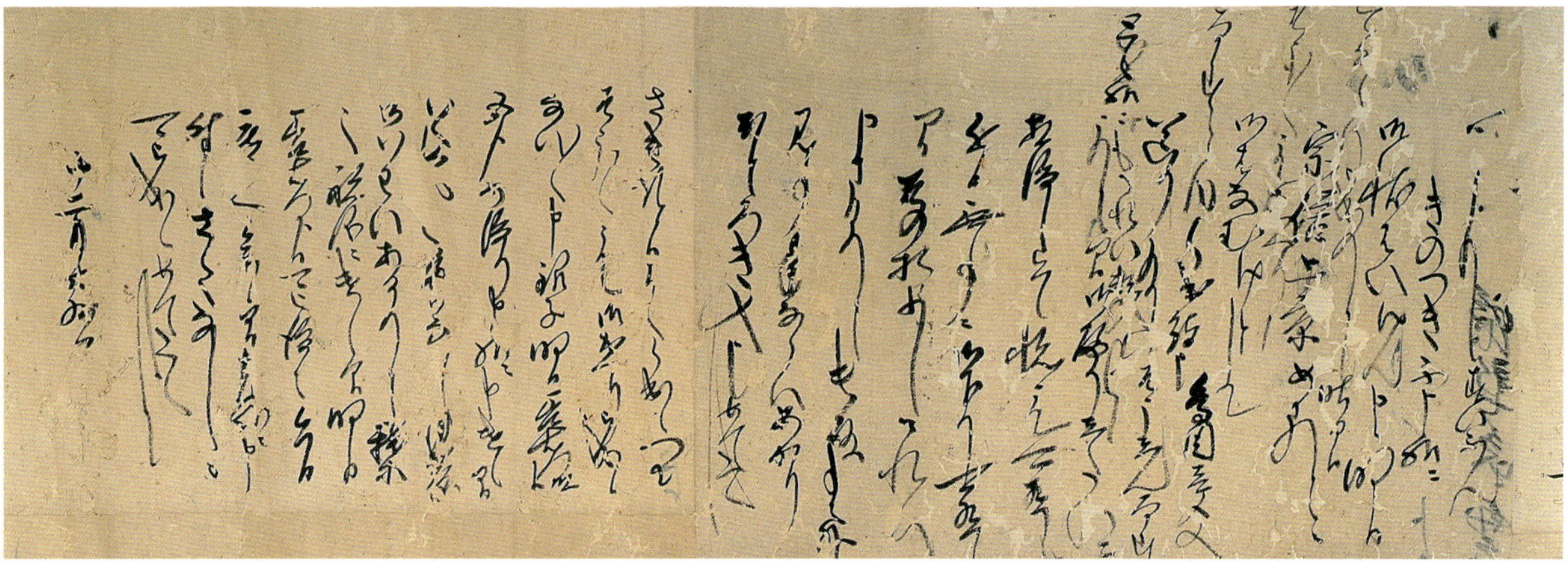

49　御先祖様方御筆之物　　　鴻池合資会社資料室蔵

鴻池家歴代の手になる書簡などが貼り継がれている書簡断簡集とでも呼ぶべき巻物。写真の部分は、宗信の上京に対する餞別に関する書状の断簡と善右衛門から銀子を渡すことについての書状の断簡。（T）

50　五代宗益作　黒楽茶碗　銘「小がらす」　　　鴻池合資会社資料室蔵

「小がらす」と名付けられた五代宗益手造の黒楽茶碗。宗益は、宗知、利永、吸江軒、思遠斎などと号し、茶人として知られた。この茶碗の製作時期は伝わらない。その黒い姿から「小がらす」と銘じたものであろう。（T）

52　七代幸栄筆　初瀬山之図
鴻池合資会社資料室蔵

七代幸栄の筆になる「初瀬山」の図。初瀬山は、大和青垣国定公園に位置し、三輪山などと連なる山であり、古来多くの和歌に詠まれてきた。本作品は、深山を一人行く姿が描き出されているようで、源兼昌の「夕霧にこずゑも見えず初瀬山 入あひの鐘の音ばかりして」の歌意に近い画題だろうか。幸栄は明和４年(1767)の生まれで、京都で養育され、幼時より学問を好んだといわれる。(T)

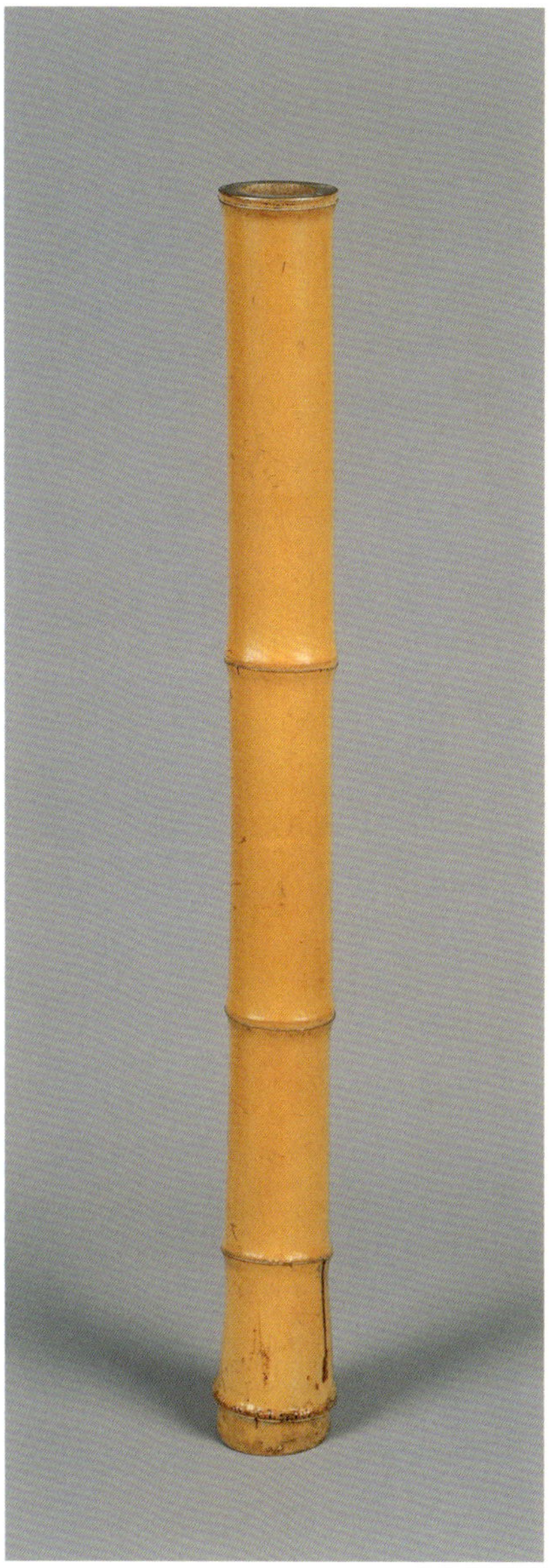

51　六代幸行作　竹花入　銘「布引」
鴻池合資会社資料室蔵

六代幸行手造と伝えられる竹花入で、銘は「布引」。すっきりとした花入である。幸行は男子の無かった五代宗益の末弟で、雅好、無尽斎と号した。豪気な性格であったらしい。この花入は、竹をあたかも尺八のようなかたちに切り取っている。「布引」は布引の滝のことで、あるいは『古今和歌集』の「こき散らす滝の白玉拾いおきて 世の憂き時の涙にぞ借る」(巻17・雑歌上・922)に因んだ歌銘であるとも考えられようか。(T)

茶の湯の風雅

鴻池家四代宗貞・五代宗益子、分家の鴻池道億の三人は茶人として名を成した人物である。

宗貞は元禄十一年（一六九八）の生まれ。号は宗羽・又継塵斎、法名から了瑛《りょうえい》とも呼ばれる。宗益は享保二年（一七一七）生まれ。号は宗知・利永・吸江軒・思遠斎。ともに表千家七代如心斎について茶の湯を学んだ。道億は明暦元年（一六五五）生まれ。凡斎・光漸と号し、茶器の目利きとして知られた。

鴻池家では、住友・平瀬・三井・下村・竹川など、多くの豪商たちと同様に、名器を蒐集・秘蔵することに強い関心を払っており、〝道具〟に重点を置いた茶の湯が展開されたのである。（T）

53　鴻池道億画像　　　鴻池合資会社資料室蔵

鴻池道億（1655～1736）は、鴻池家初代善右衛門正成の兄・善兵衛秀成の孫、父は善兵衛道意。はじめ善三郎、のちに彌三兵衛と改め、老年、入道して萬峯道億居士と称した。家業の傍ら茶の湯に精進し、茶人として知られる。特に茶器の目利きに秀で、晩年は京都に住んで、近衛家熙や住友家、大徳寺と交わりを結んでいる。鴻池家四代当主宗貞、五代宗益と同時代を生きた人物である。画賛は大徳寺・大龍和尚。（T）

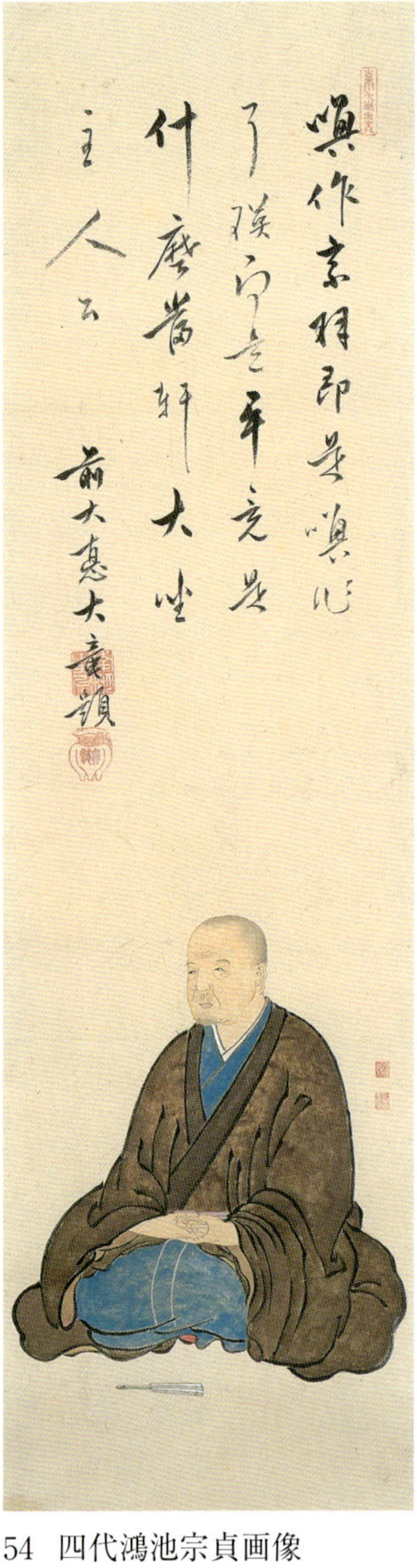

54　四代鴻池宗貞画像
（了瑛様御肖像　大龍宗丈賛）
鴻池合資会社資料室蔵

了瑛こと四代善右衛門宗貞の画像。大竜賛。宗貞は晩年に出家して宗羽と称した。文芸の素養に優れ、隠居後は京都の八坂に住んだ。子の宗益とともに如心斎に師事して茶の湯を修め、多くの道具類を収集した。賛は「喚作宗羽即是喚作/了瑛即是畢竟是/什磨當軒大坐/主人公　前大徳大竜題」。（T）

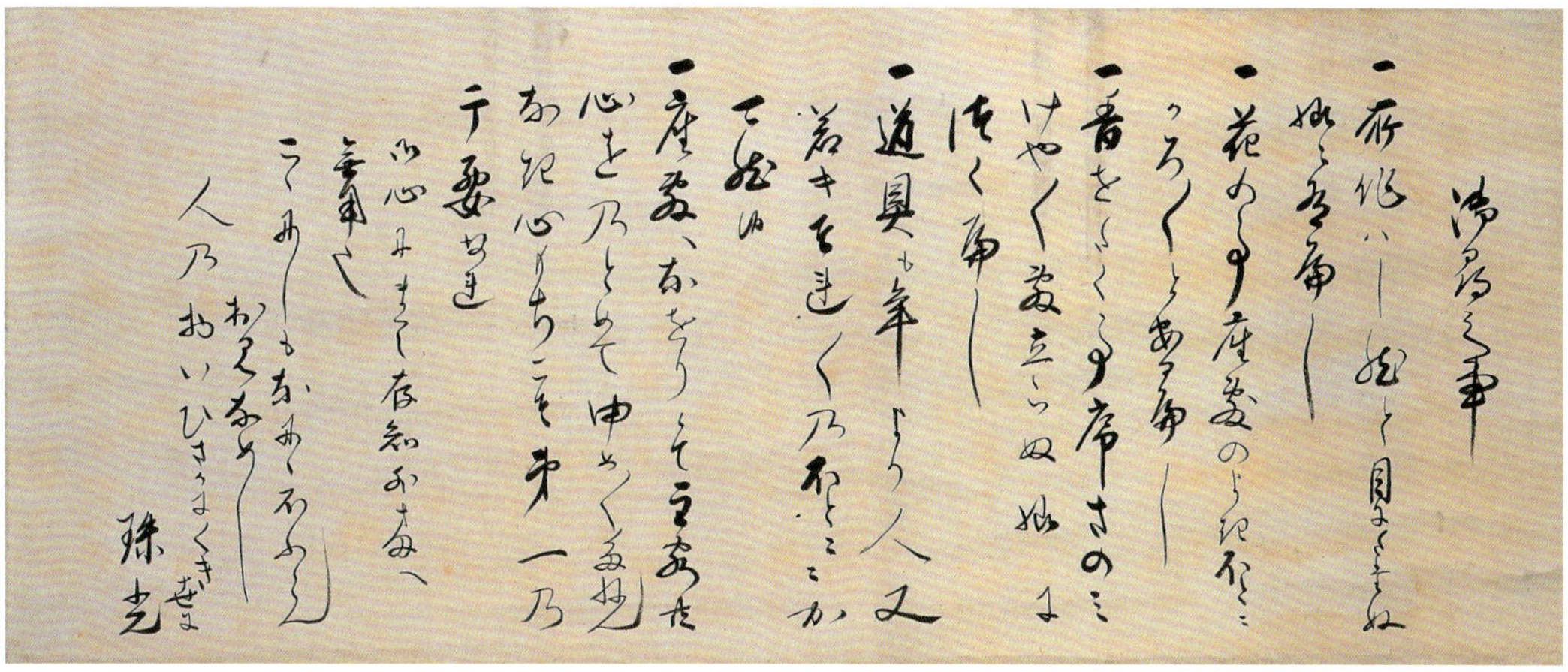

55　村田珠光文「御尋之事」　宗益書写　　鴻池合資会社資料室蔵

村田珠光から古市播磨に宛てた文「御尋之事」は、同じく珠光の「心の文」とともに古くから知られており、正本は鴻池家に伝来し、昭和15年(1940)の売立に出た。これは宗知こと五代宗益の手になる写しである。「御尋之事」が鴻池家に入るまでの伝来の経緯は不明とされているが、この写しの存在によって少なくとも宗益の存命中(1717〜1764)には鴻池家に入った可能性が高くなってくるだろう。(T)

御尋之事
一　所作ハし然と目にたち候ハぬ様ニ有へし。
一　花の事、座敷のよきほとにかろ〳〵とあるへし。
一　香をたく事如何さのミけやく〳〵敷立候ハぬ様につくへし。
一　道具も、年より人又若きそれ〳〵のほとには可然候。
一　座敷へなをり候て、主客共心をのとめてゆめ〳〵たねんなき心もちこそ、第一の干要なれ。
御心にまて存知、外へハ無用也。
こゝにしもなにゝほふらんおみなへし
人の物いひさかにくき世に
珠光

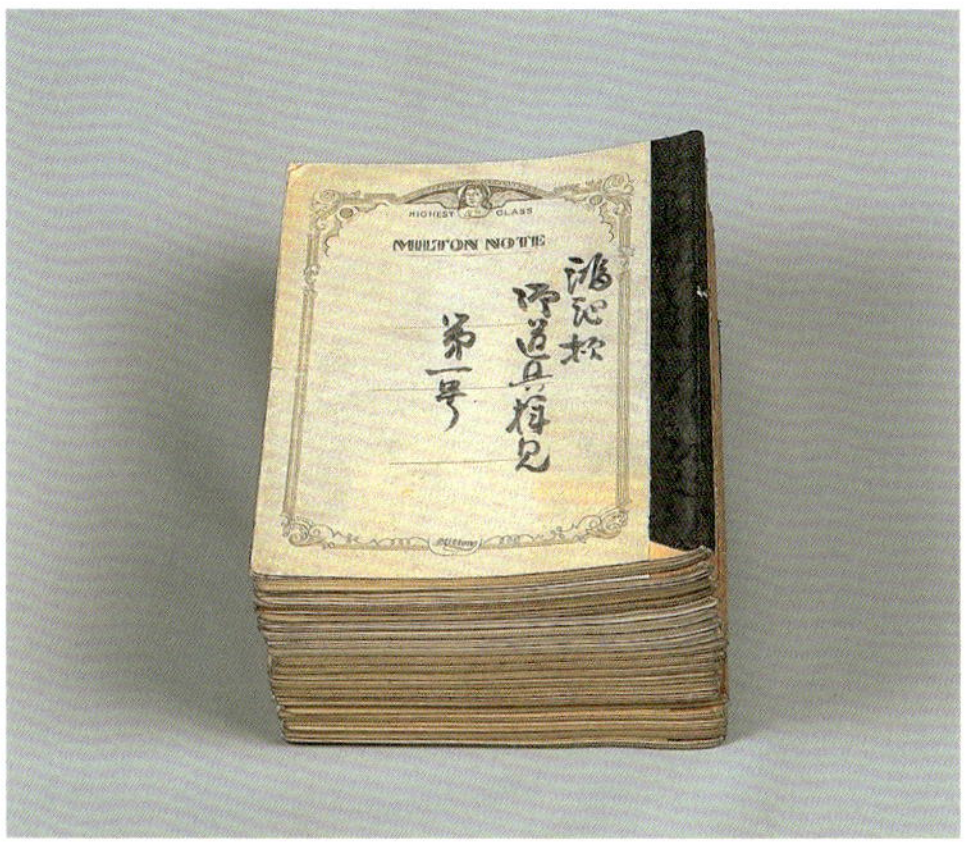

56　鴻池様御道具拝見ノート
鴻池合資会社資料室蔵

砂 元吉は、鴻池家に出入りの道具商である。松筠亭蔵品の入札にも関係した。このノートは、元吉が、昭和12年(1937)に数度にわけて鴻池家所蔵の道具類を拝見した際の記録である。元吉は、鴻池家からの信頼が厚く、1,000枚にも上る写真の乾板を贈られてもいる。(T)

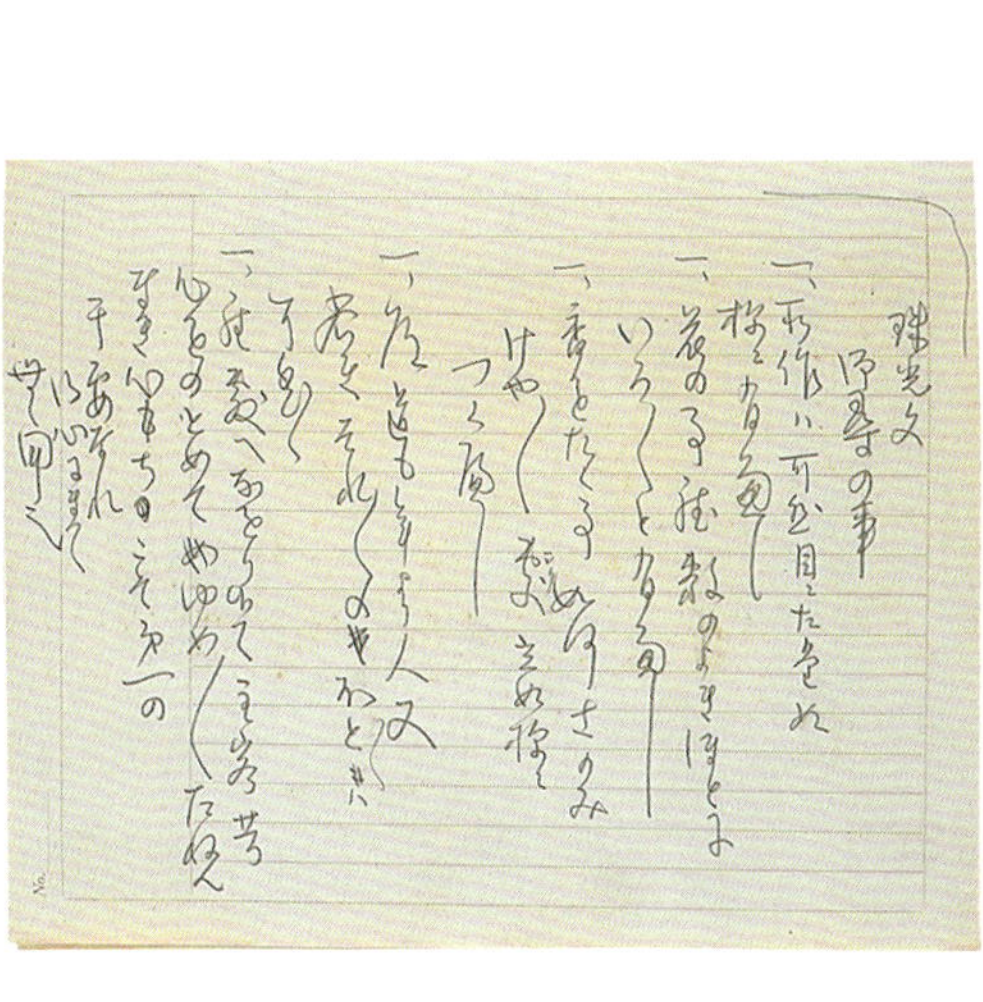

鉛筆で書き付けられた「拝見ノート」は19冊にのぼる。そこには、ありとあらゆる道具の名称、附属品の名称と数量、元吉の所見などが絵入りで記録されている。最終19冊目のノート表紙には「鴻池様/御道具/第十九号/一先ツ完」の字が記され、その道具拝見が如何に大変な作業であったかを伺わせる。この3年後、鴻池家蔵の茶道具は入札にかけられた。(T)

表千家との交遊
―如心斎・啐啄斎

宗貞・宗益親子が表千家七代如心斎に師事したことから、鴻池家と表千家とは深い交わりを結ぶことになる。それをものがたるように、七代如心斎宗左（一七〇五～一七五一）と、その子、八代啐啄斎《そったくさい》宗左（一七四四～一八〇八）からの書簡が、鴻池家に伝来する。

如心斎宗左は、六代覚々斎（原叟宗左）の次男、天然、丁々軒《とうとうけん》、椿斎《ちんさい》、松風楼などの号がある。紀州徳川家に出仕、二十六歳で家元を継承。弟の十一郎は裏千家八世一燈《いっとう》宗室である。如心斎の斎号は紀州侯より、天然の号は大徳寺・玉林院の大龍宗丈より受けた。折しも、覚々斎の頃から町人文化が隆盛し、茶の湯は武家のあいだのみならず町人のあいだにも浸透しつつあったが、そうした時期に約二十年間家元として在り、弟の一燈宗室や川上不白（紀州新宮藩水野氏の家臣川上五郎作の次男・一七一八～一八〇七）、大徳寺の無学宗衍《そうこう》（大徳寺代三七八世住持。玉林院十代。大龍和尚の嗣）らとともに七事式を制定し、表千家中興の祖と呼ばれている。

啐啄斎は、四十七歳の若さで他界した如心斎のあとを受け、若くして八世家元となった。父と同じく紀州家に出仕している。（T）

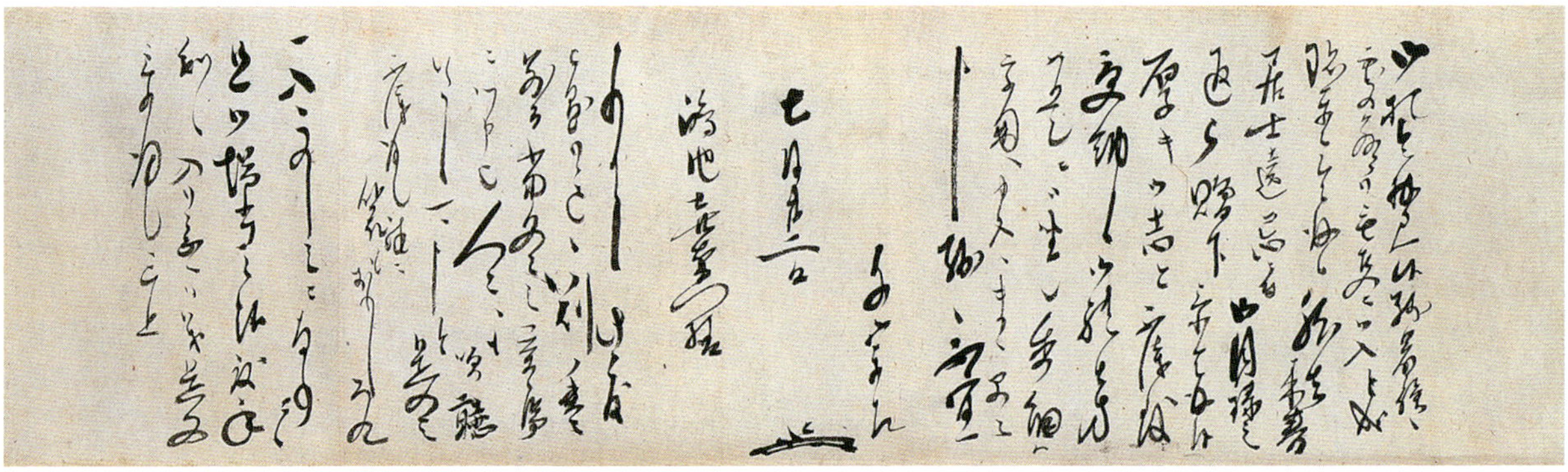

57　鴻池喜右衛門宛　如心斎文　　　鴻池合資会社資料室蔵

如心斎から鴻池喜右衛門に宛てた文。如心斎存命中に「喜右衛門」を名乗った人物は四代宗貞と五代宗益であるが、そのいずれに宛てた文かは知れない。内容としては、来春の居士遠忌にあたり、鴻池家から表千家に贈られた品々に対する返礼である。（T）

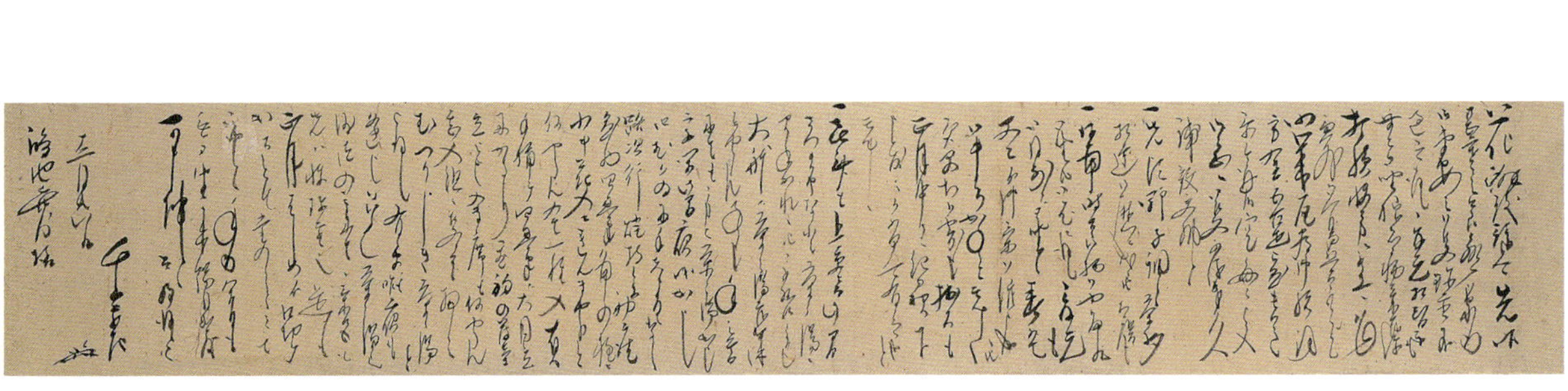

58　鴻池喜右衛門宛　如心斎文　　　鴻池合資会社資料室蔵

如心斎から鴻池善右衛門に宛てた文。病気が快方に向かいつつある如心斎が、近々紀州に下りたい意向を示している。また宗閑の催した夜咄の茶事におけるさまざまな趣向に関して、如心斎の所見を書き述べている。（T）

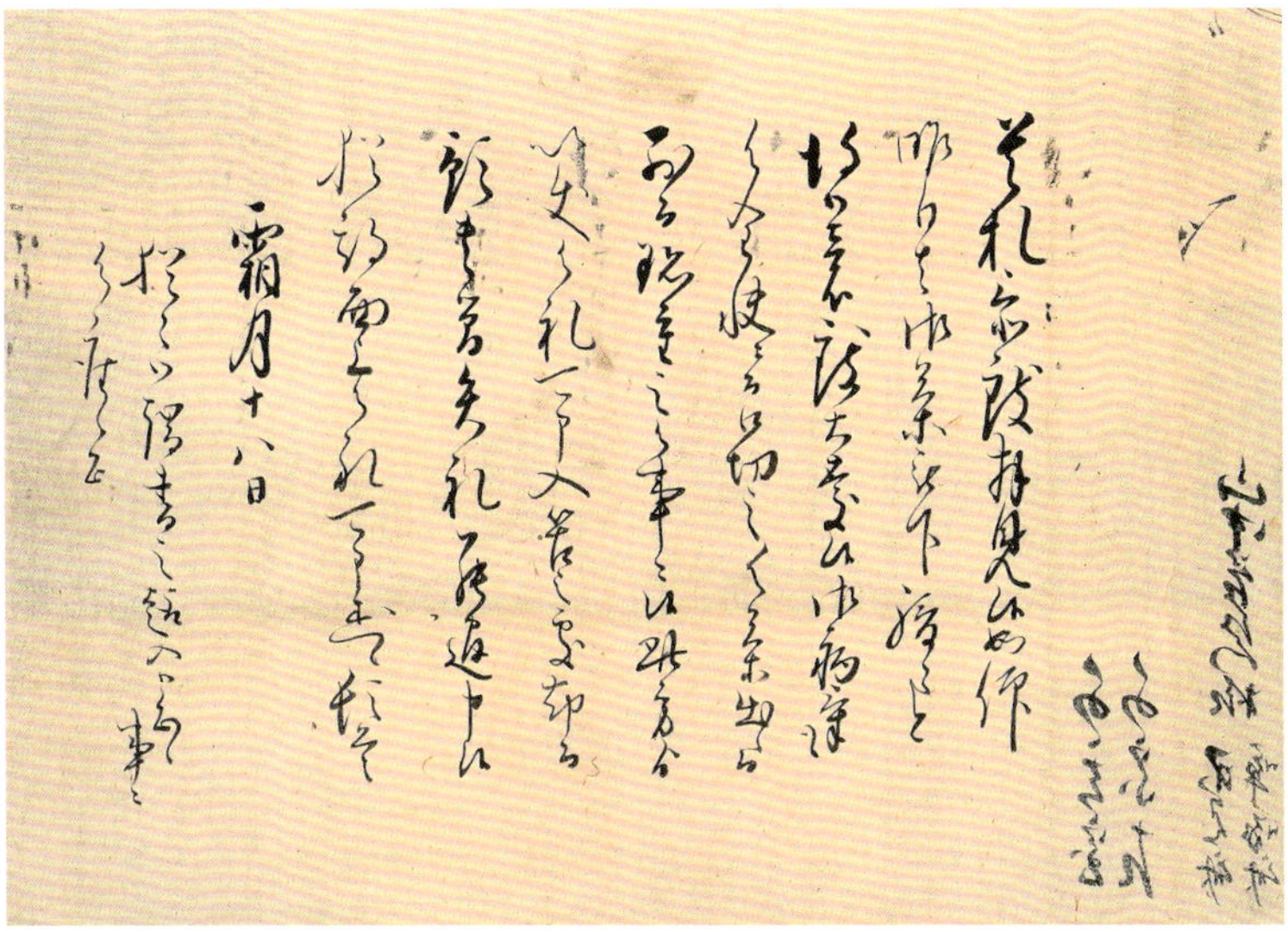

千宗左・千宗室連名の文。千宗左は啐啄斎(1744〜1808)、宗室は不見斎こと九代石翁玄室(1746〜1801)である。啐啄斎の父である如心斎は寛延4年(1751)に、不見斎の父である又玄斎一燈宗室は明和8年(1771)に没していることから、これは明和8年以降の文であろうことが判明する。内容としては「口切茶事」へ招かれたことの返礼で、主人の病気快癒を喜んでいる。(T)

59　山中善左衞門宛　千宗左・千宗室連名文　鴻池合資会社資料室蔵

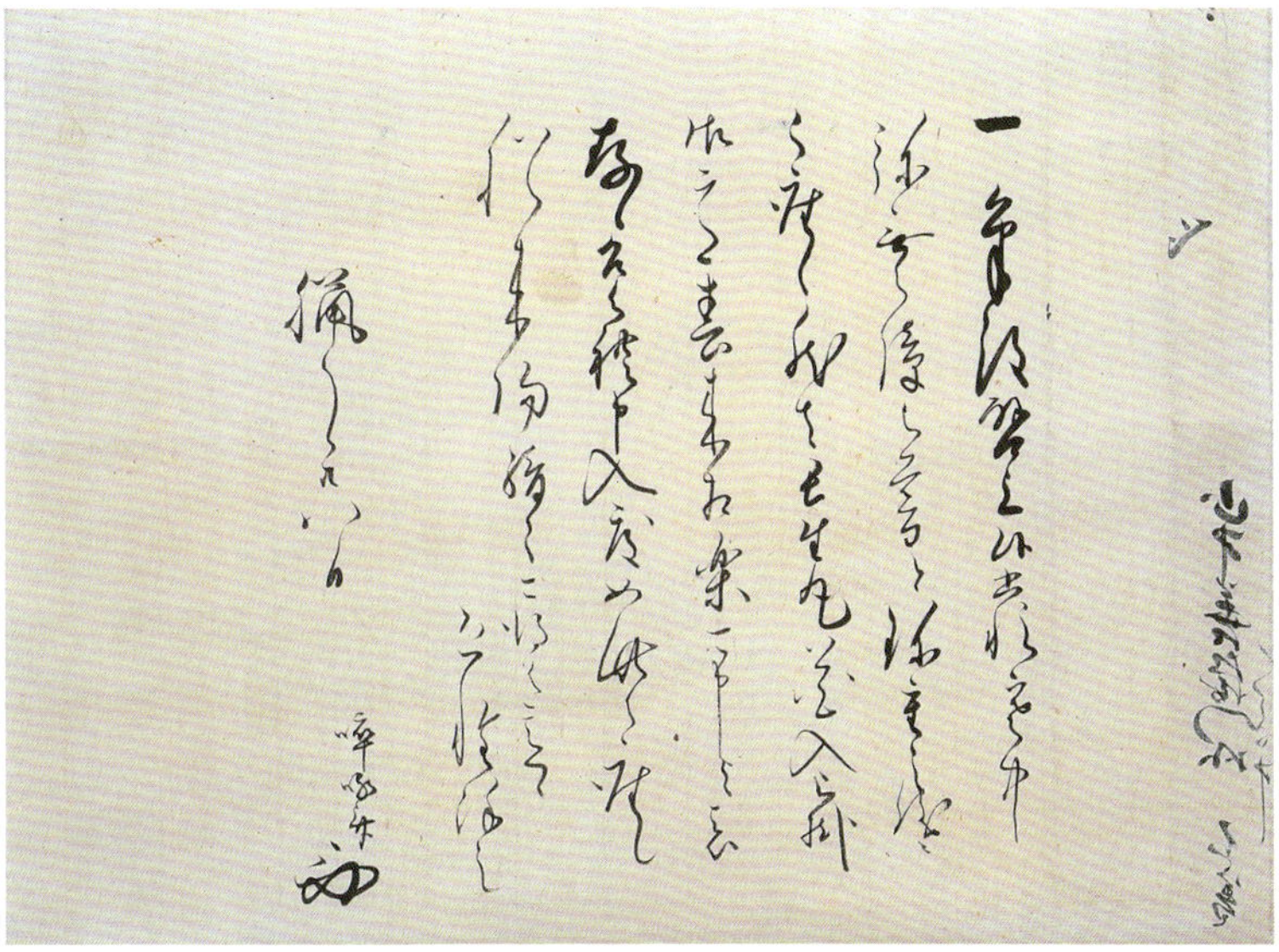

60　山中善左衞門宛　啐啄斎文　　　　　　　鴻池合資会社資料室蔵

茶事に招かれたことについての返礼の文。長生丸花入を掛けたことを喜んでいる。長生丸花入とは、江岑好の竹花入の一種で舟形のもの。筒舟の舳先にあたる底部を斜めに切り落としたものをいう。(T)

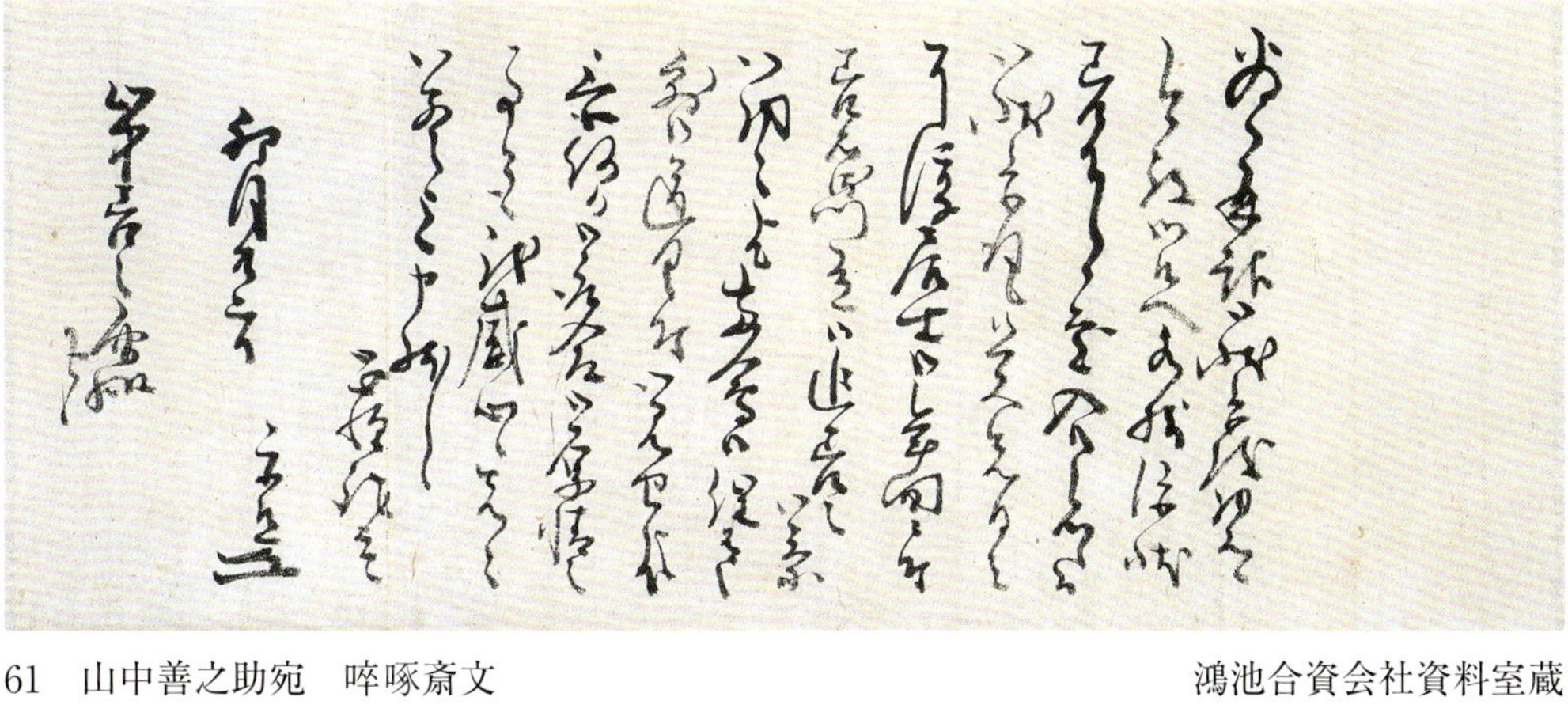

61　山中善之助宛　啐啄斎文　　　　　　　　　　　　　　　　　　鴻池合資会社資料室蔵

了淳居士の追善茶会の道具立についての返信である。了淳居士とは、六代善右衞門幸行(1744〜1795)のことで、法名を天翁了淳居士という。また宛名の山中善之助は、幸行の息子で分家を継いだ山中善之助であろう。(T)

茶人・鴻池道億と草間直方

鴻池道億《どうおく》（一六五五〜一七三六）は、鴻池家初代善右衛門正成の兄・善兵衛《ぜんべえ》秀成の孫で、父は善兵衛道意《どうい》。はじめ善三郎、のちに彌三兵衛と改め、老年、入道して萬峯道億居士と称した。家業の傍ら茶の湯に精進し、茶人として知られた。特に茶器の目利きに秀で、晩年は京に住んで、近衛家熙《いえひろ》や住友家、大徳寺と交わりを結んだ。四代宗貞、五代宗益と同時代を生き、彼らの道具蒐集に大きな役割を果たしたと考えられる。村田珠光や千利休の茶の湯を慕ったともいわれ、鴻池家の茶の湯について考察する場合に欠くことのできない人物のひとりである。

草間直方《なおかた》（一七五三〜一八三一）は、京都烏丸綾小路の商人・升屋唯右衛門の子して生まれ、はじめ鴻池屋京都店に奉公、その才能を認められて安永三年（一七七四）に別家の草間家の養子となった。文化六年（一八〇九）には独立したが、翌文化七年に隠居して和楽と号し、貨幣史の研究成果を『三貨図彙《さんかずい》』としてまとめたほかに並行して茶器研究にも打ち込み、九十五巻（別に索引二巻）におよぶ大著『茶器名物図彙』を完成させている。（T）

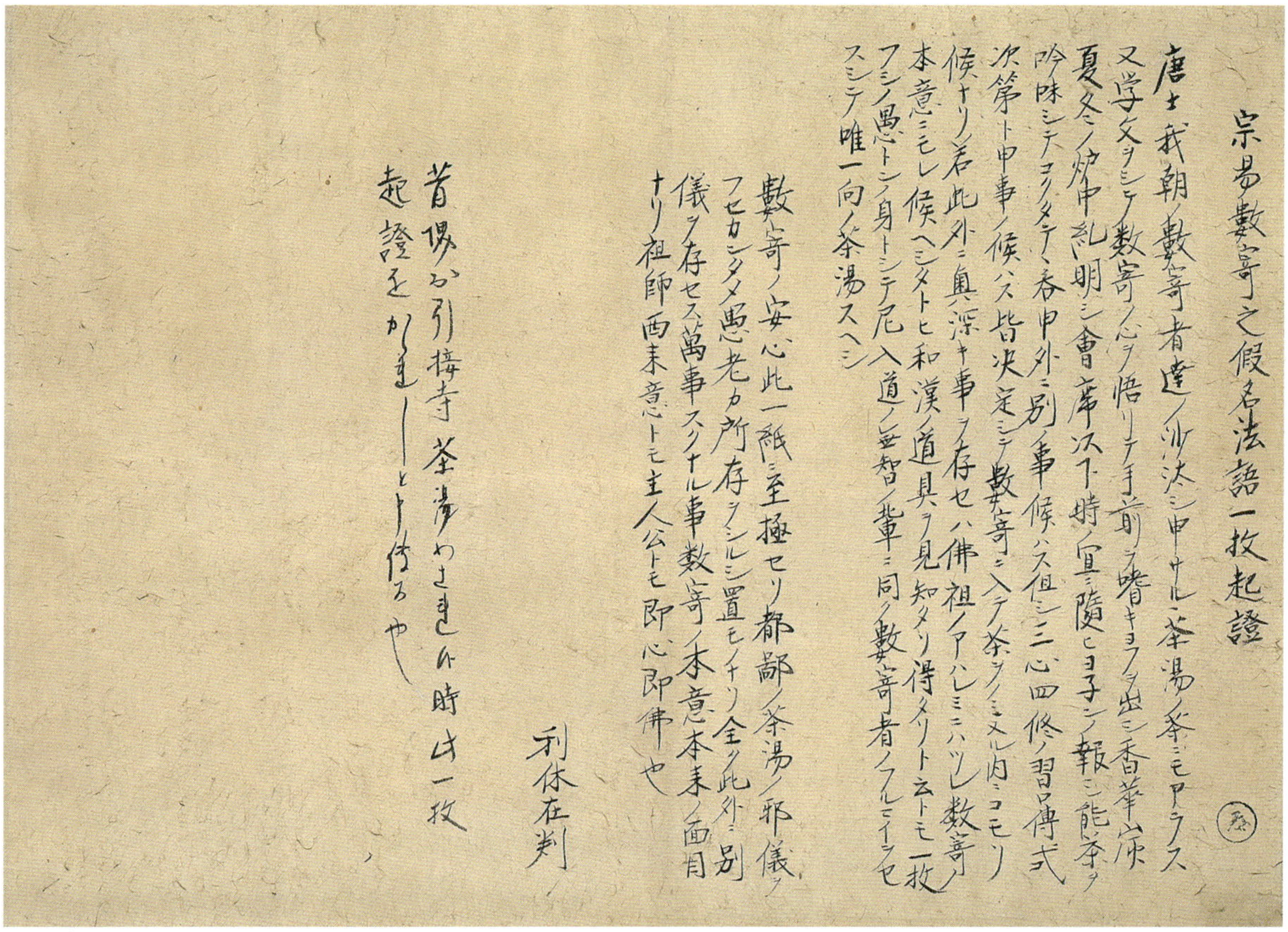
宗易數寄之假名法語一枚起證
唐土我朝ニ數寄者ト達ノ沙汰シ申サルヽ茶湯ノ茶ニモアラス
又學文ヲシテ数寄ノ心ヲ悟リテ手前ヲ嗜キヨフヲ出シ香華ヲ床
夏冬ノ炉中ヲ糺明シ會席次下時宜ニ随ヒ亭主ノ報ニ能茶ヲ
吟味シテコソタテヽ各中外ニ別ノ事候ハス但シ三心四修ノ習ヲ傳式
次第ト申事ノ候ハス皆決定シテ数寄ニ入テ茶ヲノミスル内ニコモリ
候ナリ若此外ニ奥深キ事ヲ存セハ佛祖ノアハレミニハツレ数寄ノ
本意ニモレ候ヘシタトヒ和漢ノ道具ヲ見知タリ得タリトスルトモ一枚
フシノ愚トシテ身トシテ尼入道ノ無智ノ輩ニ同ク数寄者ノフルマイヲセ
スシテ唯一向ノ茶湯スヘシ
數寄ノ安心此一紙ニ至極セリ都鄙ノ茶湯ノ邪儀ヲ
フセカシタメ愚老カ所存ヲシルシ置モノナリ全ク此外ニ別
儀ヲ存セス萬事スクナル事数寄ノ本意本来ノ面目
ナリ祖師西来意トモ主人公トモ即心即佛也
利休在判
首偈ゟ引接寺 茶湯わさきらの時 此一枚
起證をかましゝと仰るや

62　利休起証「宗易数寄之仮名法語一枚起証」　鴻池道億書写　　鴻池合資会社資料室蔵

宗易、つまりは千利休のしたためた文書を鴻池道億が写したもの。題目にある「假名法語」とは仮名でやさしく説いた祖師の教えのことをいい、本文中では、数寄茶の本質を漢字仮名交じりの文章で平易に説いている。道億が書写した経緯は明らかではないが、道億は村田珠光や千利休の茶の湯を慕ったともいわれ、ほかに村田珠光の「心の文」の書写（今日庵文庫蔵）もおこなっている。（T）

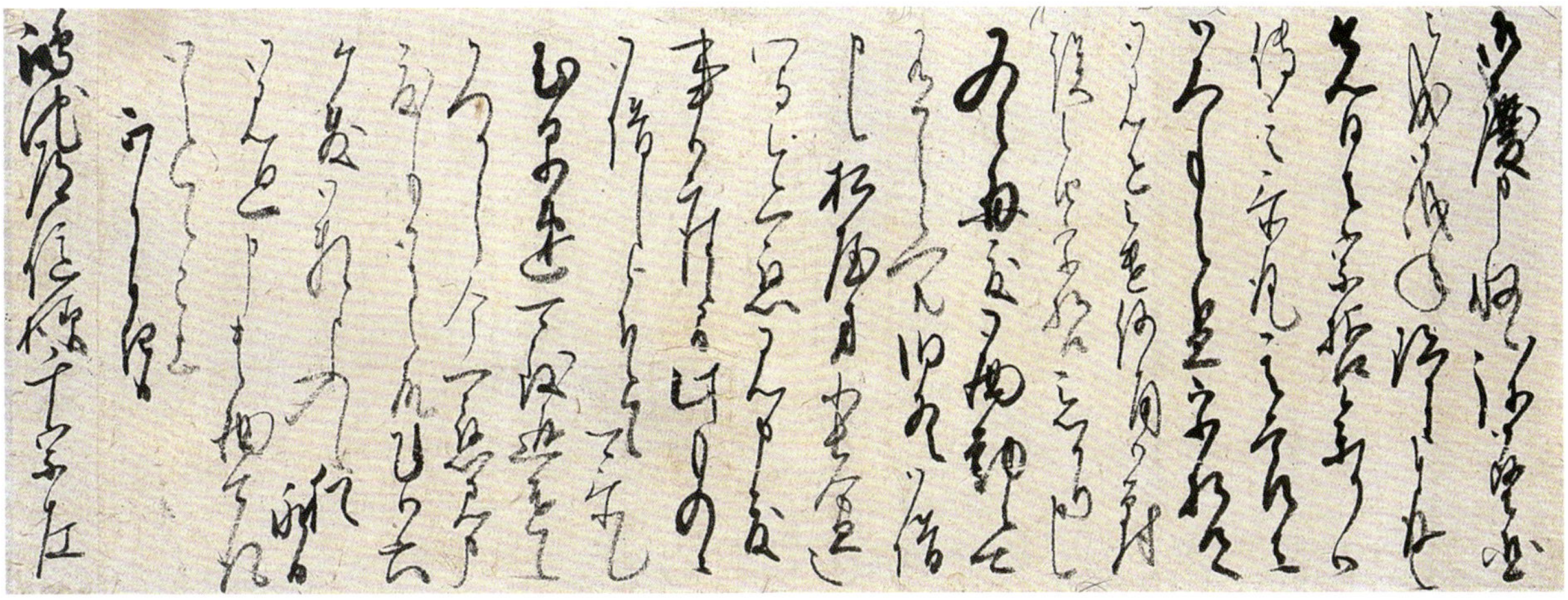

63　鴻池道億宛　如心斎文　　　鴻池合資会社資料室蔵

如心斎から鴻池道億に宛てた文。以前にも借用したことのあるという、松屋の小長盆を再度借用したい旨を伝える文である。（T）

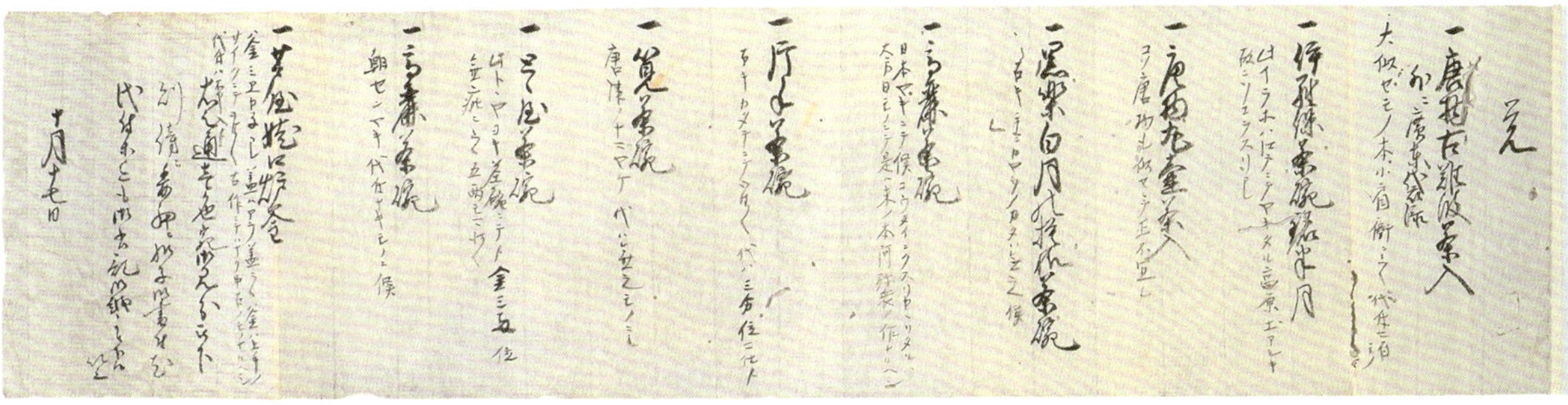

64　覚（唐物古難波茶入等に関する評）　　　住友史料館蔵

鴻池道億の目利きとしての道具所見を書き送ったもの。「大似セモノ、本小肩衝ニ候ハヽ、代付ニ有モノ」など、なかなかに手厳しい。（T）

覚

一唐物古難波茶入
　外ニ廣東袋添
大似セモノ、本小肩衝ニ候ハヽ、代付ニ有
　モノ
一伊羅保茶碗銘半月
此イラホハ江戸ニテヤキタル高原土アシキ
故ニソコヲスリ申
一唐物丸壺茶入
コノ唐物も似セニテ正不宜シ
一黒楽白月能模様茶碗
古キ手ニカヤウノカタ無之候
一高麗茶碗
日本ヤキニテ候、コウメイニクスリカヽリタル
大方日モノニテ是ハ末ノ本阿弥衆ノ作ナルヘシ
一片手茶碗
古キカタテニテ御座候、代ハ三分位ニ仕候
一筧茶碗
唐津ノナマヤケ、代ハ無之モノニ候
一とゝ屋茶碗
此トヽヤヨキ茶碗ニテ候、金三両位
無疵ニ候ハヽ、五両モ可仕候
一高麗茶碗
朝センヤキ、代付ナキモノニ候
一芦屋姥口炉釜
釜ミエカね申候、蓋ハアラ蓋とも釜ハ上手ノ
サイクニテ御座候、古作ニテハナク中古ノモノナルヘシ
代付ハ不申入候
　右之通壱色宛御見分被下
　則傍ニ委細ニ様子御書付、尤
　代付等迄モ御書記、御越可被下候
　　以上
十月十七日

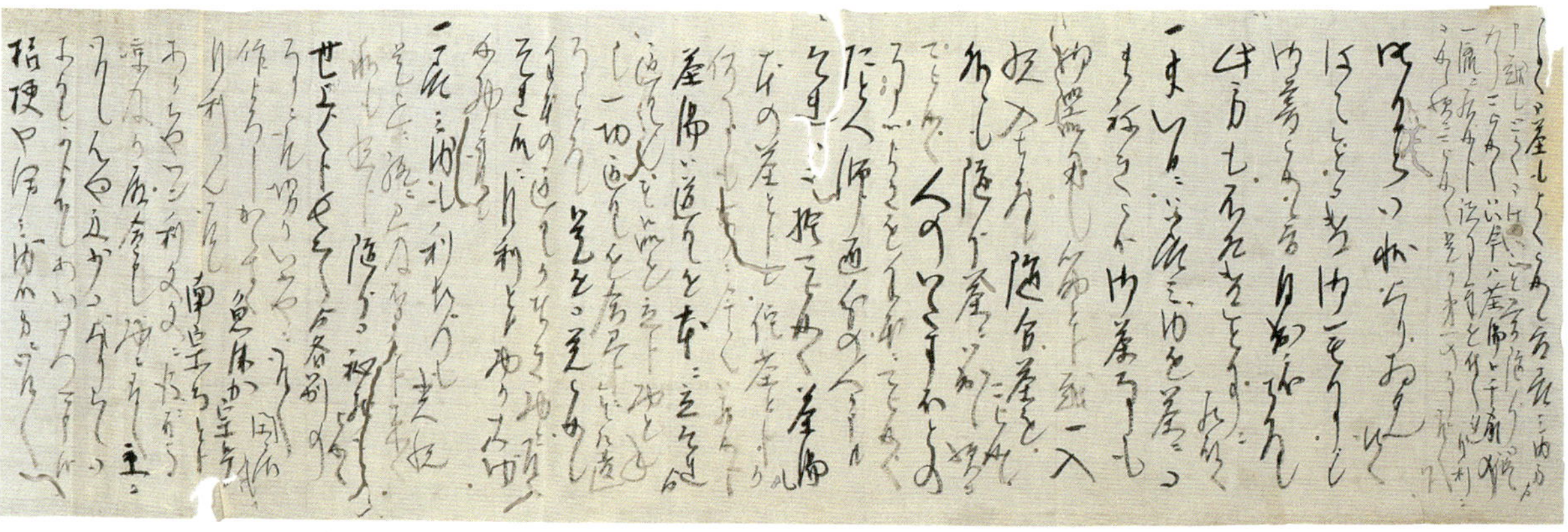

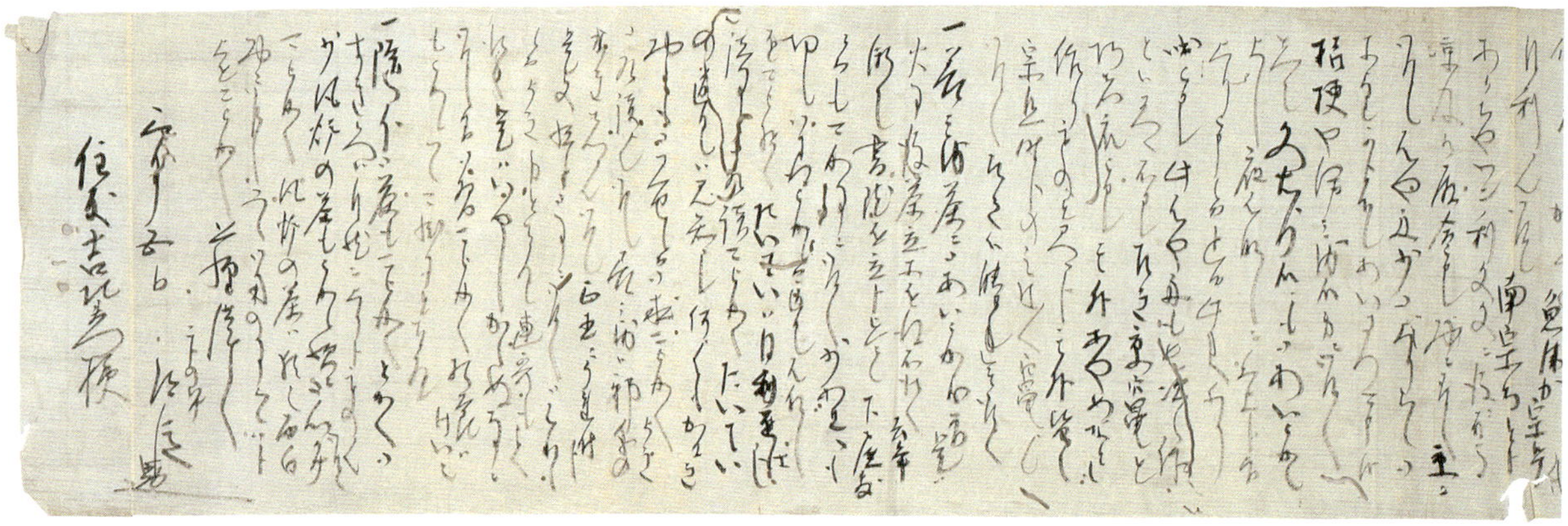

65　書状(茶道他けいこ御大切之儀)　　　　住友史料館蔵

茶の湯の稽古の仕方について「人のいたすほとの事ハよきを手本ニ可被成候」とし、たとえ師匠分の人が申すことでも同様である旨など進言している。追而書のところで「(茶の湯は)とかく御けいこと暮、随分御禮成事可被成候、只今ハ茶湯ハ千家の一流ニ罷成申候、諸事気を付られ目利ニ被成候様ニ可被成候、是か第一の事ニ御座候」としている。目利きの道億らしい言葉である。(T)

(追而書)
「年々御茶もよく被成候旨、善兵衛方より
申越候、とかく御けいこと暮、随分御禮
成事可被成候、只今ハ茶湯ハ千家の
一流ニ罷成申候、諸事気を付られ目利ニ
被成候様ニ可被成候、是か第一の事ニ御座候
以上
」
昨日之御状上り拝見仕候
弥々無御替御無事ニて
御暮被成候旨目出度奉存候
此方も不相替無事ニ
罷有候
一廿八日ニハ善兵衛を茶ニ御
まねき被下、御茶事も
御器用之筋と申趣、一入
悦入奉存候、随分茶を
可被成候
外ニも随分茶ニ御出候様ニ
可被成候、人のいたすほとの
事ハよきを手本ニ可被成候
たとへ師匠分の人か申共
それハ御捨可被成候、茶湯も
本の茶と申も侘茶と申か
何事も□(虫損)ニ今ニてハ罷成申候
茶湯ハ道具を本ニ立、それより
道具ニて其品を立申物とて
申候、一切道具を合、見分ニ無取違
事と存候、是を御覚被成候
手本の道具かなき物ニ御座候
それ故ニ目利と申物か大切
成物ニ御座候
一善兵衛も利左衛門も光悦
是迄ニ終ニ見及不申被申来候
私も悦申候、随分御秘蔵ニ
被成候
世上ニて申長二郎より各(格)別の
事ニ御座候、堺かいふやニ御座候
困居
申候
作よろしからす、魚休か宗旦□(虫損)
目利にて御座候、南宗寺と申
あるちやワン利久文ニ後ニ有馬
京月御取合被申候物ニ御座候、京ニ
御座候、はや舟少御上り候ハヽ、御
所望可被下候、あいさつ可申候
桔梗ヤ伊兵衛殿方ニ御座候
はし、文右衛門殿ニも御あい被成候
よし、夜はなしニ参上申候旨
上り被申候而、追而此方へ参り
咄被申候、此はや舟も長次郎作
とハ見へ不申候、古き京竈と
巧者衆被申候、其外あやめなとも
作りものと見へ申候、其外皆々
宗旦時分のミ□□竈にて
御座候、古きハ能キ手無御座候
一善兵衛茶ニ御あいニ成度旨、是ハ
火事後茶立等を得不仕候、去年
漸く書院を立申迄にて、下座敷
ニ而も可成事ニ御座候、少□へも
切し御尋被成候而道具はなし
を可被遊候、たいていハ目利を仕申候
諸事□(虫損)相談可被成候、たいてい
の道具ハ見知申候、何ニてもかわき
物とも御見せ候而御求ニ被成候、よき
御相談ニて御座候、善兵衛ハ邪儀の
なき者ニて御座候、正直ニう付申候
是又悦申御事ニ御座候、御はなし
候而よき方と奉存候、連歌もよく
仕候、是ハいやしからぬ事ニ
御座候間御習可被成候、折節ハ
けいこ
も被成候ハヽ、可然事と奉存候
一随分御茶も可被成候、とかく御
すき候へハ自然ニ上り申ものニて
御座候
少風炉の茶も被成候様ニ御心かけ
可被成候、風炉の茶ハ猶々面白
物ニ御座候ハヽ、御用の事候ハヽ、御申
上迄可被成候、恐惶謹言
こうのいけ
三月五日　道億(花押)
住友吉左衛門様

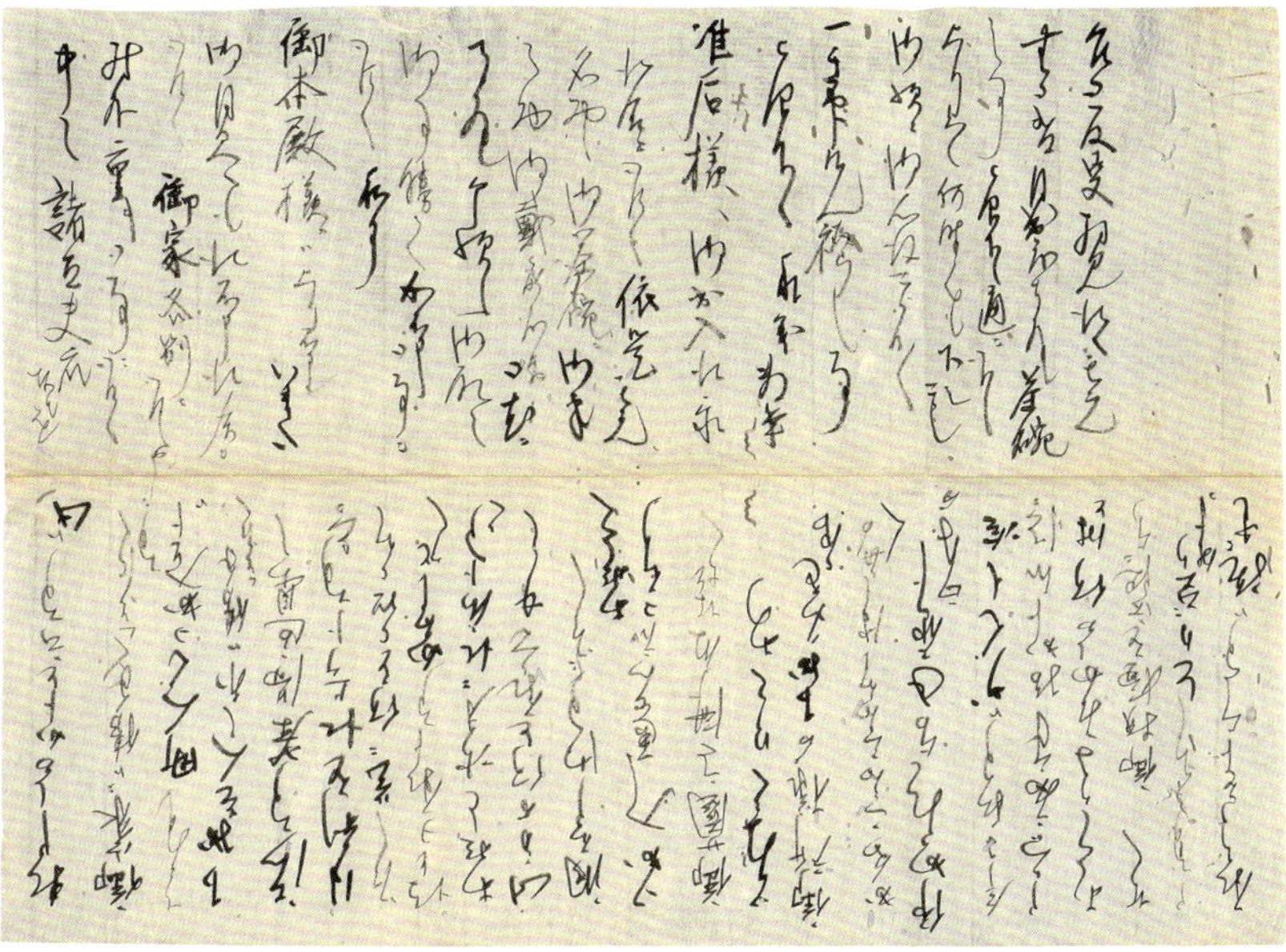

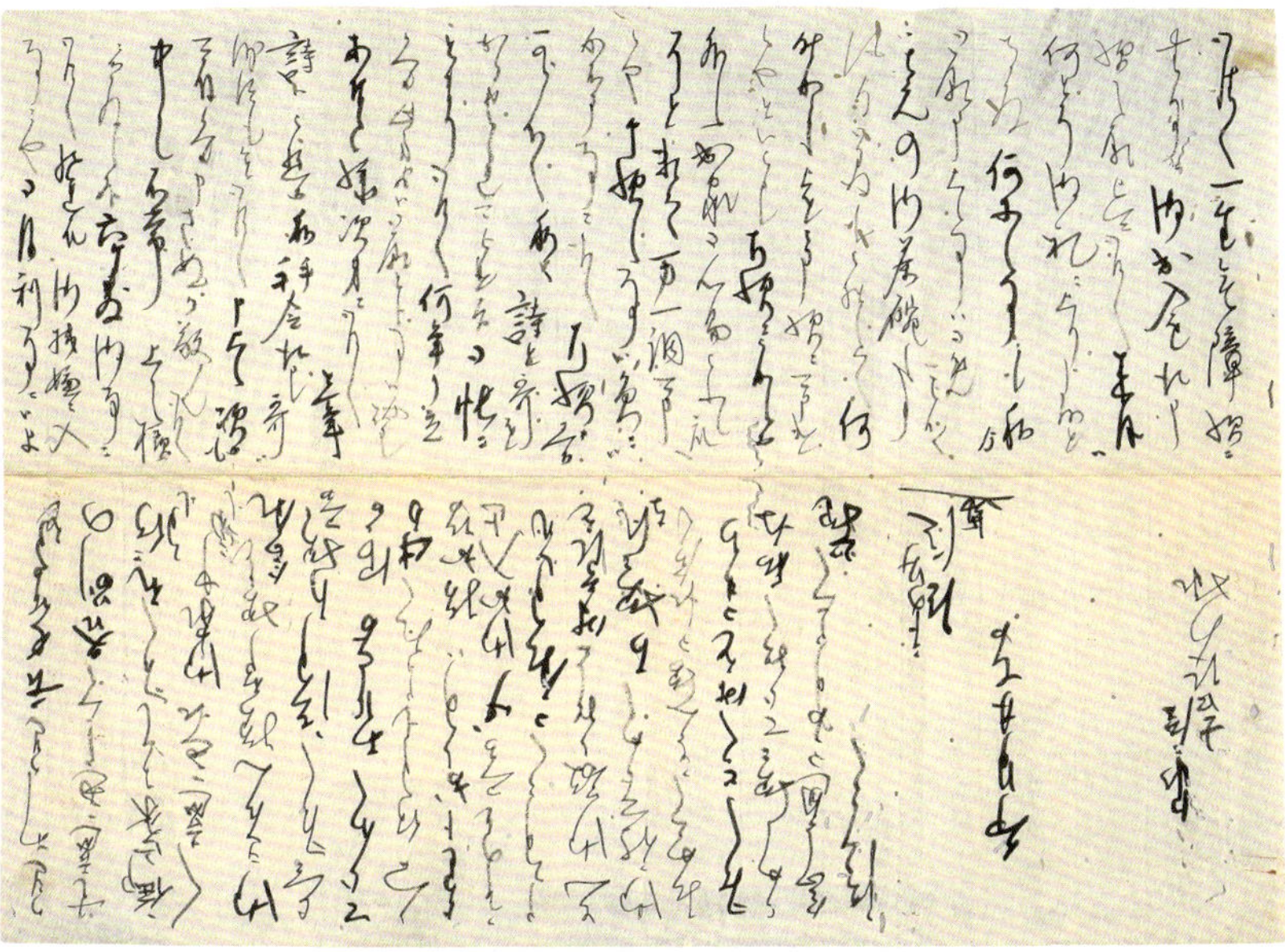

66　書状（私儀准后様へ御出入仕候儀）　住友史料館蔵

道億は、予楽院真覚虚舟こと近衛家熙（1667～1736）のもとに出入りを許されていた。近衛家熙は後水尾天皇の孫にあたる人物である。道億自身「准后様へ御出入仕、忝仕合ニ御座候」と記しているが、当時随一の博学、博識として知られる予楽院のもとに一介の町人である道億が出入りを許されるということについて、ことのほかしあわせと感じていたのであろう。（T）

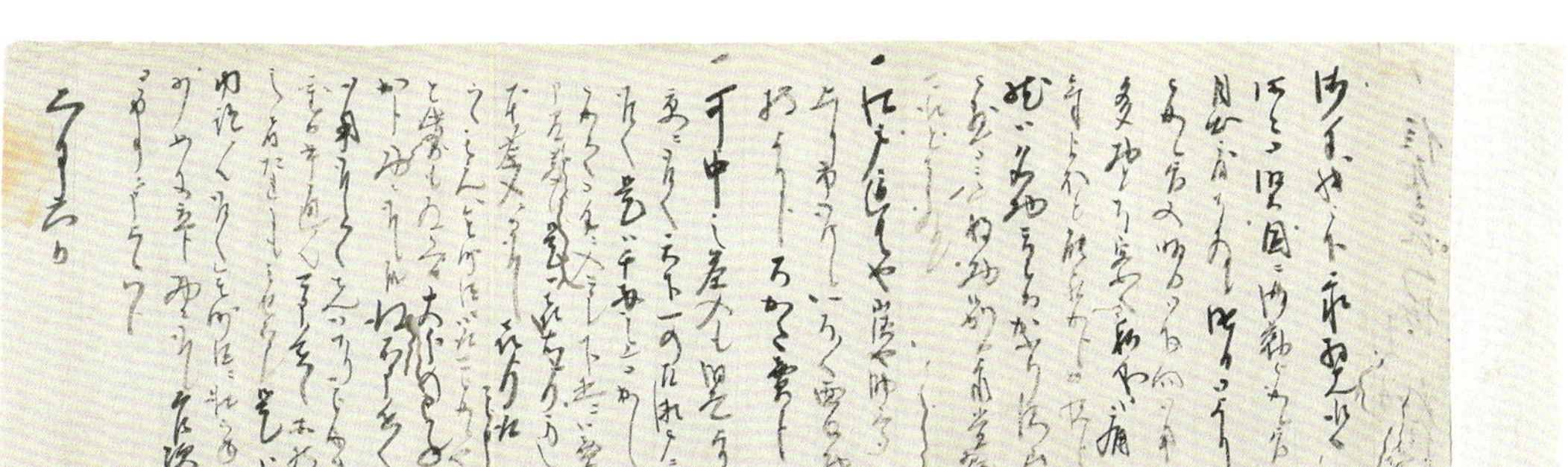

67　書状（可中《わくらば》之茶入之儀等）　住友史料館蔵

この書状では、江戸の道具屋である炭屋助三郎が上京した旨や天下一の瀬戸である可中茶入が旧冬から京にあること、この可中茶入は千両を下らぬ高価な茶入であって喜右衛門方の本茶入であることなどが書き送られている。（T）

69　鴻池道億作　茶杓
鴻池合資会社資料室蔵

道億作の茶杓。共筒に道億の自署がある。外箱の蓋裏に「道億作茶杓　追銘昔咄」と記される。道億らしい、楚々とした茶杓である。（T）

68　鴻池道意作　竹花入
鴻池合資会社資料室蔵

鴻池道意こと山中善兵衞秀重は道億の父で、始祖新六の二男・善兵衞秀成の子にあたる人物。道意作のこの竹花入は、節を筒の中央より下に配して切ったいわゆる「尺八」の竹花入である。そのどっしりとした構えはなかなかに美しい。（T）

黒漆で下塗りした上に朱漆を施した、いわゆる「根来塗」の菱形の香合である。蓋裏に道億の花押があり、その遺愛の逸品と知れる。やや大振りではあるが、手取りは軽く、すっぽりと掌におさまり扱い良い。（T）

70　朱菱形香合　　鴻池合資会社資料室蔵

71　鴻池道億墓　　戒光寺

道億の墓は、京都市東山区泉涌寺山内の戒光寺墓地内にある。江崎政忠氏の「山中道億」(『茶道全集』所載)には、「(戒光寺に)道億居士の霊牌を存し、後室とならんで立派な墓碑が存して居り」云々とあるが、現在の墓碑は、墓地の整備にともなって移動されたようで、墓地に足を踏み入れるとすぐ右手山側に、以前と同様夫妻の墓碑がならんでいる。82歳の長寿を保った道億は、元文元年(1736) 9月6日、京都で卒去した。（T）

『三貨図彙』をあらわした草間直方のもう一つの大著と呼ぶべき書物が『茶器名物図彙』である。九十五巻に索引二巻が添う。『山上宗二記』を披見したことがきっかけで編纂に着手、『古今名物類聚』ほか種々の名物記などを参考にしながらも、多くの茶道具については、自ら諸方を訪ねて寸法などの再確認作業を行ったようである。(T)

72　茶器名物図彙　個人蔵

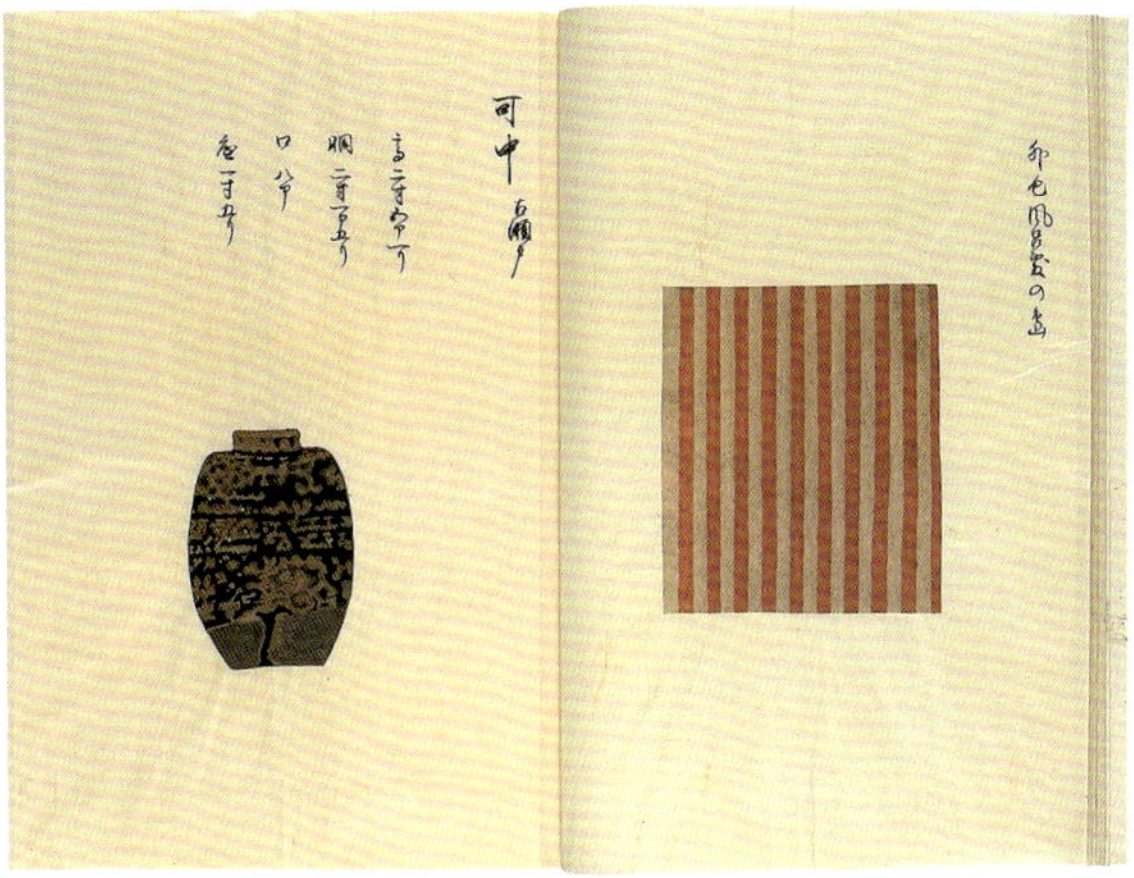

可中《わくらば》(肩衝)

巻27

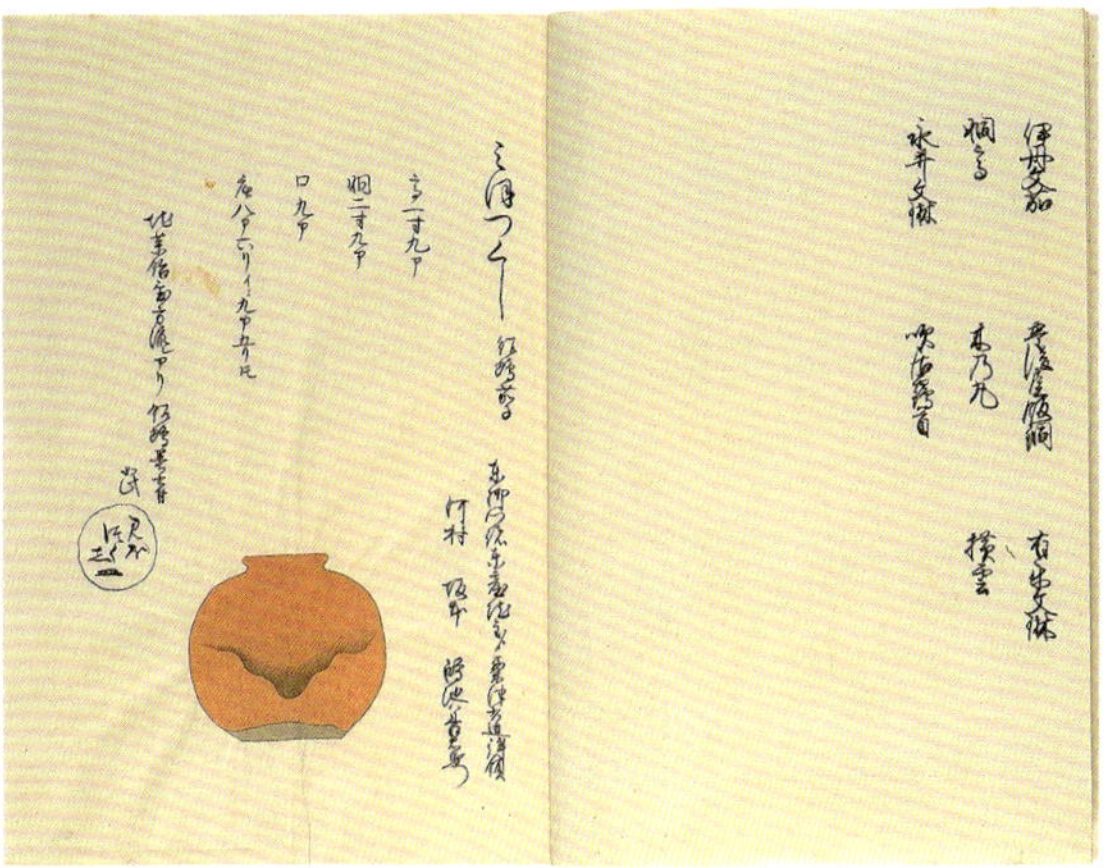

三保つくし(肩衝)

巻24

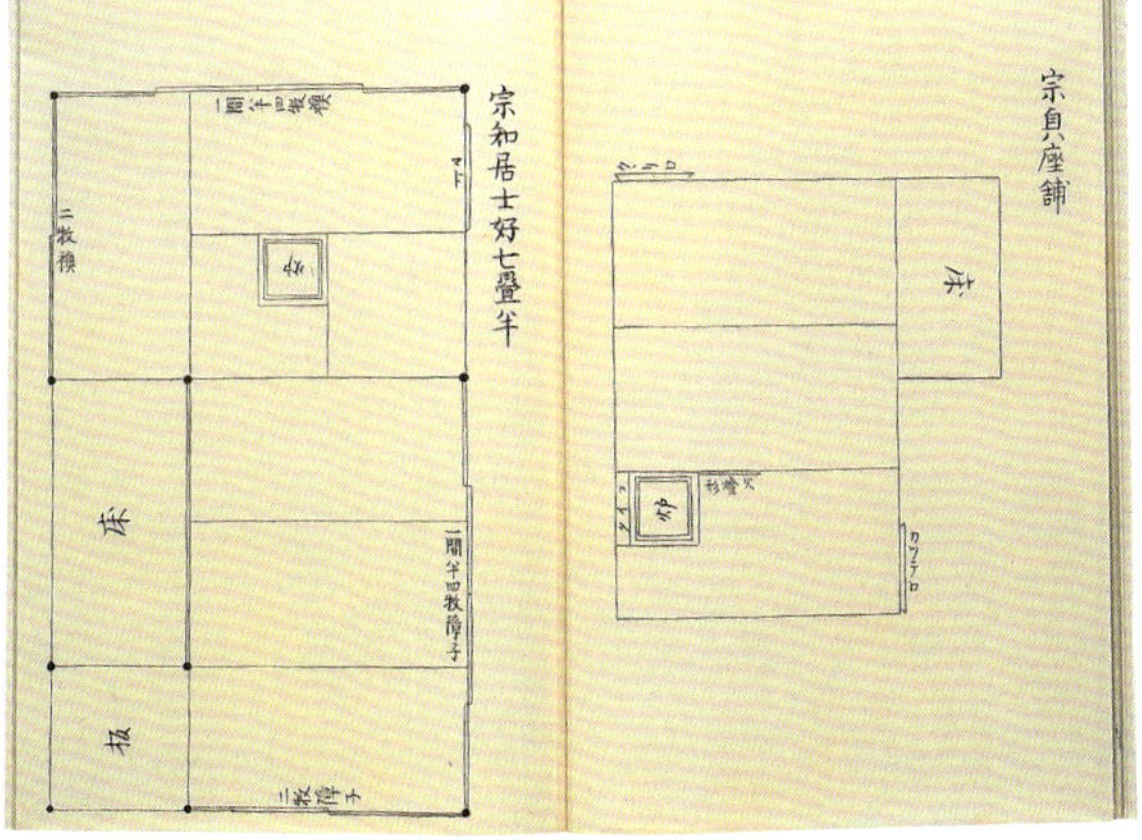

宗知居士好七畳半(茶室)

巻86

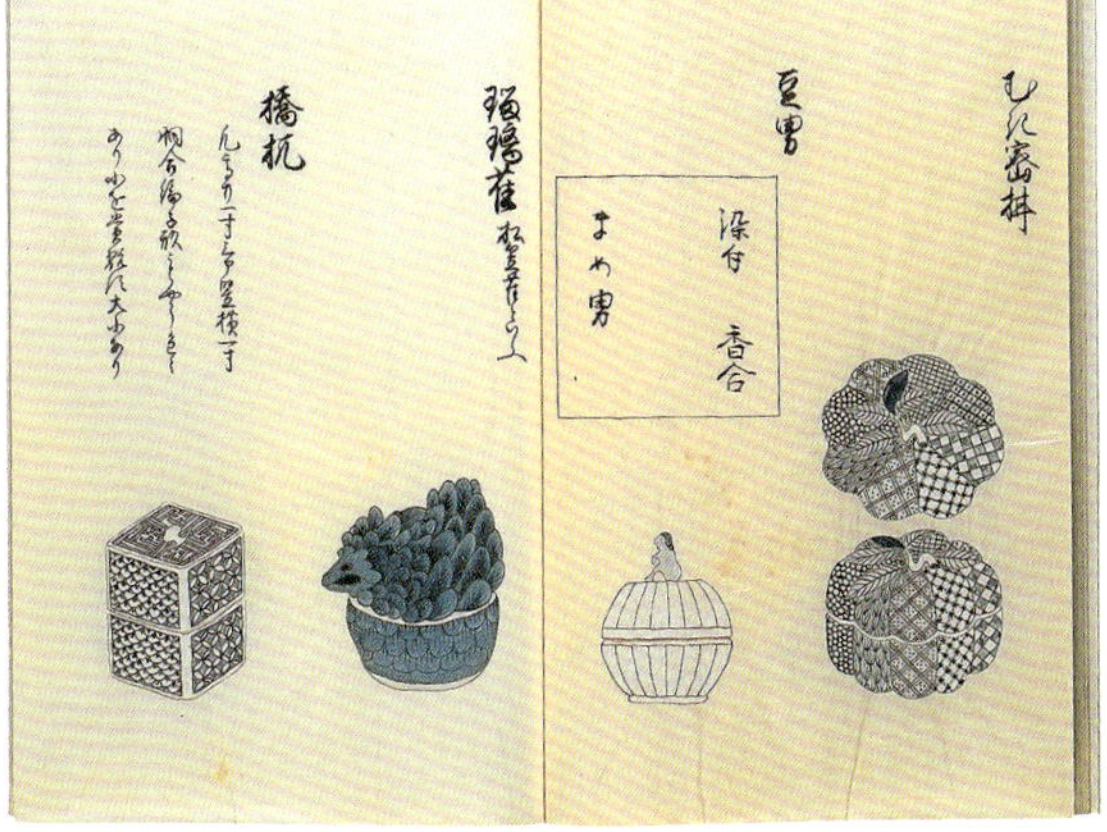

香合

巻54

玉林院

京都市北区、臨済宗大徳寺派大本山・大徳寺本坊の南西に玉林院はある。四代宗貞は当院の住持大龍宗丈《だいりゅうそうじょう》に帰依し、本堂(客殿)南側に遠祖山中幸盛(鹿介)の墓を建てた。

宗貞は同時に牌堂「南明庵《なんめいあん》」と茶室「蓑庵《さあん》」、「霞床席《かすみどこせき》」からなる一体の建物を、本堂の北側に建設した。これらの建物は寛保二年(一七四二)四月二十二日に落成したことが棟札よりわかる。牌堂「南明庵」は鴻池歴代の位牌を祀ったもので、位牌壇手前には鴻池山中氏の由来が刻まれた「山中氏祖祠記」の板碑がある。西側の「蓑庵」は三畳中板の茶席で「南明庵」と同じく柿葺《こけら》。右手の「霞床席」はやはり柿葺で四畳半と広いが、床の間にある違い棚が張りつめた緊張感をかもし出す。床に富士の軸をかけると棚が霞に見立てられることからその名があるという。

なお、本堂は元和七年(一六二一)の建立であるが、鴻池家が定期的に屋根葺替などの補修を行ったことから、大棟《おおむね》に鴻池の家紋「五ツ山」が見られる。(S)

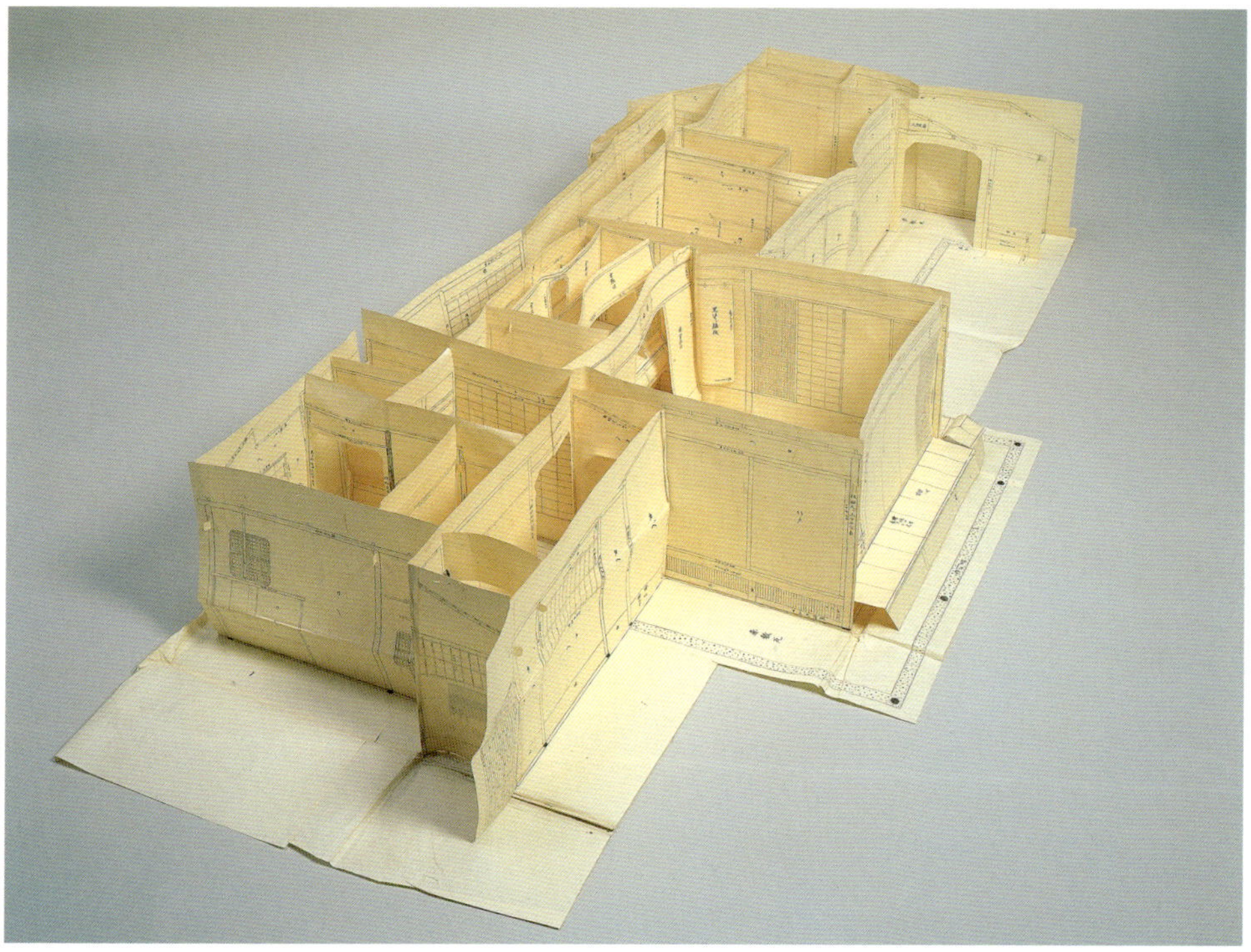

73　玉林院南明庵建絵図　　　鴻池合資会社資料室蔵

牌堂「南明庵」(中央)・茶室「蓑庵」(手前)「霞床席」(奥)の建絵図。建絵図は起こし絵図とも呼ばれ、茶室の設計などの際にしばしば作られた。(T)

「南明庵」、「蓑庵」、「霞床席」はひと続きの建物になっている。中央に張り出しているの入母屋造柿葺の軽快な屋根の建物が「南明庵」。周囲には桟瓦葺の庇がめぐる。「南明庵」正面左手には釣り鐘のような形の花頭窓があり、仏堂風の要素を取り入れている。なお、写真右手に見えるのが本堂(客殿)、左手に見えるのは露地の門。(S)

74　「南明庵」「蓑庵」「霞床席」全景

「南明庵」内部

襖の奥、中央に位牌壇があり、その上部に設けられた小扉の奥に「妙見菩薩」と伝えられる尊像を祀る。「南明庵」の左手には「蓑庵」、右手には「霞床席」がある。（S）

「南明庵」の縁

床の模様は「四半敷き」と呼ばれ、正方形の敷瓦が周囲の縁石と45度になるように配されている。また素材は赤楽が用いられており、一枚ごとに裏面に刻印がある。なお赤楽の敷瓦の部分は柱の建ちならぶ開放的な縁（捨て庇）になっている。（S）

茶室「霞床席」

四畳半の茶室と次の間よりなる。違い棚は通常、床の脇におくべきものであるが、ここでは床の中に組み込む。内壁からやや隙間をあけて長く薄い棚板を用いることで、極めて緊張感の高い構成を実現している。天井は格天井だが、通常より小割りにされているのは空間を広く感じさせるための工夫であろう。（S）

茶室「蓑庵」

三畳中板の茶室。千如心斎の指導でつくられ、天井は三段階に変化し、右手中柱の手前に中板があるのが特徴。（S）

山中鹿介墓

鴻池家歴代墓

鴻池家墓所

茶会記と茶書

鴻池家にのこされた江戸時代の茶会記は決して多くはないものの、同家の交遊関係・交際範囲を浮かび上がらせている。また、数種の茶書も伝来し、鴻池家における茶の湯のあり方を把握するうえで、格好の資料となっているだろう。（T）

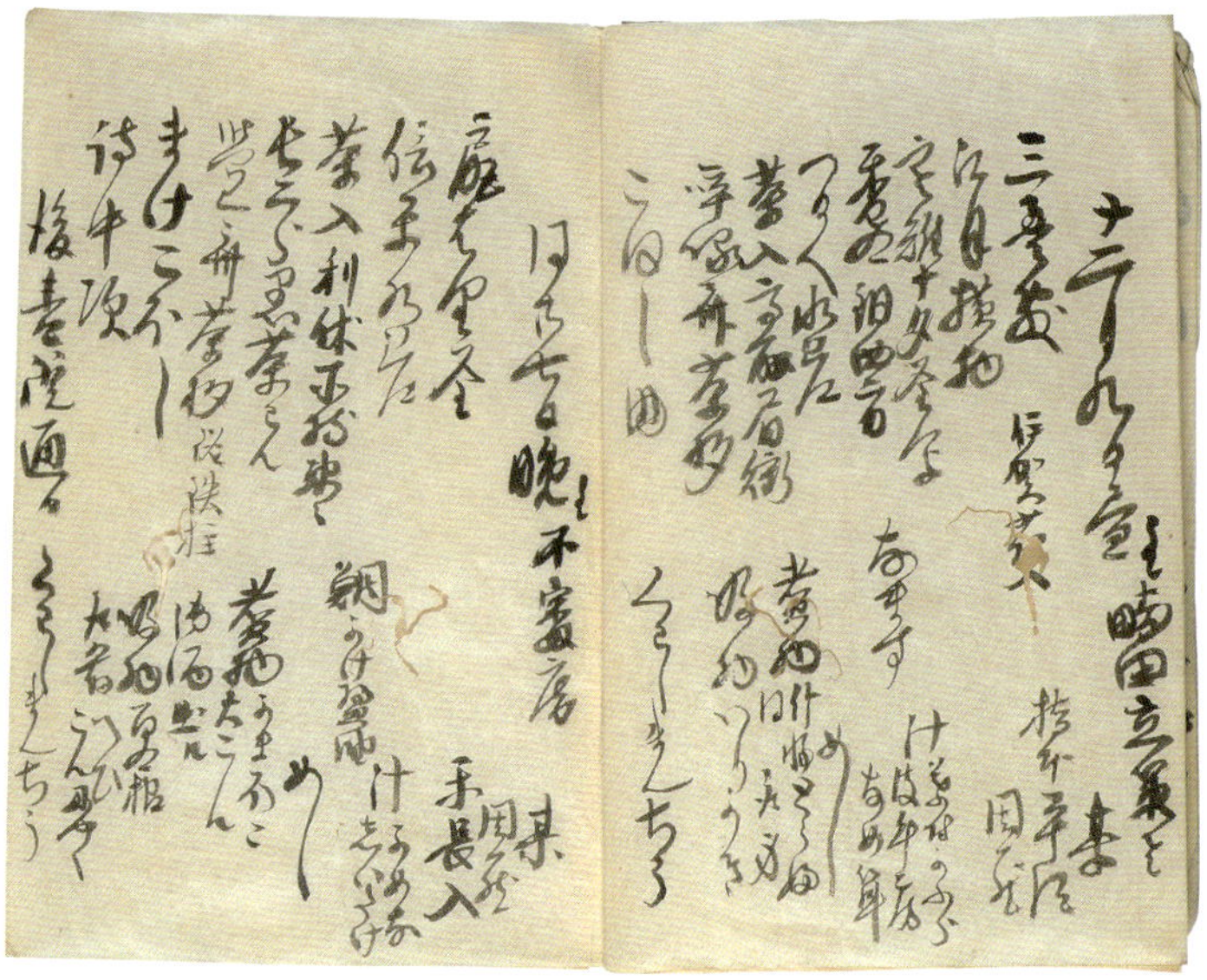

75　戊の年所々会付　　鴻池合資会社資料室蔵

明和３年（1766）の霜月から師走にかけての茶会記で、ふた月の間に催された６回の茶会の記録がのこされている。そのうち、12月27日の晩に開催された茶会では、亭主が不審庵、参会者は「某」とともに、「周蔵」、「楽長入」となっており、鴻池家の交際範囲などに関する興味深い内容を含む。記録者が不明な点は残念。なお、この当時の不審庵は八代啐啄斎宗左。長入（1714～1770）は楽家七代である。（T）

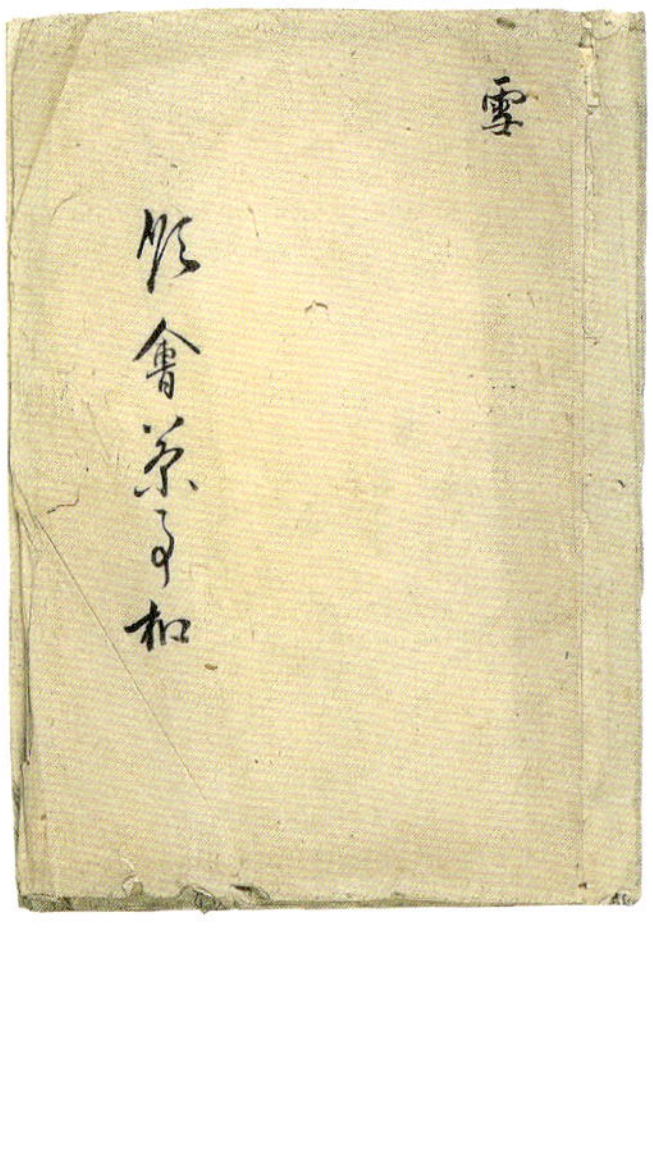

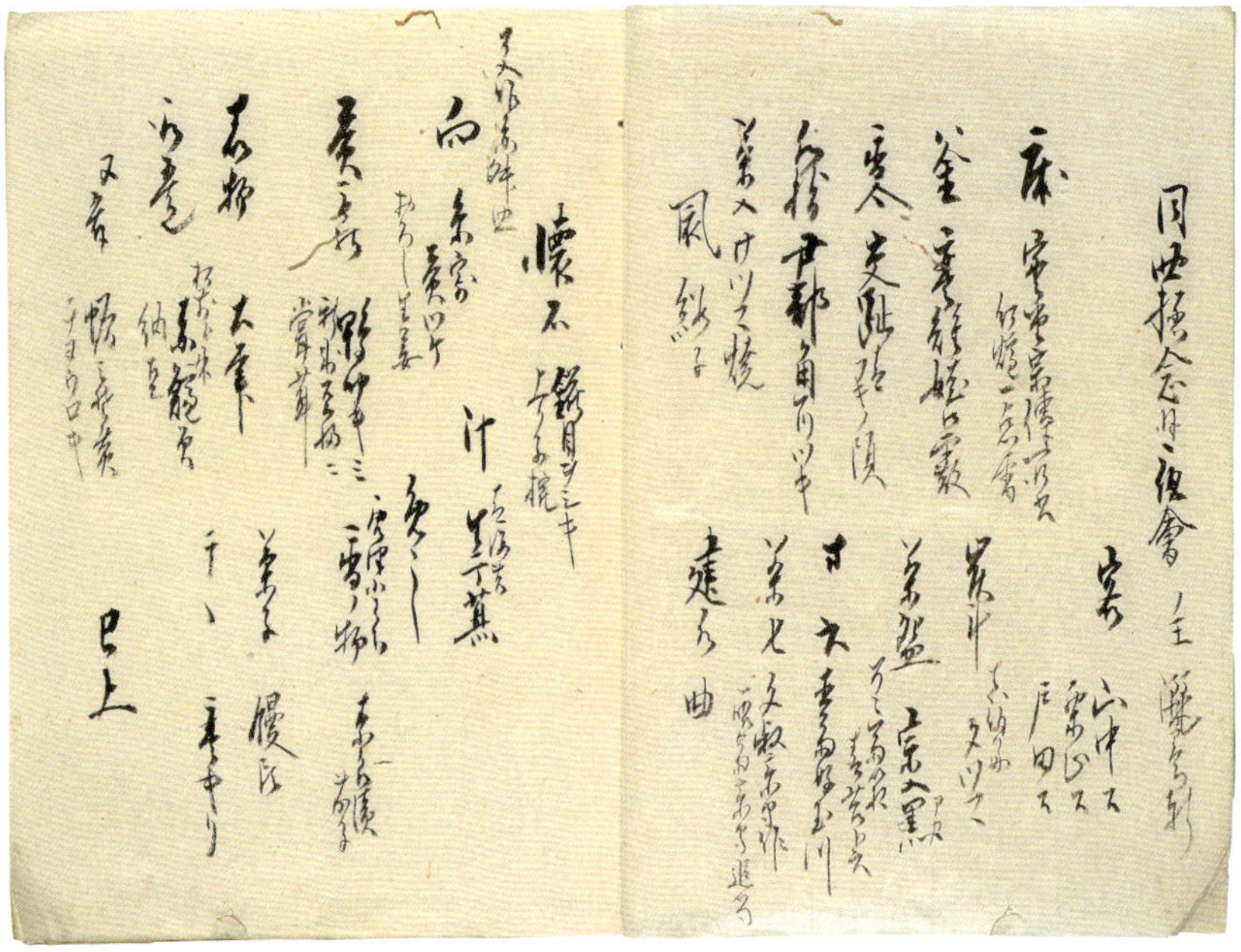

76　順会茶事控　　鴻池合資会社資料室蔵

「順会茶事控」は、11月の口切の茶事から記載が始まる。冊子の中頃に「文政元年九月」の記事が見られることから、文化14年（1817）から文政元年（1818）にかけての茶会記であろうと考えられる。主人あるいは客として栗山氏・平瀬氏・戸田氏・山中氏、そして「某（筆者）」の５人がたびたび登場している。（T）

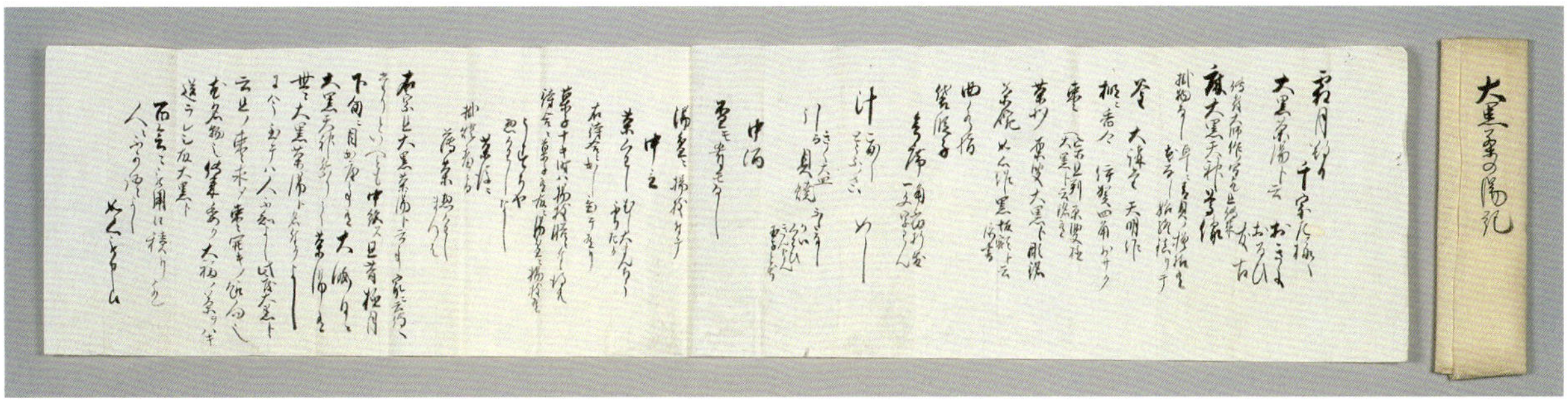

77　大黒茶ノ湯記　　　鴻池合資会社資料室蔵

「大黒茶ノ湯記」は鴻池家に伝わった「宗旦大黒茶湯」という茶事の道具立などを記したもの。この趣向では、床に大黒天神尊像を置き、掛物はかけていないことが特徴である。かつて12月下旬から大晦日にかけて大黒天神を祭って茶の湯を行うことを大黒茶の湯といったが、いまは知る人もないこと、このたびは宗旦棗の棗開きに因んでの趣向であること、人に語ってはならないと如心斎がいっていたことなども記されている。残念ながら年代は未詳。（T）

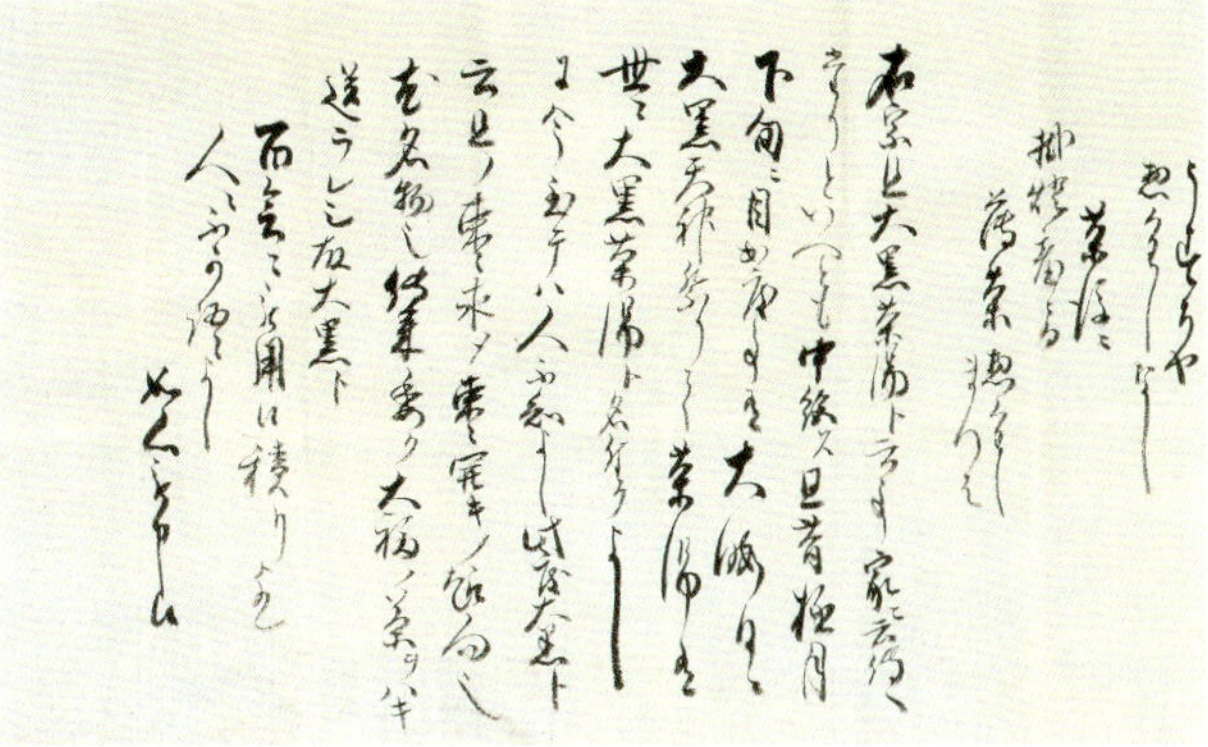

巻末

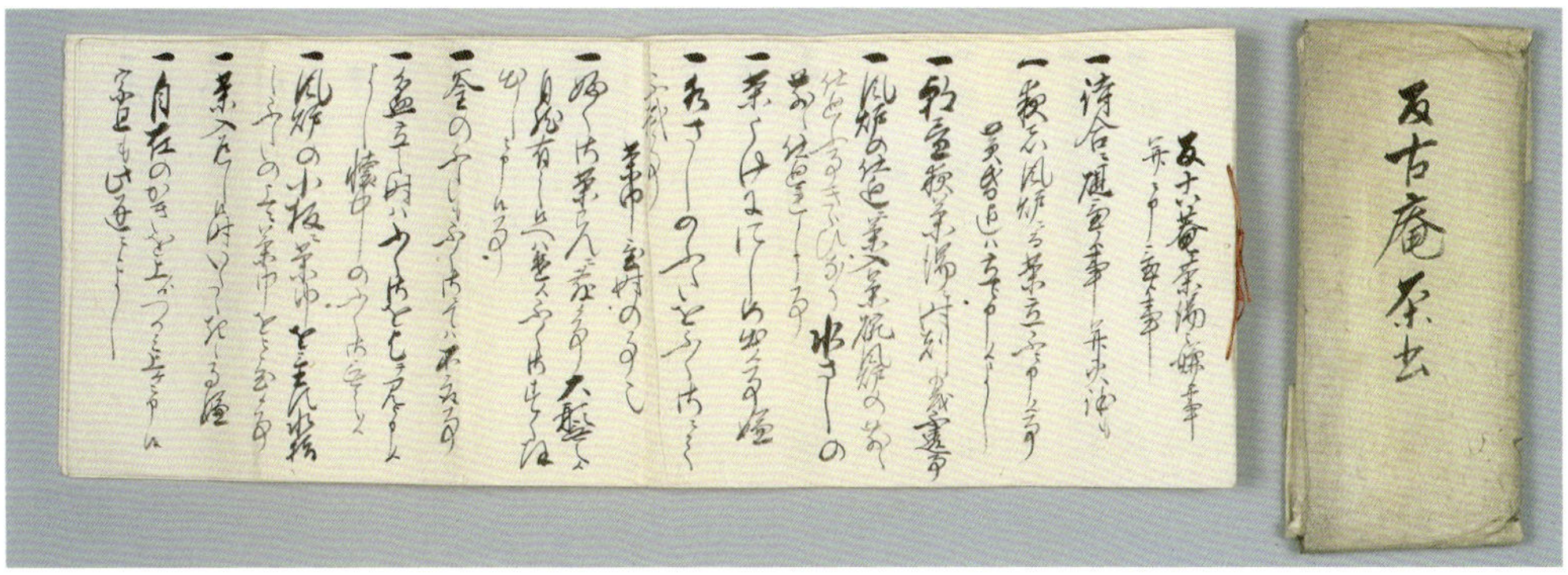

78　反古庵茶書（写）　　　鴻池合資会社資料室蔵

「反古庵茶湯之嫌候事并申シ置候事」の書き出しで、茶席に臨んでの主客の心構えや作法を記している。奥書に「享保十三年申極月ニ藤村氏より写」とある。「反古庵」とは、千宗旦に師事して千家の茶の湯の奥義を極め、山田宗偏、杉木普斎、松尾宗二とともに四天王と呼ばれた藤村庸軒（1613～1699）のことであろう。享保13年（1728）の写しを天保４年（1833）になってさらに写したもの。（T）

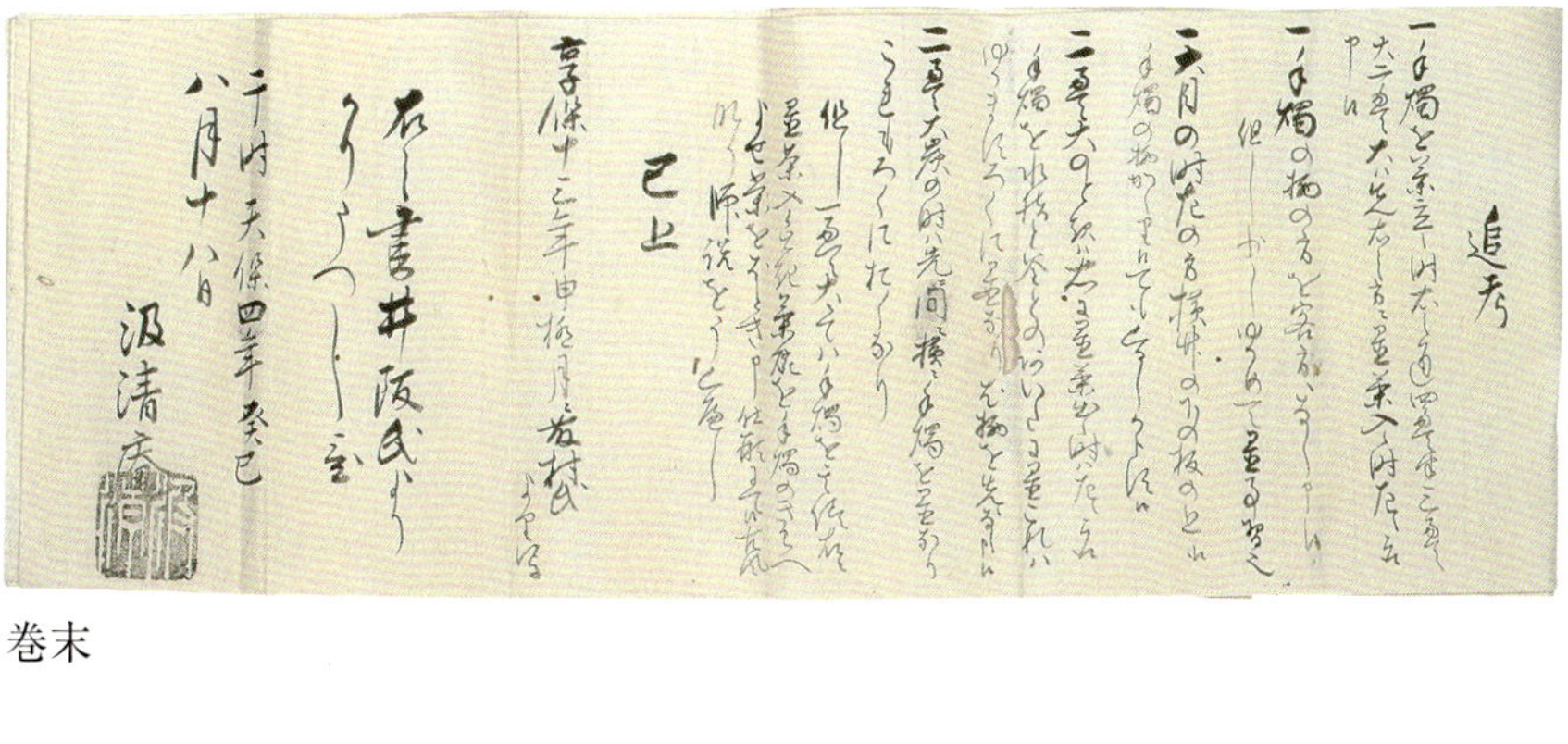

巻末

茶道具蒐集

鴻池家の茶道具蒐集は大坂・今橋に本拠を置いた延宝年間（一六七三～一六八一）頃から本格化したようである。鴻池家の「延宝三乙卯年　諸道具買帳」には、延宝三年（一六七五）時点での同家における諸道具類の伝来あるいは入手先・価格などが記されている。鴻池家の元禄四年（一六九一）の「道具帳」（『茶道全集』の器物篇（四）収載）と「延宝三乙卯年　諸道具買帳」とを比較すると、複数の記載内容が一致している。こうした道具蒐集の実態を把握していくことで、「道具」に重きを置いた鴻池家の茶の湯の形成過程や様相を把握することができるであろう。（T）

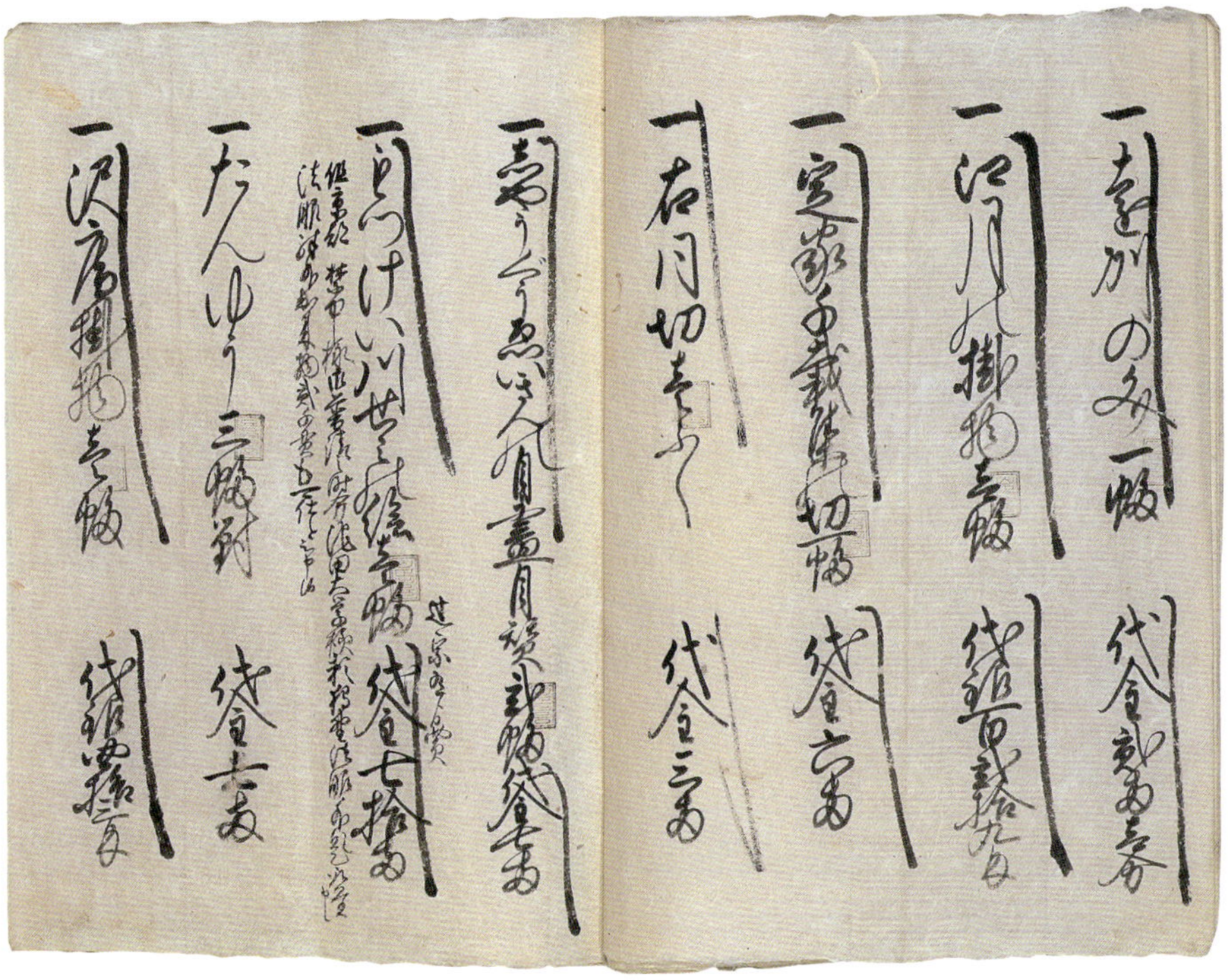

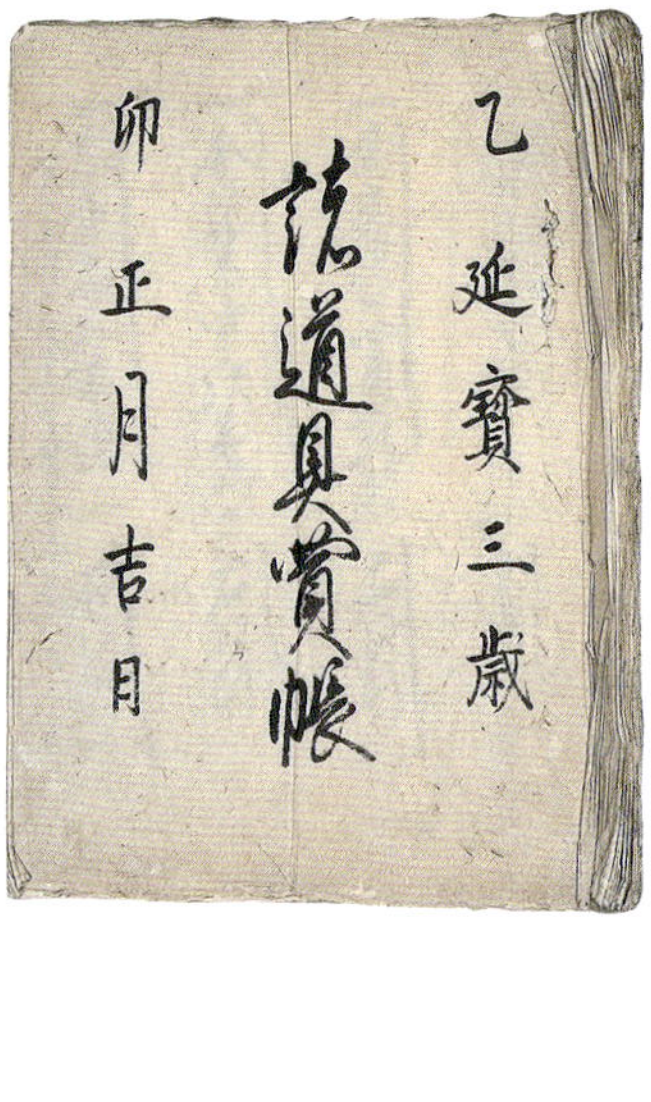

79　延宝三乙卯年　諸道具買帳　　　鴻池合資会社資料室蔵

延宝３年（1675）は、鴻池家が今橋に住居を求め、三代善右衞門宗利を名義人として金融業の拠点を移した翌年にあたる。買帳の裏表紙には「鴻池喜右衞門　紙給六拾枚」との書き込みがあるが、「鴻池喜右衞門」は、二代喜右衞門之宗のことを指すと考えられる。その「買物」の内容を見ると、当時、新興町人階級の間で流行していた「茶の湯」の道具を多く買いそろえ始めていることがわかり、興味深い。（T）

道具帖と道具の管理

——鴻池家伝来の茶道具——

鴻池家にのこされてきた道具帖のうち、最も記載内容が豊富で、のちのちまで基本台帳として使用されたのは、寛政年間(一七八九～一八〇一)と天保年間(一八三〇～一八四四)に編まれたものである。道具名・収蔵場所・数量などが記された帳面には、干支の印が連続的に押印されており、定期的な点検の様子が把握できるものだ。ほかに本邸における虫干の区画図も伝来し、それらを見ると道具の虫干・点検が一家を挙げての一大行事であったことが理解される。

これらの茶道具類は昭和十五年(一九四〇)、大阪美術倶楽部および東京美術倶楽部において展観・入札に供され、「鴻池家」旧蔵あるいは「松筠亭《しょういんてい》」(十代幸富の号)蔵品として多くの名器が世に送り出されることになった。(T)

寛政3年(1791)の「道具改帳」は、二番蔵2冊、八番蔵2冊のあわせて4冊が伝わる。それぞれイロハ順に掛物・副状、釜、風炉、炭取など、40種におよぶ分類のもとに茶の湯の道具類を分類している。道具名称の右肩には「午」を筆頭に「昭和十二年」頃まで、多い物で約30個の干支の押印が認められ、鴻池家の道具管理のありかたを伺い知ることができる。(T)

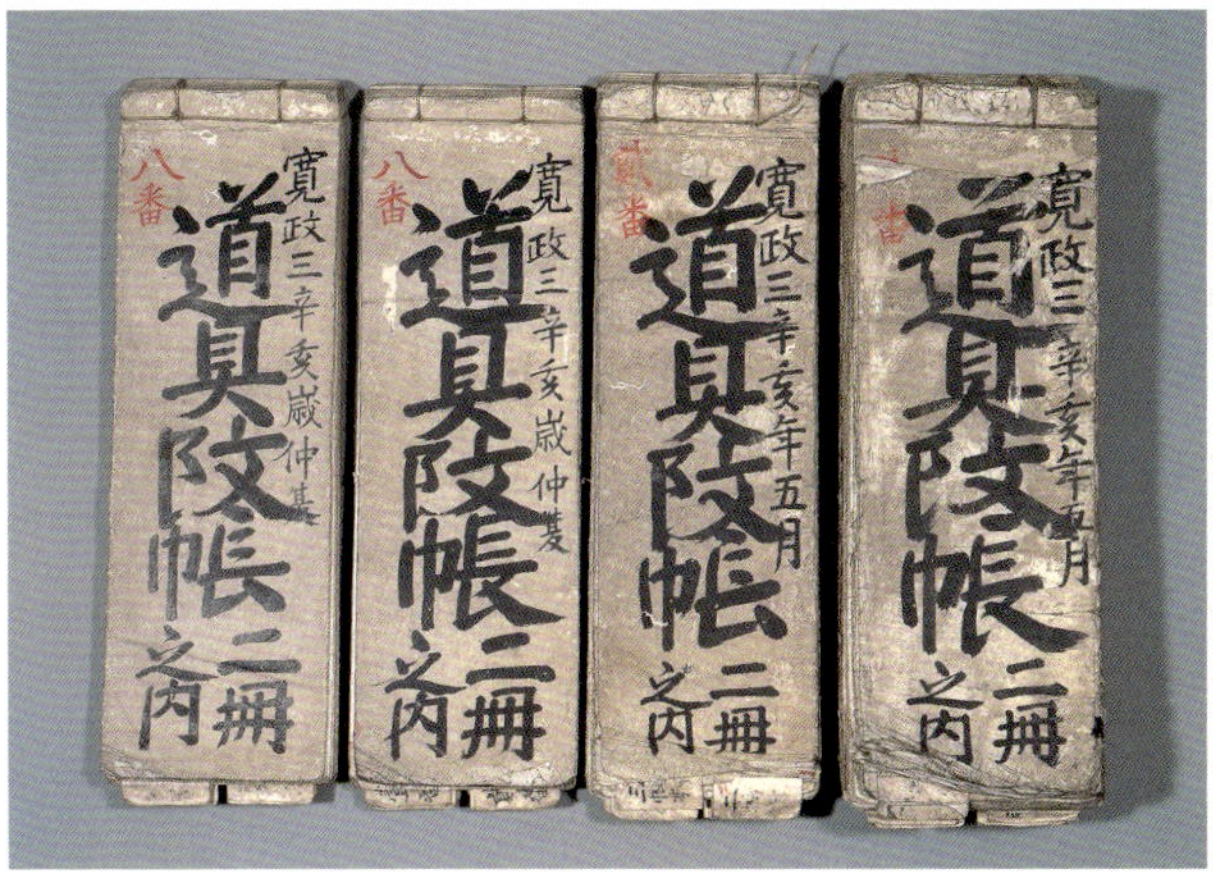

80 寛政三年 道具改帳(二番・八番)
鴻池合資会社資料室蔵

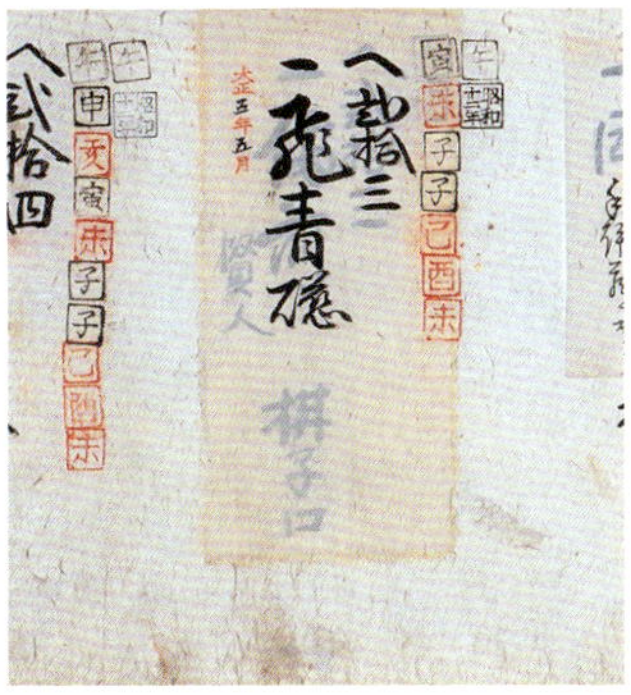

『寛政三年 道具改帳』
二番より、「飛青磁」

道具改帖(二番蔵)に国宝の「飛青磁花入」(浙江省龍泉窯・南宋～元時代)の名がみえる。「飛青磁」とは、青磁釉の下に、鉄斑文を飛ばしている青磁のことで、古来より特に茶人によって珍重されてきた。鴻池家伝来の飛青磁は、口縁部は鍔のように平らかで、首を細めに、胴部にかけては一気に膨らんで再び底部ですぼまるかたちに破綻がない。“玉壷春”形の瓶と呼ばれ、元時代に流行した器形の一つである。蔵札は「へ弐拾三」番。(T)

(参考) ◉飛青磁花入 大阪市立東洋陶磁美術館蔵

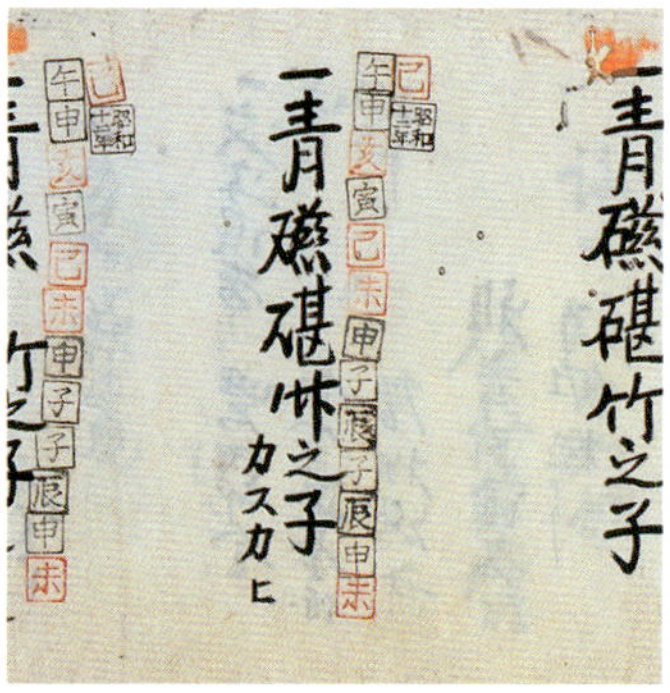

『道具改帳』八番より、
「カスカヒ」

「鎹」とはよく名付けられたものだ。口辺に２本、腰に１本の入が入り、口辺のものには計３本の鎹が打たれていることからこの銘がある。下部の膨らんだ下蕪形の花入で、『寛政三年　八番道具帖』の「花入」の部の第四番目に挙げられている。（T）

81　青磁下蕪花入　銘「鎹《かすがい》」　大阪市立東洋陶磁美術館蔵

胎土は黒褐色。胴には黒飴釉を、頭より肩のあたりまでは斑釉を施している。胴は六方に叩かれており、それぞれの面には草状の文様が線刻されている。頭には二方に穴があけられているので、もとは掛花入として製作されたらしいことが理解される。鴻池家旧蔵。（T）

82　朝鮮唐津耳付六角花入　出光美術館蔵

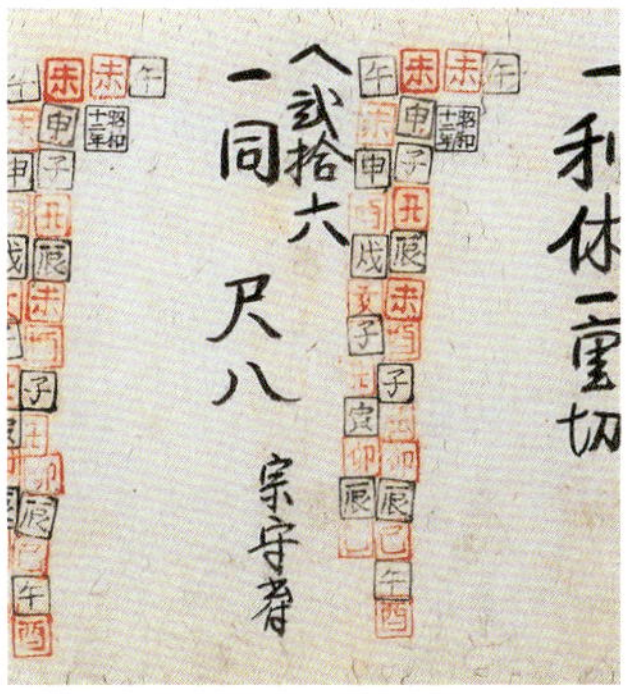

『道具改帳』二番より、
利休尺八　宗守書付

節を筒の中央より下に配して切った竹花入を、利休作「尺八」（今日庵所蔵）に因んで「尺八」と称している。鴻池家に伝来したこの竹花入は、利休の「尺八」に似た趣の竹を用いているが、利休の添状によるとこの制作には「カウチ竹」を用いたという。筒の背面に「利休作　宗守（花押）」と武者小路千家五代文叔宗守が漆書し、内箱蓋裏には十三代有隣斎宗安が極めている。「鴻池了信（之宗）老」宛ての添状がともなっている。（T）

83　竹尺八花入　利休作　文叔在判　　　個人蔵

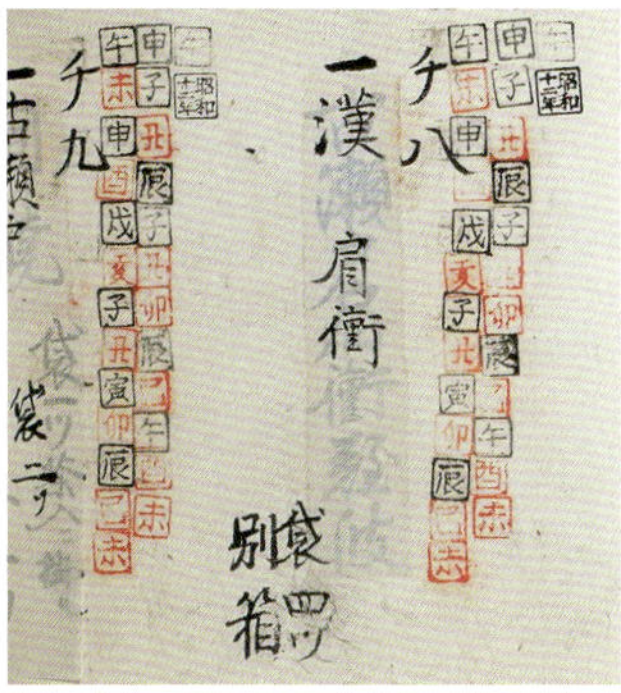

『道具改帳』二番より、
「古瀬戸 暁」

84　瀬戸肩衝茶入　銘「暁」　　　出光美術館蔵

唐物の肩衝をおもわせる姿である。胴部中央に沈線をめぐらせ、釉薬は口縁部から胴部下半まで柿釉がかかり、その上から全体に黒釉で斑状に覆っており、一条の釉なだれが景色となる。仕覆は遠州緞子と興福寺裂である。松筠亭の売立で6,890円で落札されている。（T）

87　南蛮芋頭水指　　　東京国立博物館蔵

南蛮とは東南アジア一帯で製作されたと考えられる製品の概称で、産地によって形や作風に大きな違いがある。この水指は通常の南蛮芋頭に比べて口が広く丈も低く、深鉢形をしており、轆轤で成形されているようだ。16～17世紀のタイ製かと考えられる。本資料は松永耳庵の遺愛品であり、松筠亭の売立より早い昭和11年(1936)11月30日に、中村好古堂より購入されたものである。(T)

88　狂言袴茶碗　銘「浪花筒」　　　東京国立博物館蔵

狂言袴茶碗は、朝鮮雲鶴茶碗の一種で、狂言師の袴につけられる紋によく似た丸紋のある茶碗をいう。上下に筋と連続紋があり、中央に四方相対して丸紋が配される。本作品は鴻池家においては「曳木鞘」「子のこ餅」とともに「利休所持三筒茶碗」の一碗に数えられて秘蔵されたものの、実際の製作年代は17世紀と考えられている。中箱蓋裏貼紙の墨書は鴻池道億の手になるようで、あるいは道億による蒐集とも考えられよう。(T)

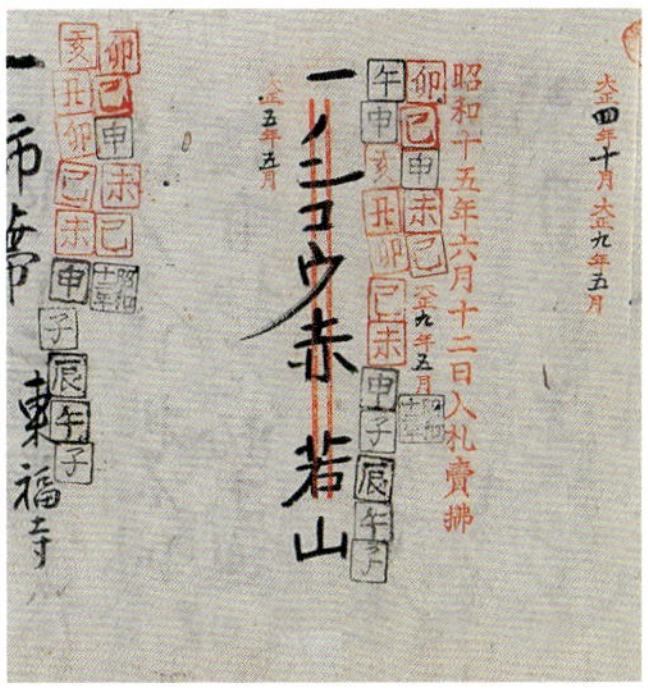
昭和十五年六月十二日入札賣拂
一ノンコウ赤　若山

『寛政三年 道具改帳』八番より、
「ノンコウ赤楽茶碗　若山」

ノンコウ七種（黒「獅子」「升」「千鳥」「稲妻」、赤「鳳林」「鵺」「若山」）のうちでも、とりわけ名碗との声が高い茶碗である。ノンコウとは樂家三代道入（1599〜1656）のことで、存命中からすでに名手とたたえられていた。もと和歌山の菅沼家に伝来していたものを如心斎が見いだし、地名に因んで「若山」と命銘したという。松筠亭の売立において34,000円で落札。（T）

85　○赤楽茶碗　銘「若山」　野村美術館蔵

黒みを帯びた鼠色のなかに、寂がかった赤みが幾筋かあらわれており、これを夕焼け雲に見立てているようだ。片側に檜垣文を、もう一方に籬文をつけ、大きく雄渾な口造りとおおらかなうねりが、いかにも桃山陶磁らしい。松筠亭の売立において189,000円で野村得庵が落札。（T）

86　鼠志野茶碗　銘「横雲」　野村美術館蔵

明時代前期（15～16世紀）の景徳鎮民窯で、もとは香炉として焼かれたものと考えられている。口縁部を除く内側には施釉されていない、いわゆる内禿の手である。側面には濃厚な赤と緑の二彩で楼閣山水図を描く。明初赤絵の特徴をよく示し、特に雲の描き方には宣徳年間（1426～1435）頃の民窯独特の筆致が認められるようだ。鴻池家旧蔵。（T）

89　古赤絵雲堂手茶碗　　大和文華館蔵

『松筠亭蔵品展覧目録』より、
「南京赤絵蓮鷺絵手桶形向附」

昭和15年（1940）の『松筠亭蔵品展覧目録』によると、もとは5客1組の向付であったものの1点。紫檀の割蓋をつけて替茶器として使用されてきた。明末清初（17世紀中葉）の景徳鎮窯製。日本から発注された手桶型をモデルとして焼かれたものであろう。蓮池に水禽の図は中国人の好む図様である。81,100円で落札。類品が、北村美術館に所蔵される。（T）

90　蓮鷺文手桶茶器　　東京国立博物館蔵

91　徹翁《てっとう》義亨《ぎこう》墨跡　虎林字号　　　東京国立博物館蔵

徹翁義亨（1295～1369）は大徳寺二世の住持。晩年に大徳寺山内に徳禅寺を開いた。「虎林」は修禅の果てにたどり着いた禅の境地を示すもの。二大字の右に「徹翁義亨」、左に「為宗賛維那作」と割り書きしている。宗賛は徹翁の弟子と考えられる僧である。松筠亭の売立の際には、「鴻池了信老」宛ての真珠庵添状とともに31,100円で落札された。（T）

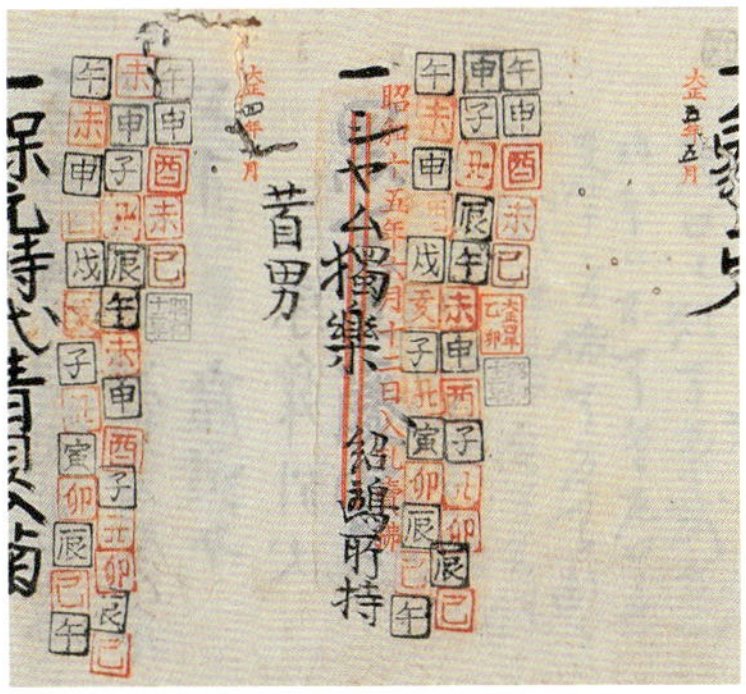

『道具改帳』八番より、
「シャム独楽　紹鴎所持　昔男」

92　独楽香合　銘「昔男」　　東京国立博物館蔵

丸く扁平な平独楽の香合である。「寛政三年　八番道具帖」に「シャム独楽　紹鴎所持　昔男」とあるものに該当する。明時代、16世紀の作。「昔男」とは、『伊勢物語』「九段　東下り」の書き出しの「昔、男ありけり。」から採られた銘である。松筠亭の売立において23,900円で落札。（T）

尾形乾山（1663～1743）作、三重の重香合である。内外を白土で化粧し、黒絵で画・賛をほどこす、高麗手に属する作品。四面それぞれに春柳図が描かれ、蓋の甲には詩賛と落款が書かれている。底は白化粧のまま白釉で「正徳年製」の銘が、蓋の甲の落款に「乾山尚古斎」と見えていることから、鳴滝泉谷の尚古斎での作（正徳元年・1711）と考えられている。鴻池家旧蔵。（T）

93　銹絵柳文重香合　　大和文華館蔵

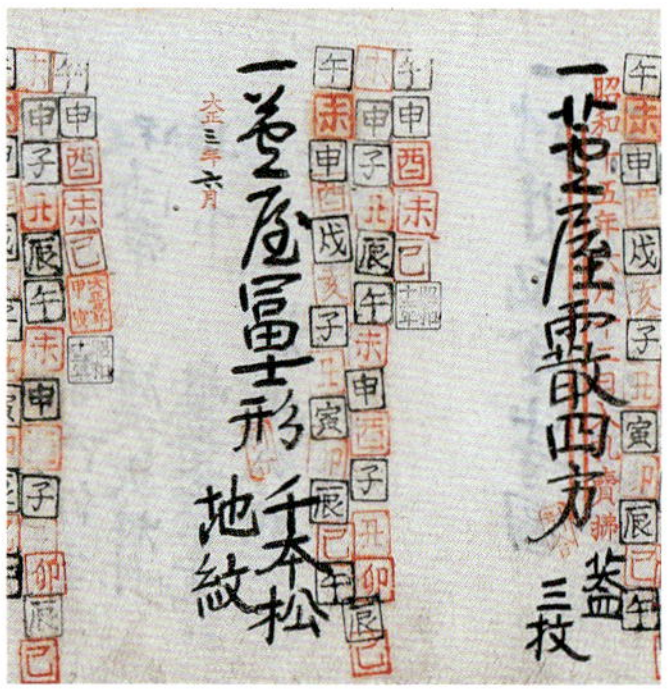

『寛永三年 道具改帳』八番より、
「芦屋霰四方窯」

口辺から羽先まで細かく霰を鋳出し、きっかりと四方に形作られた釜である。鐶付は肩よりやや下げて力強い鬼面をあらわす。天王寺屋宗通（宗及の弟）所持。この釜にあわせて利休がつくった風炉の切形が添っている。松筠亭の売立において33,900円で野村得庵が落札。（T）

94　古芦屋四方霰釜　　野村美術館蔵

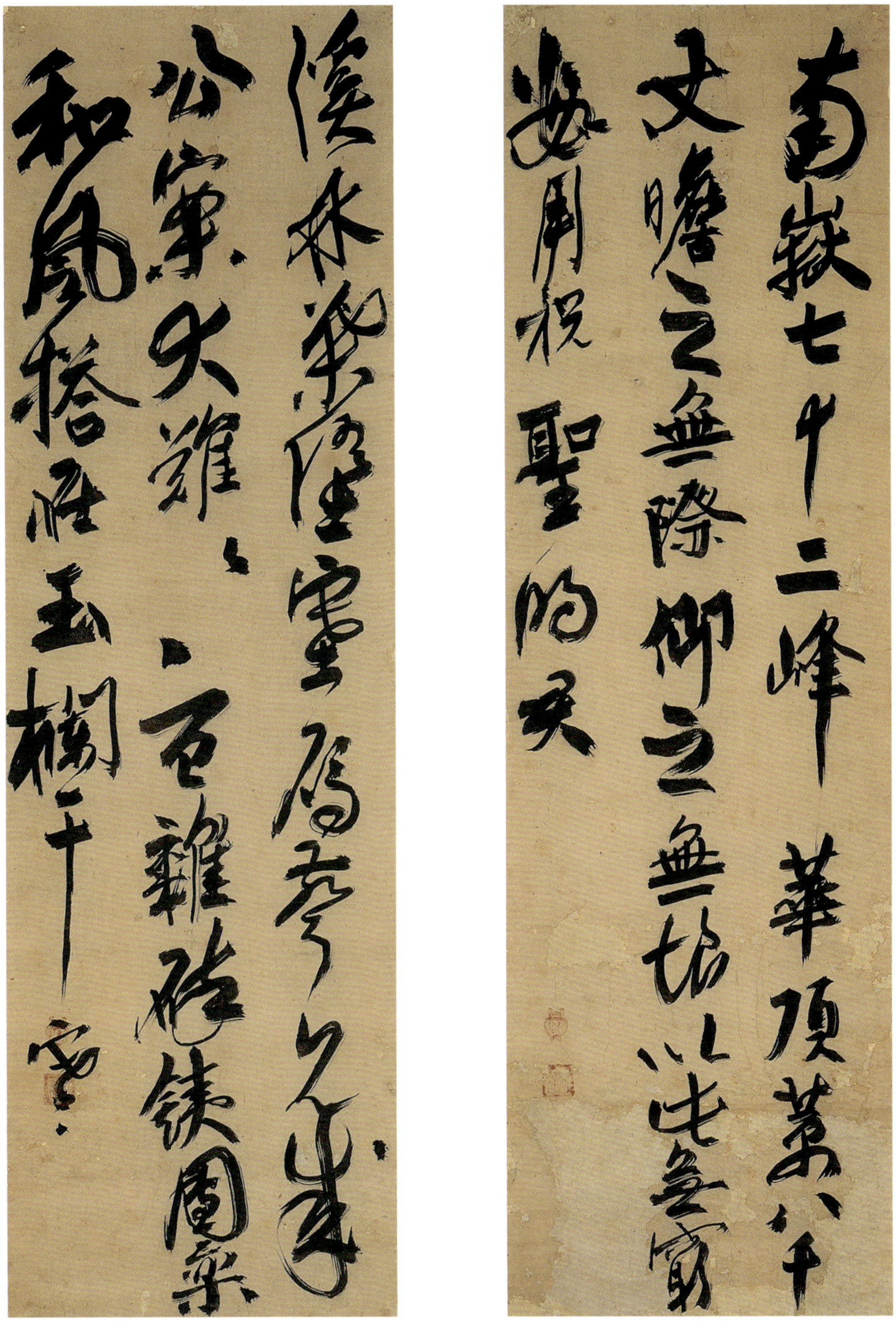

（参考） ◉大燈国師墨跡　渓林偈・南嶽偈　　正木美術館蔵

大徳寺の開山・大燈国師こと宗峰妙超（1282～1337）の二幅対の墨跡である。渓林偈・南嶽偈はともに、中国南宋時代の高僧・虚堂智愚の上堂偈である。本作品は大徳寺山内で、真珠庵と玉林院において第一の掛物として珍重されたことが知られる。No.96の譲状によって、寛永２年（1749）に玉林院より鴻池家へ譲られたことが、判明する。（T）

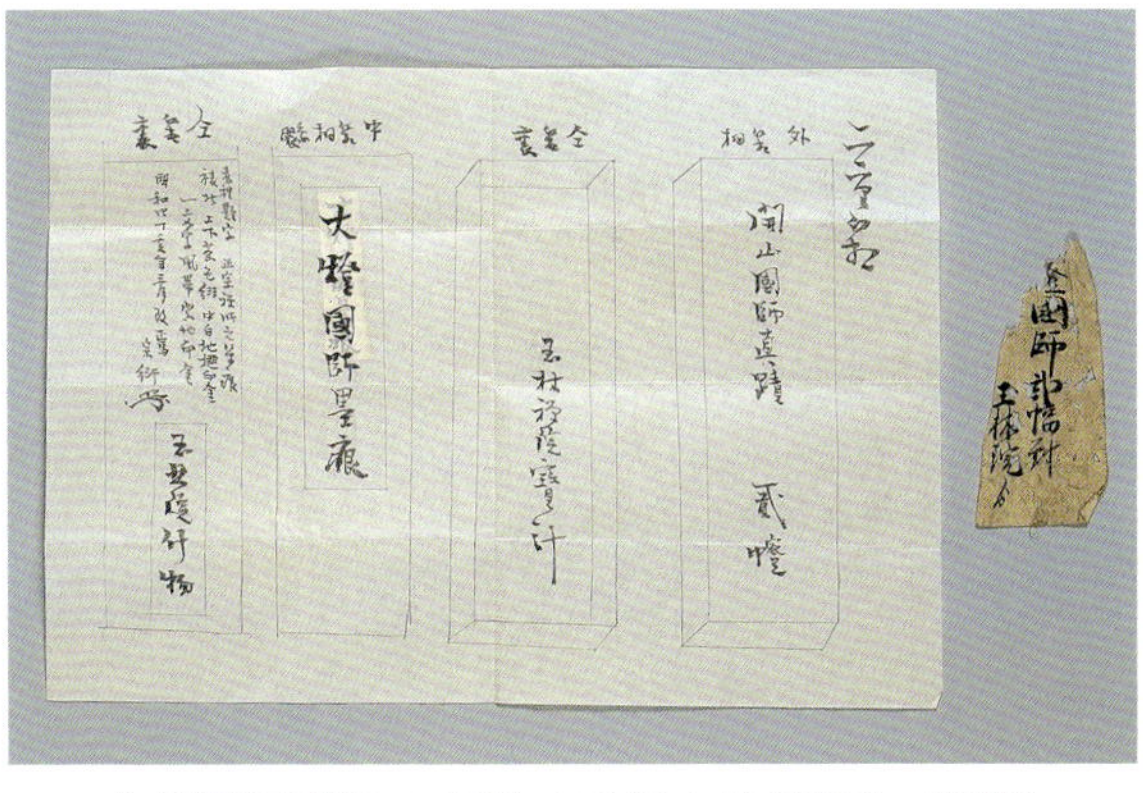

譲られた大燈国師墨跡の二重箱の様子を記録したもの。（T）

95　大燈国師墨跡二幅対二重箱之控（付属・題箋）
鴻池合資会社資料室蔵

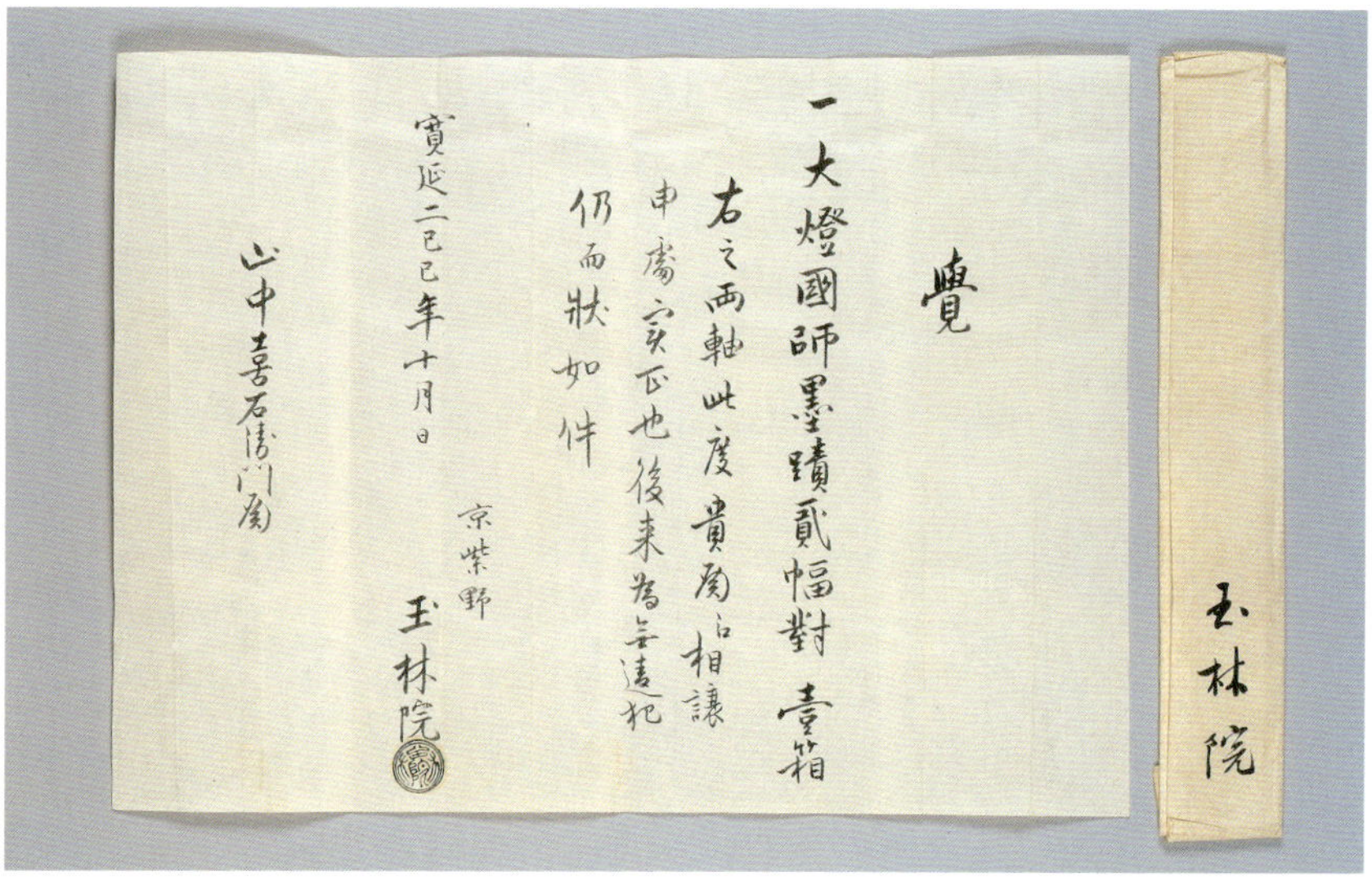

覚
一 大燈國師墨蹟貳幅對 壹箱
右之両軸此度貴殿ゟ相譲
申處実正也後来為無違犯
仍而状如件
寛延二己巳年十月日
宗紫野
玉林院
山中喜右衛門殿

玉林院

96　大燈国師墨跡二幅対譲状(寛延二己巳年)　喜右衛門殿　玉林院
鴻池合資会社資料室蔵

寛延2年(1749)に、玉林院から鴻池喜右衛門へ大燈国師墨跡が譲られた際の譲状である。当時の喜右衛門は五代宗益(33歳)であった。(T)

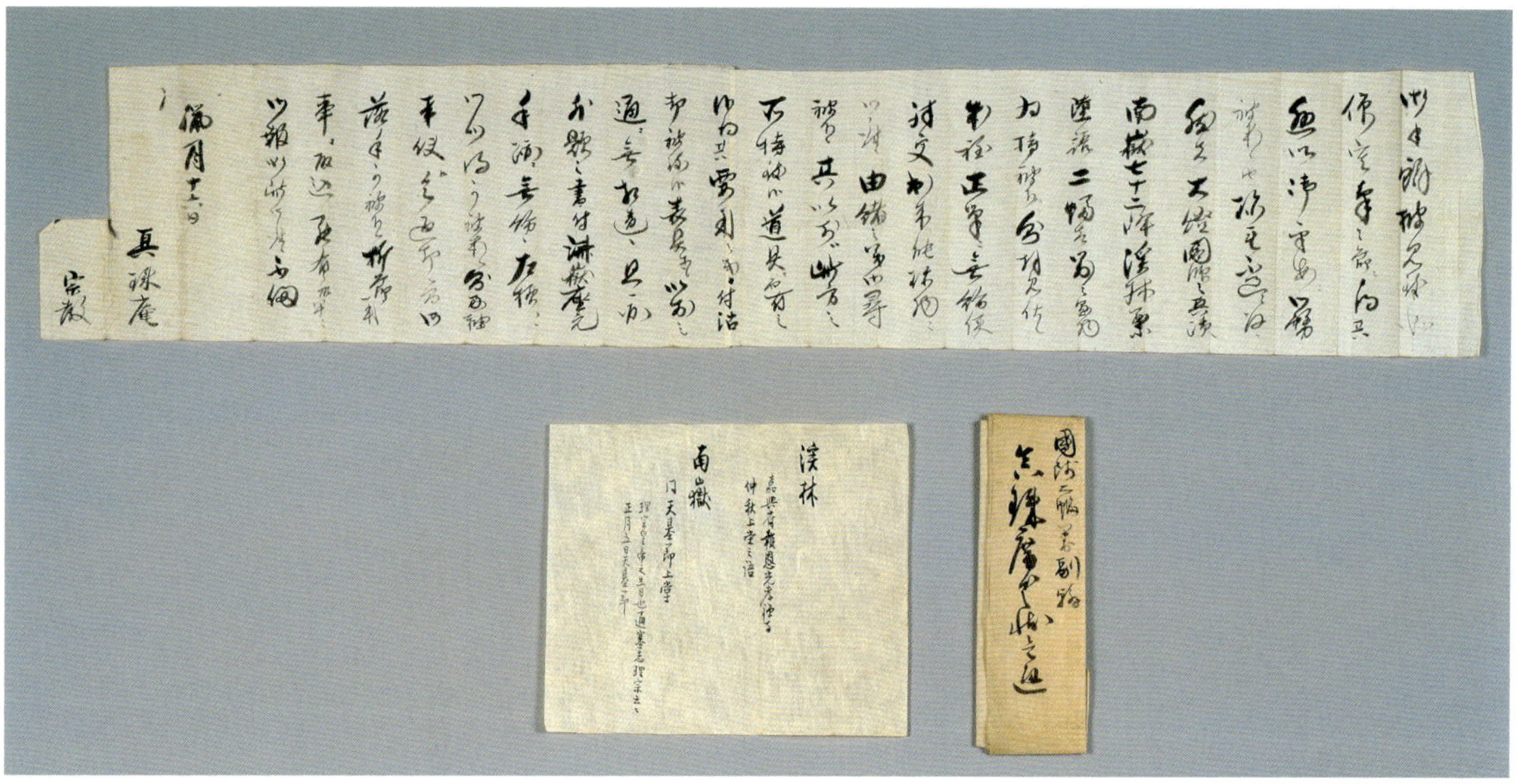

97　大燈国師墨跡二幅対 真珠庵添状　　鴻池合資会社資料室蔵

大燈国師墨跡二幅対のうちの一幅を所持していた真珠庵の添状である。「真珠庵　宗敬」の名がある。(T)

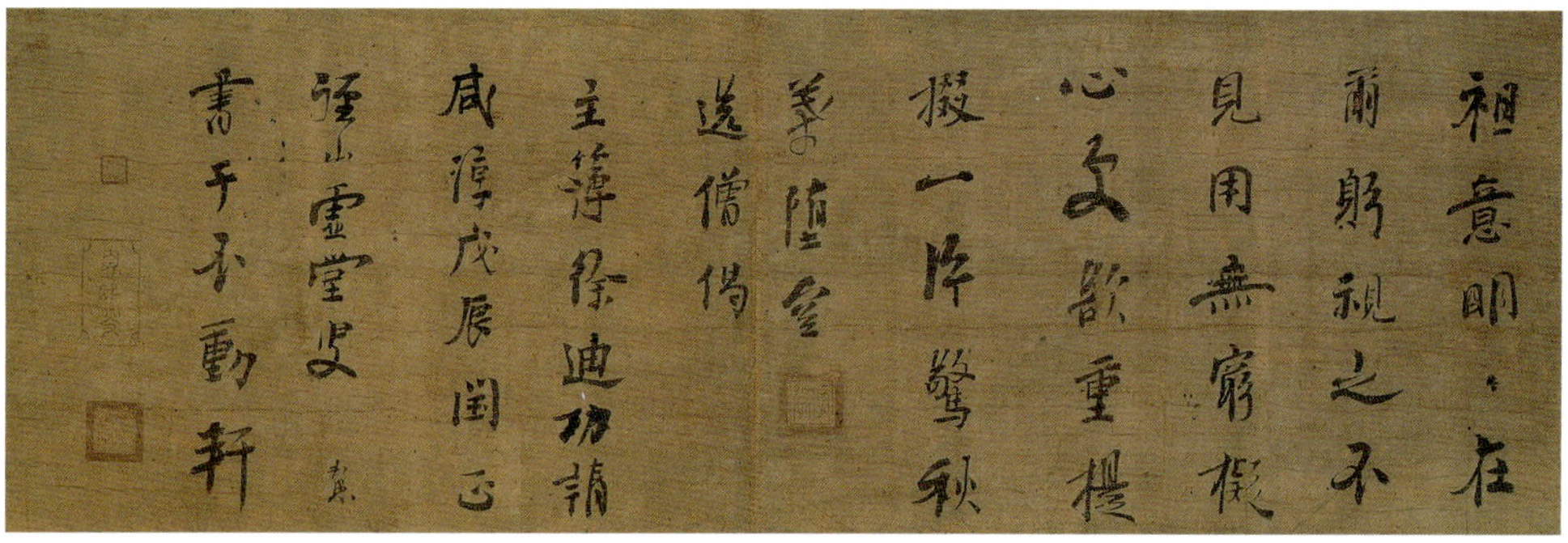

(参考)　◎虚堂智愚墨跡　送僧偈　　正木美術館蔵

虚堂智愚(1185〜1269)入滅前年、84歳の遺墨である。最晩年を過ごした径山万寿寺の不動軒において、徐迪功なる人物に贈った一偈である。江月宗玩の『墨書之写』(元和3年・1617)の条に記載され、安立軒→木村宗亘→徳川将軍家との伝来が明らかにされる。その後紀州徳川家が拝領。鴻池家から正木家へと伝えられた。(T)

99　尻張釜　銘「永平寺」　正木美術館蔵

「永平寺」の文字を持つ尻張釜である。辻与次郎作。永平寺の依頼によるものとも、鴻池道億が同形の「竜宝山大徳寺釜」とともに所持していたとも伝わる作品。売立によって正木美術館の創設者・正木孝之の手に渡った。（T）

98　瀬戸真中古《まちゅうこ》茶入　銘「小筵《さむしろ》」
正木美術館蔵

真中古とは、金華山・破風窯の中古窯に対して一手古いことでその名があり、古瀬戸に続くとされている。「小筵」は真中古橋姫手の美しい茶入。「小筵」は小堀遠州による命銘で、『古今和歌集』の「さむしろに衣かたしき今宵もや　われをまつらむ宇治の橋姫」によっている。仕覆が4点、明時代の四方盆が添う。（T）

101　利休作　共筒茶杓　銘「ゆみ竹」
正木美術館蔵

千利休（1522～1591）作の茶杓。小堀遠州→江月宗玩→鴻池家→正木孝之へと伝わった。中節よりやや先に樋を持ち櫂先は太くゆったりとしている。蟻腰がなく、いわゆる利休形とはやや異なった趣を呈している。筒にはケラ判があり、判形から天正12・13年（1584・1585）以後のものと考察されている。（T）

100　大富重伝作　共筒茶杓　正木美術館蔵

村田珠光の門人、大富重伝（生没年未詳）の作である。筒書に「進上　茶杓　大富重伝（花押）」とある。また「永禄八年十月吉日」の年記が明記されるもの。茶杓は下節で20cmを超える長杓。筒は真筒で、竹の栓ツメという古い形を伝える。鴻池家より正木孝之に伝わった茶杓箪笥のなかの1点である。（T）

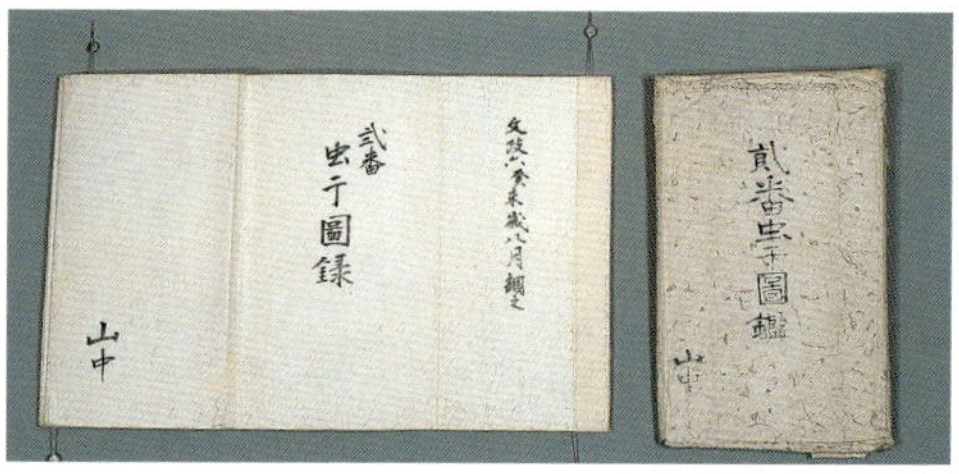

表紙

文政６年(1823) ８月の道具虫干に際しての指図で、弐番蔵と八番蔵の虫干図録が各１冊のこっている。虫干には大座敷、御居間、次ノ間、玄関を使用していた。座敷の所定の場所に管理の分類ごとに道具を並べ、点検して風を入れる。弐番、八番あわせて23日分の図が記録されている。約１ヶ月を費やす大作業であった。(Ｔ)

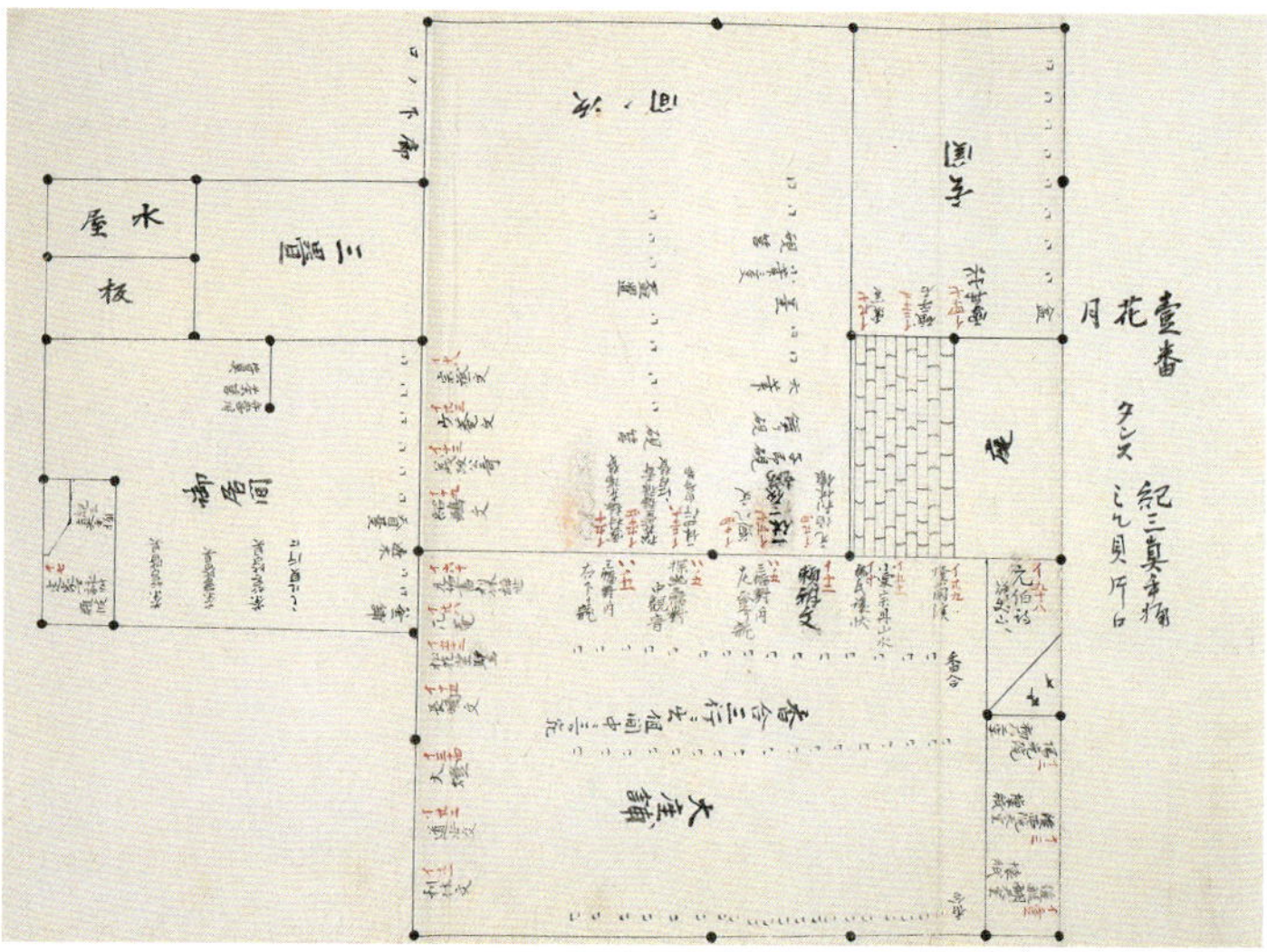

102　弐番　虫干図録　　鴻池合資会社資料室蔵

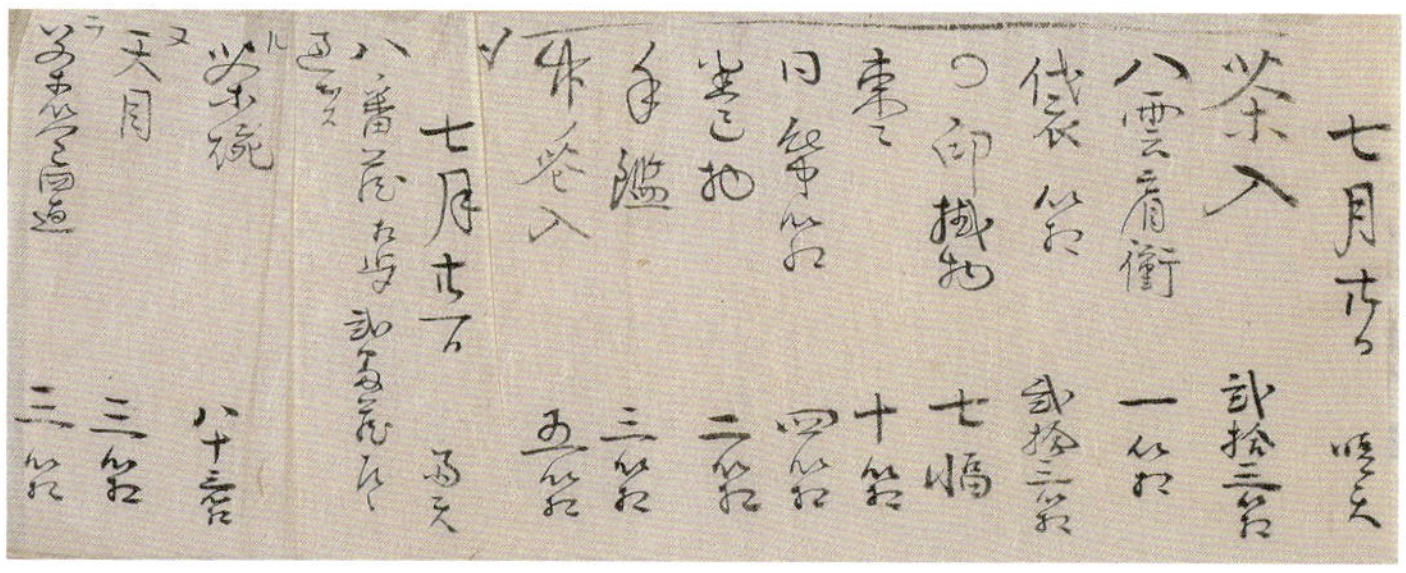

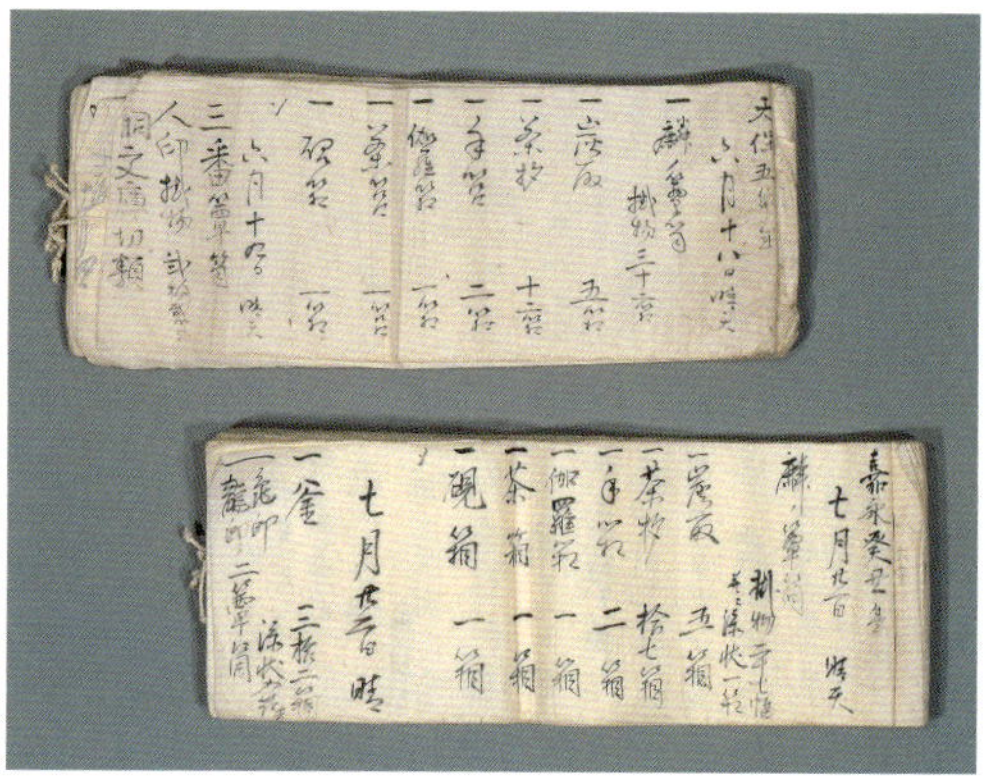

103　道具虫干帖　　鴻池合資会社資料室蔵

天保５年(1834)以降と嘉永６年(1853)以降の道具虫干に関する記録帖である。６月あるいは７月以降の晴天を選び、順序よく虫干作業を行っている。(Ｔ)

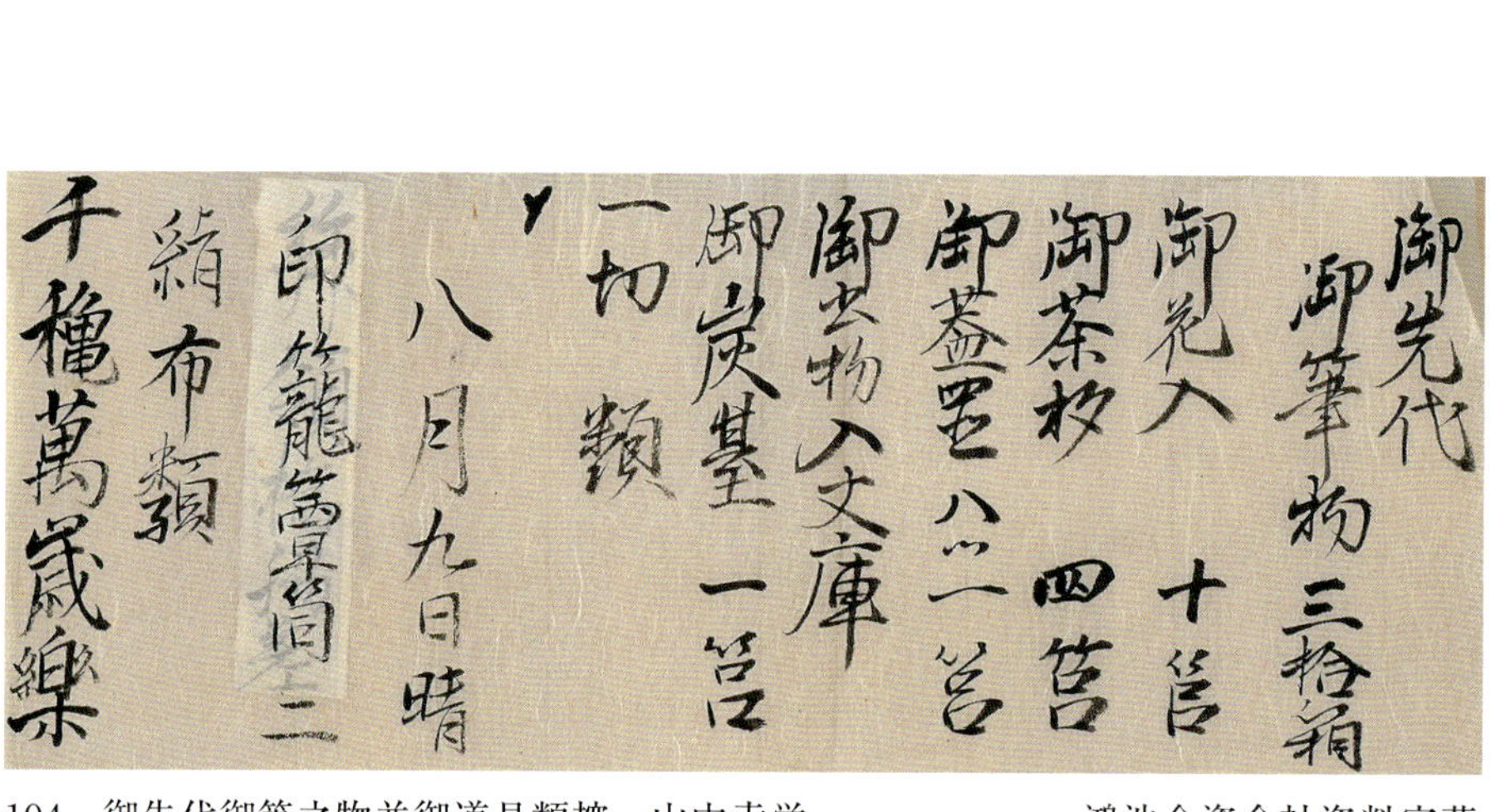

104　御先代御筆之物並御道具類控　山中幸栄　　鴻池合資会社資料室蔵

寛政11年(1799) ７月に幸栄によって記録された、鴻池家歴代の画像、書画、詩作、自作の茶碗などに関する記録である。それらを家の宝として伝えるため、折に触れて検品し、干支の押印を行っている。(Ｔ)

京焼 永楽家への庇護

鴻池家は江戸時代以来、京焼の陶工・永楽家の有力なパトロンとなってきた。その関わりの深さをものがたる資料群が、平成七年度に京都国立博物館へ寄贈された。

十代了全の作品から、十一代保全、十二代和全、十四代得全・妙全（悠）、十五代正全、十六代善五郎の作品まで、百二十点を超える永楽善五郎関係資料は、第三者の手を経ることなく、永楽家から直接鴻池家へ納められたと考えられ、写しや贋作《がんさく》が紛れ込んでいる可能性が極めて低い、第一級の資料群となっている。（T）

106　染付雲堂手筒茶碗　京都国立博物館蔵

十一代永楽保全（1795～1854）作。中国明代の雲堂手の染付写し。中興名物の雲堂手茶碗「面影」に似るという。高台脇には「河濱支流」の印が捺されている。（T）

105　赤絵花文湯呑　京都国立博物館蔵

永楽和全（1823～1896）作。箱に小判形「九谷」印と瓢箪形「善五郎」印が捺されており、また高台内に「明治年永楽造」の染付銘があることから、永楽善五郎家十二代和全が、九谷山代窯に滞在中の明治元年（1868）から明治３年（1870）の間に制作されたと考えられる作品である。（T）

108　黄交趾釉蒔絵竹一重切形花入
京都国立博物館蔵

永楽妙全（1852～1927）作。箱に「御好永楽悠作　覚々斎一重切万歳写　花生」「御二階　正月用」と張紙があることから、表千家六代覚々斎原叟の竹一重切花入「万歳」を写した作品であることがわかる。（T）

107　染付牛文入隅四方向付　京都国立博物館蔵

十四代永楽得全（1853～1909）作。約11cm角の入隅四方向付で、10個一組である。10個のうち５個に「大日本永楽造」の染付銘が、残る５個に「永楽」の印がある。（T）

鴻池家伝来の扇絵

鴻池家では江戸時代から近代にかけて千本を越す肉筆扇面を蒐集してきたといわれ、昭和八年（一九三三）には、恩賜京都博物館によって「鴻池男爵家蔵扇面画譜」として百八点が紹介されるほどに高名であった。太田記念美術館に収められた九百本余の扇絵には、近世初頭から明治末期頃にかけて浮世絵（江戸の絵師・上方の絵師・その他）、四条派、琳派、南画・文人画、狩野派、土佐派、詩歌・俳句類など、多彩な内容の作品が含まれている。今回は、それらのうち、大阪にゆかりが深い画家の作品を中心に紹介する。（T）

109　古扇　森一鳳　藻刈舟　　太田記念美術館蔵

水上に小舟を浮かべて藻を刈る様子を描いたもの。悠々とした刈藻を積む風情は、古来、歌に詠まれており、その趣を求めて絵画にも描かれている。特に、大坂の写生派の絵師として知られる森一鳳の描く同画題は、「藻を刈る一鳳」が「儲かる一方」に通じるため、大坂では、縁起物として大いに好まれたという。（M）

110　古扇　森寛斎　若松に狗子　　太田記念美術館蔵

写生的な手法で子犬と松の若木を描いたもの。絵師の森寛斎は大坂の写生派画家として著名な森徹山の弟子で、京都の円山派の復興に尽力した。「壬戌歳旦」と制作年が記され、年紀の「壬戌」は寛斎の生没年から文久２年（1862）であることがわかる。「歳旦」と記されることから、戌年の年頭にあたり、その年の健やかならんことを子犬と若松に託して表現している。（M）

111　古扇　森狙仙　猿　　太田記念美術館蔵

樹上に憩う猿を描いたもの。森狙仙は江戸時代後期の大坂で活躍した写生派の絵師で、繊細な毛描きにより、猿を描く第一人者として知られる。猿は吉祥の意味を込めて蜂とともに描かれることが多く、本図も画面の外に蜂の存在を意識させる表現となっている。狙仙はもと「祖仙」と署名し、後に「狙仙」に名を改めており、「祖仙」時代の作品に細緻な毛描きの作品が多く認められる。（M）

112　古扇　耳鳥斎　練物　　太田記念美術館蔵

祭礼に際して、町中を練り歩く山車と観衆を描いたもの。山車には馬、鳥居、松の作り物が飾られるが、祭礼の内容は不明。絵師の耳鳥斎は、初め酒造業を営み、後に骨董商となった大坂の人。戯画を好んで描き、本図に見られるような軽妙洒脱な作風で知られる。鳥羽僧正を学んだといわれ、自ら戯作もし、義太夫のちゃり浄瑠璃の名人でもあったという。（M）

美術品の展覧から売立へ

明治以降、鴻池家では、各方面から寄せられる美術品展覧の要請に積極的に応じていく。そして、昭和十五年（一九四〇）、秘蔵の美術品は売立に出されることになった。（T）

明治９年（1876）から33年（1900）にかけて、鴻池家から「府立大阪博物場」に出品した資料の記録である。「府立大阪博物場」は、明治７年（1874）７月に府権知事渡辺昇が内務卿大久保利通に建設許可願を上申し、翌明治８年（1875）４月９日に正式に設置された。場所は現在の大阪市中央区本町橋で、場内には名品館と商品館が設けられた。鴻池家からの最初の出品では「堆朱」や「青貝」などの所蔵品が出されている。（T）

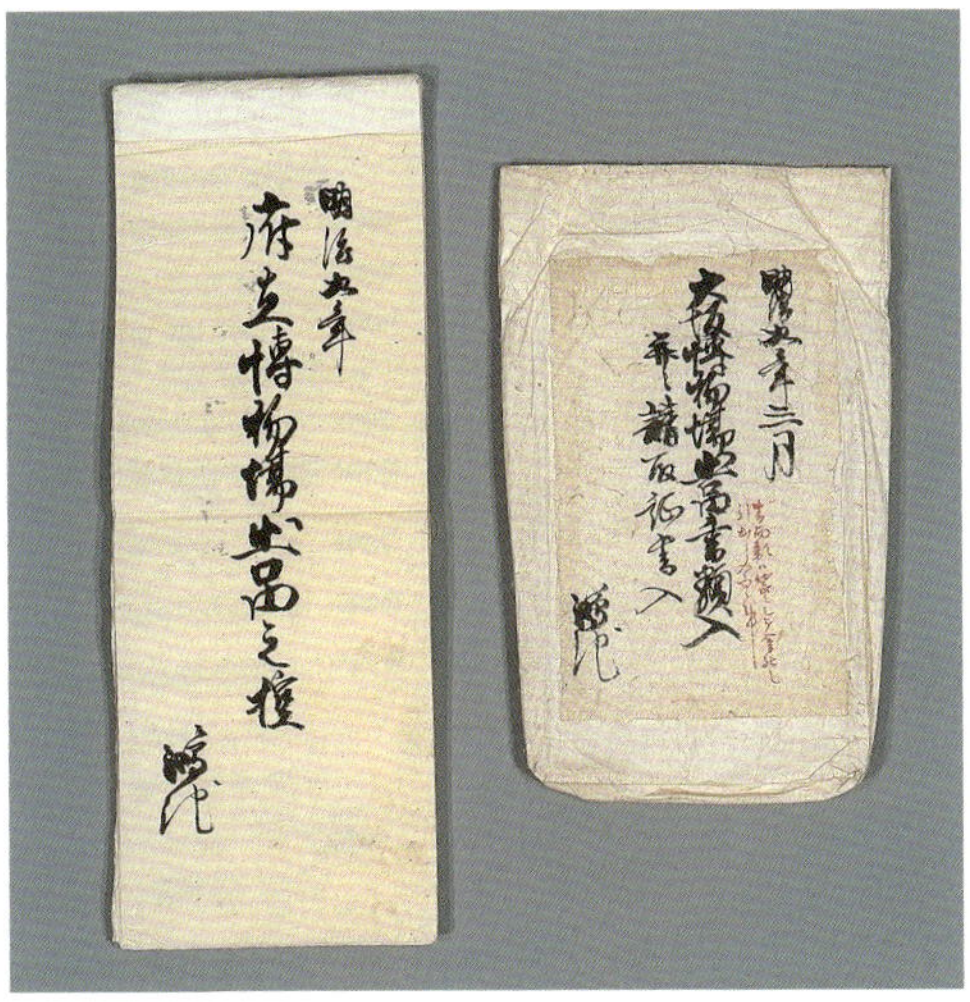

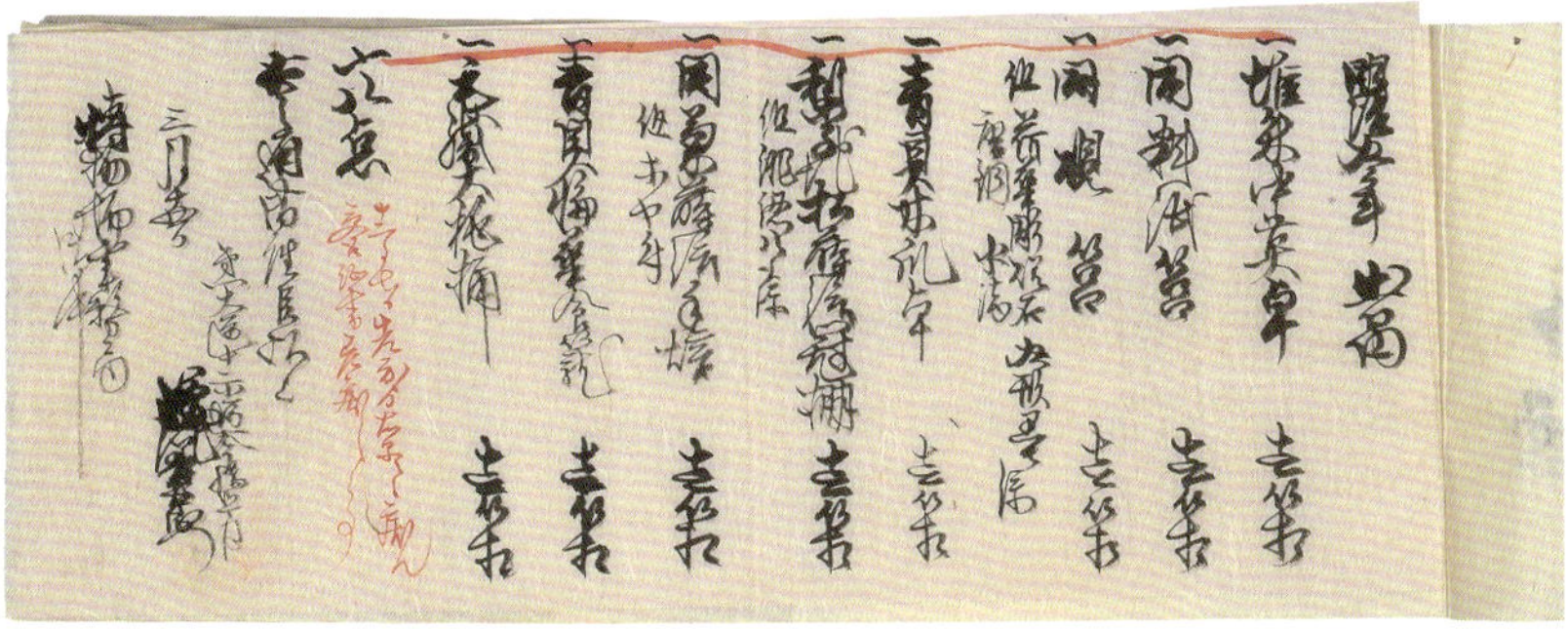

113　明治九年府立博物場出品之控　　　鴻池合資会社資料室蔵

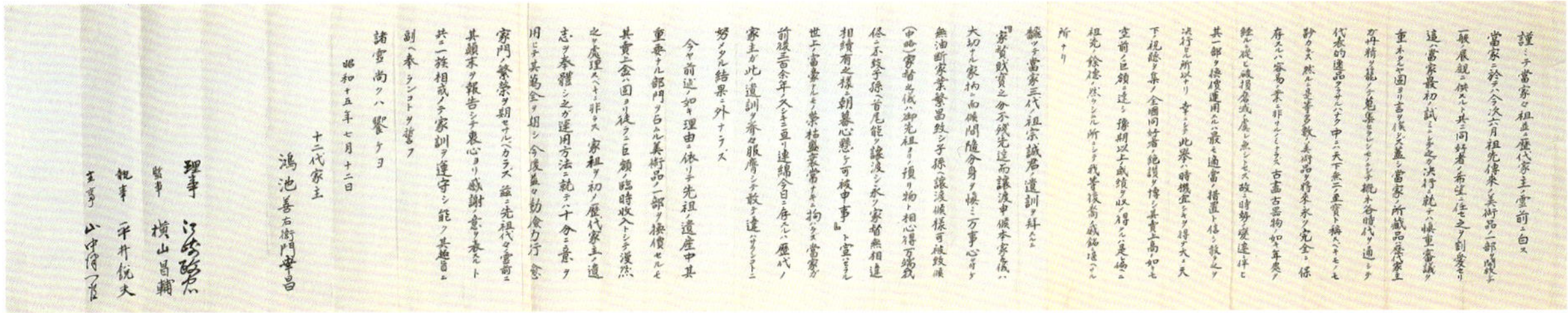

114　鴻池家美術品入札ノ節　祝詞　　　鴻池合資会社資料室蔵

昭和15年（1940）東京及び大阪美術倶楽部で下見と入札が行われた「松筠亭」の入札報告のために、十一代善右衛門幸方の頃から信奉していた、大阪天満宮の宮司によって捧げられた祝詞である。これによると、「歴代家主ガ丹精ヲ籠メテ蒐集」した「天下無二ノ至寶」と称すべきものも多いが、「多数ノ美術品ヲ将来永ク完全ニ保存スルハ容易ノ業」ではないことなどから、多くの名家の蔵品が展観・入札に供されている今の時宜を逃さず、「換価運用スル」ことに決したとの経緯が述べられている。（T）

昭和15年６月12日の松筠亭蔵品の入札にあたって作成された展観目録である。一部カラー印刷写真を含む、237件の入札対象品が掲載されている。本入札にあたっては、５月28・29日に東京美術倶楽部で前下見が、６月８・９・10日に展観が実施されたのである。付属の落札価格表によって、落札価格が判明する。（T）

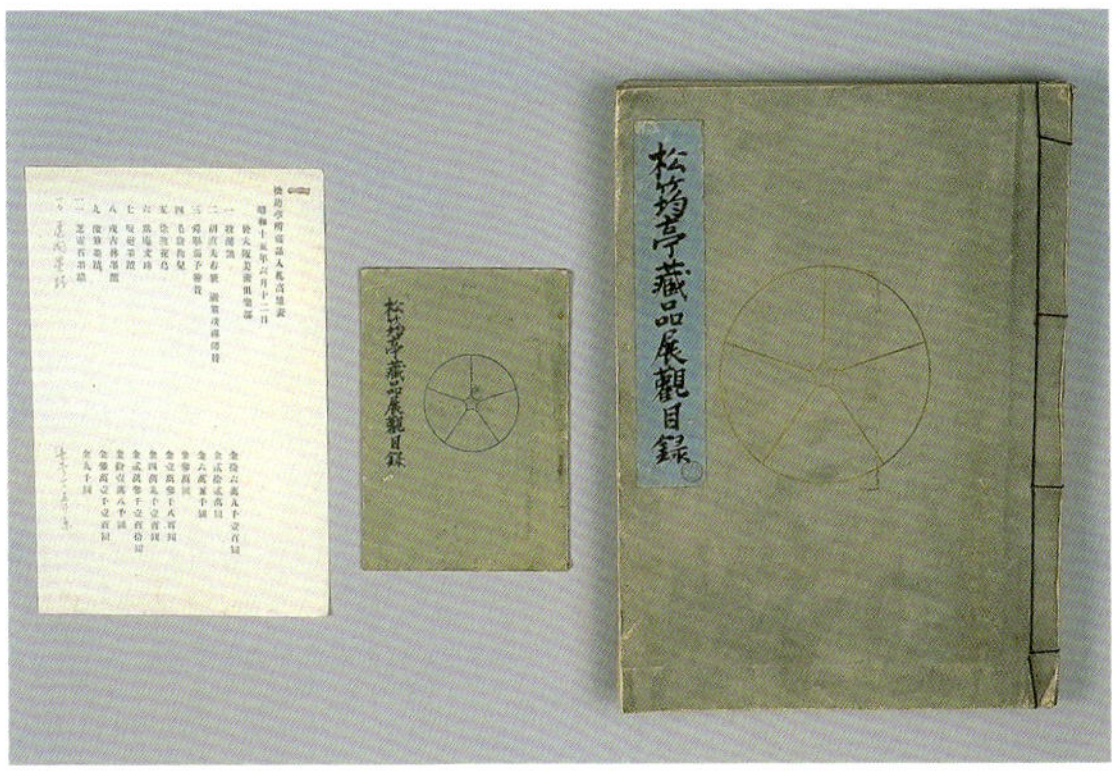

115　松筠亭蔵品展観目録　　鴻池合資会社資料室蔵

鴻池家の小袖と漆工

鴻池家から大阪市へ三八六件三、三五八点の資料が寄贈されたのは、平成八年度・九年度のことである。寄贈資料は、漆工資料、小袖・上下などの服飾資料、名物裂・中国伝来裂を含む染織品、食器類および十一代当主幸方の趣味に関係する資料などであり、鴻池家の暮らしと文化をものがたる格好の資料群となっている。

　鴻池家の服飾資料群は、上下や羽織などの男性衣料が大量に含まれること、女性物の小袖類と子供用の振袖などの格調の高さの二点を特徴として挙げることができる。殊に上下類の数量は群を抜いて多く、肩衣と袴の揃ったものだけでも五十具を超えている。鴻池家の紋所である「五ッ山」以外にも、出入りの大名の数に呼応するように、さまざまな家紋をつけた上下も多数見られる。ほかに、七代幸栄が少年時代に能楽の添後見として舞台にたった際に用いた素襖《すおう》袴《ばかま》などが伝来する点も興味深い。女性物の小袖類の多くは打掛で、婚礼に用いられたと考えられるものや総模様のものなどが見られる。

　漆工資料は江戸時代から大正時代にかけて整えられた調度類である。本邸で用いられた紋付の膳椀類、化粧道具や歯黒道具などの婚礼調度類が中心で、質・量とも優れたコレクションとなっている。（T）

赤綸子地に刺繍と鹿子絞りで几帳文を配した一領。保存状態は良好である。地色の赤色をはじめ、刺繍糸に用いられている黒色・縹色・緑色もよくのこっている。几帳の帷に施された刺繍の文様は、鶴丸文・若松文・鳳凰文・二葉葵文・菊唐草文などの吉祥文であり、婚礼衣装であった可能性が高い。（T）

116　赤綸子地几帳文繍絞振袖

檜垣地文の綸子地を鮮やかな黄色に染め、刺繡と鹿子絞りを加えることによって、文様を構成している。黄色に染められた地色から受ける明るい印象や、施された刺繡糸の配色が見事な一領である。皺《しぼ》が良く揃った鹿子絞りによってあらわされる桐文部分には朱色を挿しており、黄色地の中に朱の桐文が鮮やかに浮かび上がるような演出がなされている。（T）

117　黄綸子地入子菱桐文縫絞小袖

縮緬地を友禅染と刺繡によって華やかに彩った一領。丈は179cm。小袖をひとつの「画面」としてとらえ、見事に画面を活用している文様構成に驚かされる。友禅染、刺繡の技法も見事。一幅の絵画として見た場合でも、充分に鑑賞に堪えるような仕上がりとなっており、友禅染に刺繡という組み合わせのもたらす相乗効果を遺憾なく発揮したものであるといえよう。（T）

118　薄墨地松秋草に牛文染縫小袖

119　扇面散蒔絵書棚

婚礼調度の三棚（厨子棚・黒棚・書棚）のうち、書籍や巻物を飾る書棚である。黒塗の棚全体にさまざまな絵を描き込んだ扇面を散らしている。江戸時代以降、婚礼に際して三棚や貝桶などを座敷に飾り付けることがひろく行われるようになった。また豪商などの富裕町人の婚礼調度としては、華美に過ぎるものは禁令によって禁止されていたため、本資料のような黒漆塗を基調としたものが使用されていたのである。（T）

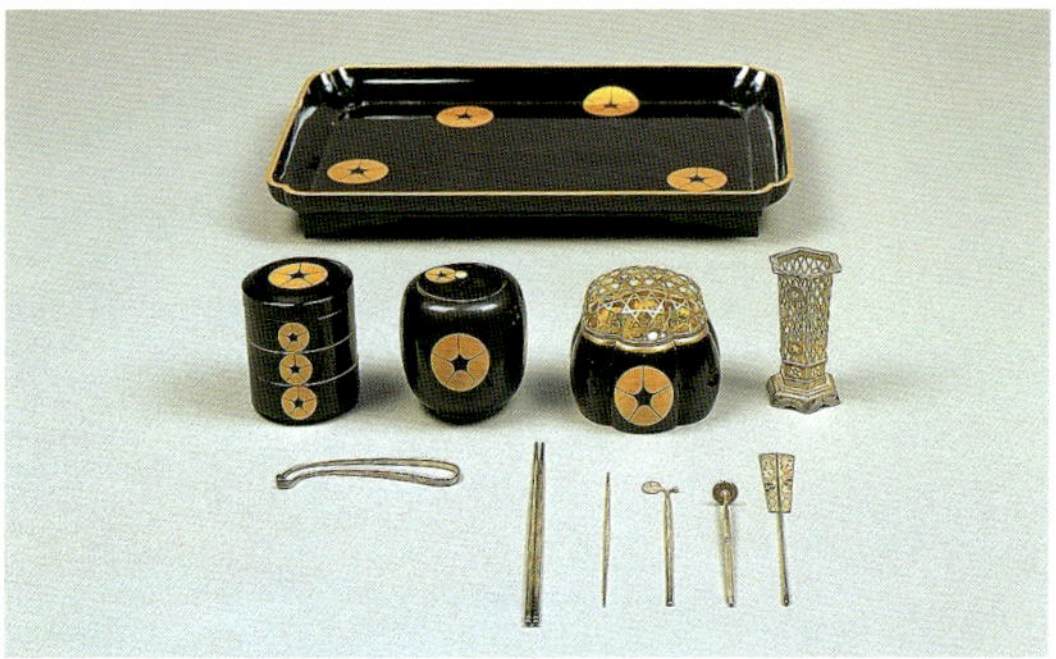

120　紋付香道具

家紋付の香道具である。香盆、火筋立、阿古陀形火取、嗅香炉、重香箱、銀盤鋏、火箸、香掬い、ウグイス、灰押が一具となったもの。（T）

121　紋付膳椀

箱書蓋表に「旦那様　金紋御膳椀一式」蓋裏の貼紙には箱に収められている道具の詳細と「御婚礼之節相用」、「安政六年五月改」などの記載が見られる。その貼紙に従えばこの膳椀一式は、安政6年（1859）に執り行われた、十代当主幸富と天王寺屋五兵衛の娘・絹との婚礼に用いられたものであるということができる。「旦那様」用は1箱に収められ、ほかに「奥様」用の1箱がある。（T）

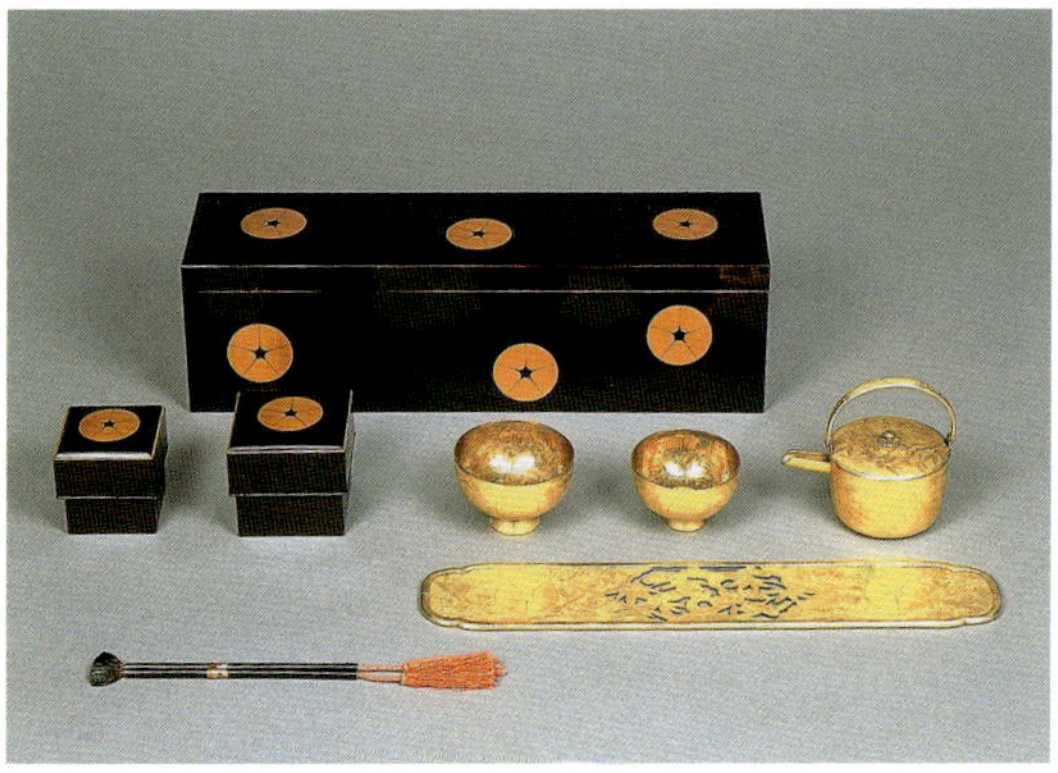

122　紋付渡金《わたしがね》箱

渡金、歯黒次、湯子、附子箱、歯黒筆などの歯黒道具を収める箱である。鴻池家の家紋「五ツ山」が入れられている。婚礼調度の一部であろう。（T）

鴻池幸《ゆき》方《かた》とその時代

両替商から銀行へ

江戸幕府が倒れ明治新政府が発足すると、幕藩体制のもと、各藩の蔵元・掛屋として、あるいは大名貸《だいみょうがし》で利益を得ていた大坂の両替商は、大きな打撃を受けた。慶応四年（一八六八）の銀目廃止、さらには明治六年（一八七三）の藩債処分（事実上の借金棒引き）により平野屋五兵衛や天王寺五兵衛などの有力両替商が没落した。鴻池家はさほど大きな打撃はなく、豪商の地位を確保していた。

明治五年（一八七二）に公布された国立銀行条例により鴻池善右衛門らは第三国立銀行の設立を願い出たが、発起人間で内紛があり開業には至らなかった。明治九年（一八七六）国立銀行条例が改正され、翌十年（一八七七）五月鴻池家は単独で第十三国立銀行を開業した（資本金二十五万円）。明治三十年（一八九七）第十三国立銀行は満期解散し、鴻池銀行が設立された。この間、明治十六年（一八八三）には大阪倉庫会社を設立し、鴻池善次郎《ぜんじろう》（後の善右衛門《ぜんえもん》幸方《ゆきかた》）が社長となった。また、幸方は明治二十二年（一八八九）日本生命保険会社の社長にも就任している。さらに、明治四十四年（一九一一）には政府より善右衛門幸方に対して男爵の爵位が授けられている。

鴻池家は、同二十二年に「鴻池家憲法」、同三十年に「鴻池家仮店則」を定めるなど家政改革にもつとめたが、保守的な内容であった。また、経営者として優れた人材もあまり得られず、資産の減少を防ぐだけの金融業に絞った堅実な経営を行ったので、旧家・名家の地位は維持したものの、財閥化した他の資本家のように事業や経営は拡大しなかった。その後、昭和八年（一九三三）鴻池・三十四・山口の三銀行が合併し、三和銀行（現・UFJ銀行）となったが、合併条件は鴻池銀行には不利なものであった。本店は、旧鴻池銀行本店の建物が使われた。このように、鴻池家は両替商から銀行へと金融資本として存続したが、近代化・資本主義化には遅れをとったといえるだろう。

（Y）

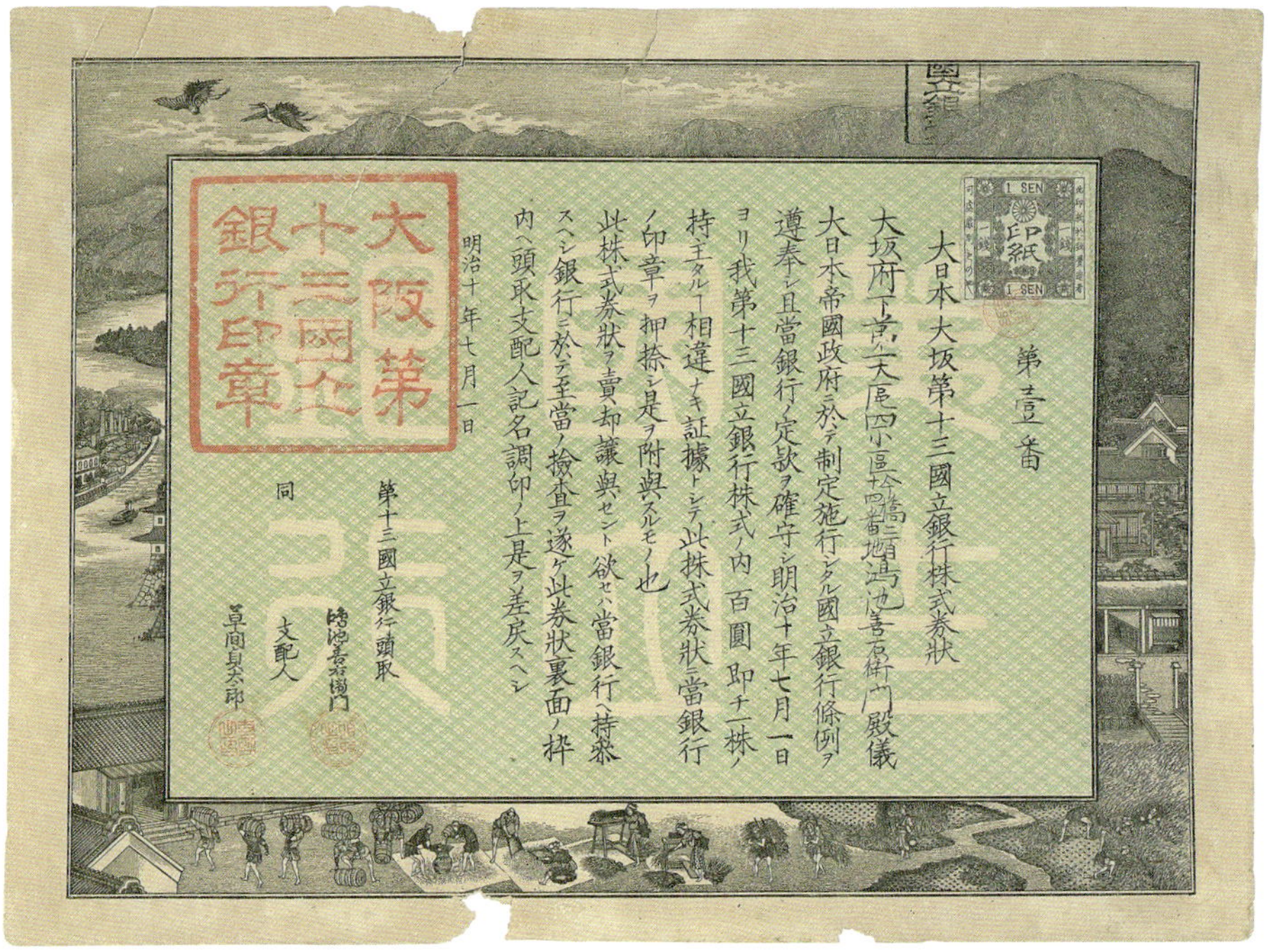

123　第十三国立銀行株券　第壱番　　UFJ銀行蔵・東京都江戸東京博物館寄託

第十三国立銀行の株券。国立銀行は国立銀行条例に基づいて設立された有限責任の株式会社なので、株券が発行された。この第一番券は頭取の鴻池善右衛門の所有である。裏面には明治20年（1887）に十代善右衛門幸富［ゆきとみ］が隠居し喜右衛門と改名したことが記されている。隠居してもそのまま株券を所有していたことがわかる。なお、券面にある支配人の草間貞太郎は、幕末の三別家のひとつ鴻池伊兵衛家の長男である。（Y）

126　第十三国立銀行看板
UFJ銀行蔵・東京都江戸東京博物館寄託

第十三国立銀行の看板である。高さが177.5cmあり、文字が書かれた板を吊るすようになっている。（Y）

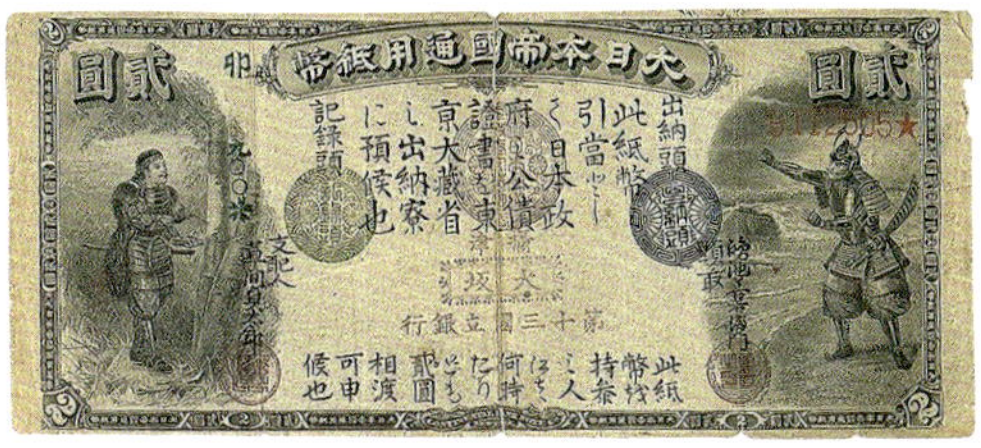

124　旧国立銀行券　弐円（表）
UFJ銀行蔵・東京都江戸東京博物館寄託

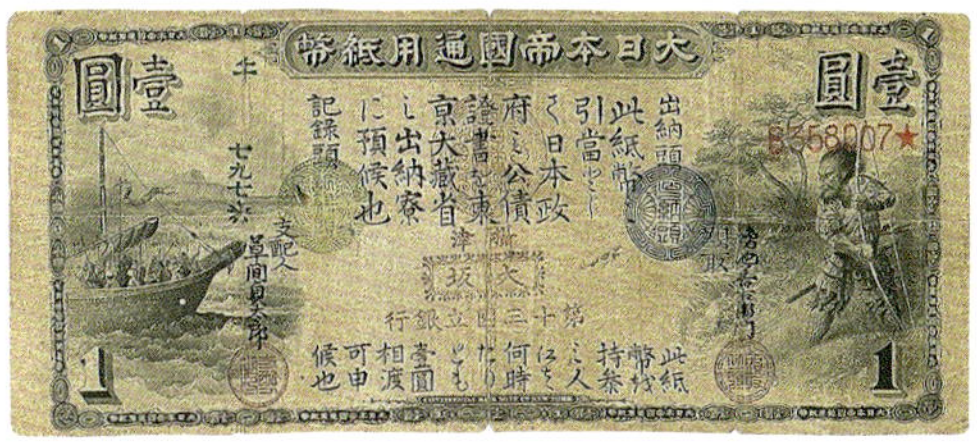

125　旧国立銀行券　壱円（表）
UFJ銀行蔵・東京都江戸東京博物館寄託

旧国立銀行券　弐円（裏）

旧国立銀行券　壱円（裏）

第十三国立銀行が発行した旧国立銀行券。明治９年（1876）に国立銀行条例の改正により新券が発行されたが、発行は明治10年以降のため、同年設立の第十三国立銀行でも旧券を発行している。アメリカのニューヨークで製造された。デザインは、２円券が（表）新田義貞と児島高徳、（裏）宮城、１円券が（表）田道将軍と兵船、（裏）元寇である。他に５円、10円、20円が発行された。明治32年（1899）12月31日に廃止された。（Y）

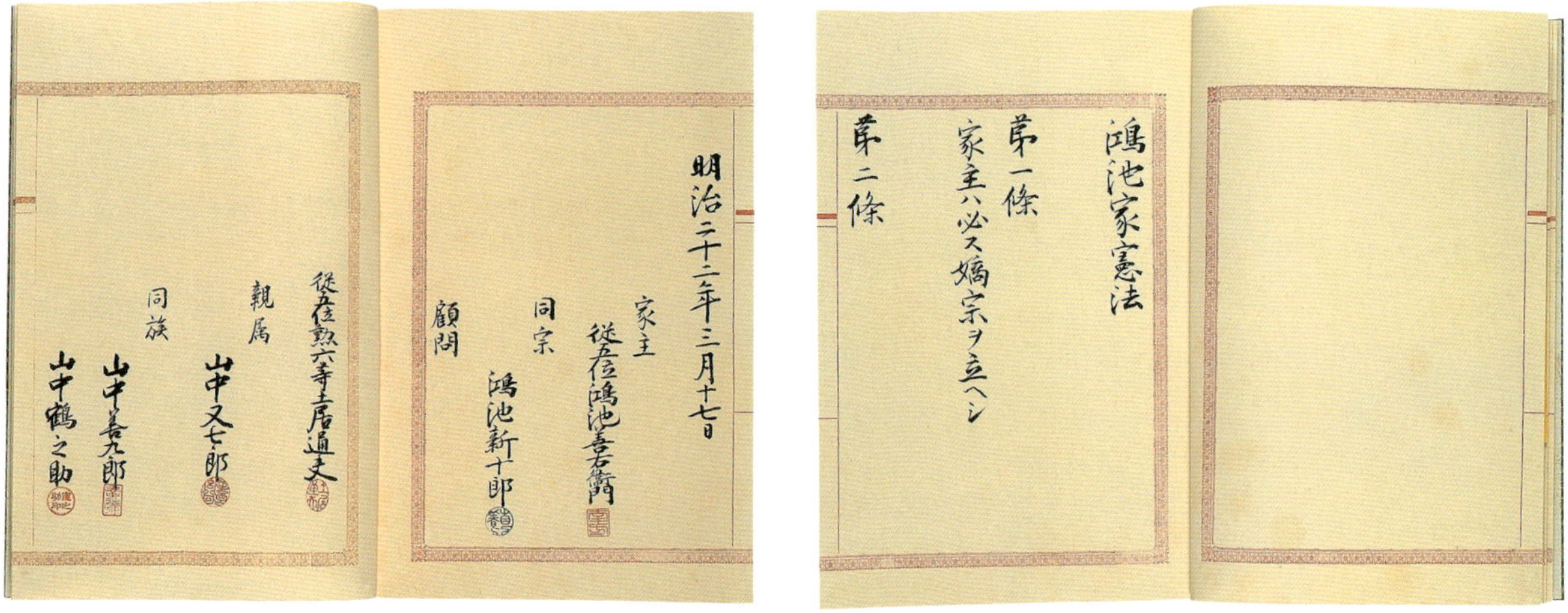
鴻池家憲法
第一條
家主ハ必ス嫡宗ヲ立ヘシ
第二條

明治二十二年三月十七日
家主 従五位鴻池善右衛門
同宗 鴻池新十郎
顧問
親属 山中又七郎
同族 山中善九郎
山中鶴之助

127　鴻池家憲法　　　　　　　　鴻池合資会社資料室蔵

大日本帝国憲法発布直後の明治22年(1889)年３月に制定されたもの。当時の当主は十一代幸方。54条からなる。家産(動産・不動産)の管理を老分［ろうぶん］に委ねることなどを規定している。この理由として、祖先の遺範として家産の保護を慎重にするためだとしている。明治32年(1899)に新民法実施に際し改定された。(Y)

128　新国立銀行券　五円(表)
UFJ銀行蔵・東京都江戸東京博物館寄託

新国立銀行券　五円(裏)

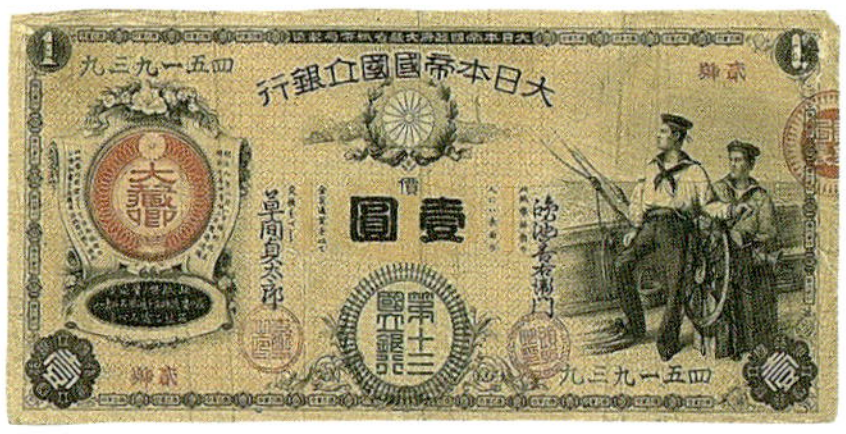

129　新国立銀行券　壱円(表)
UFJ銀行蔵・
東京都江戸東京博物館寄託

新国立銀行券　壱円(裏)

新国立銀行券。明治９年(1876)８月、国立銀行条例の改正を機に新券が発行された。印刷局で製造された。５円券は第三十四国立銀行の発行で、デザインは(表)鍛冶屋、(裏)えびすである。１円券が第十三国立銀行の発行で、(表)水兵、(裏)えびすである。発行は５円と１円の２種。明治32年(1899)12月31日に旧券とともに廃止された。第三十四国立銀行は、後に鴻池銀行・山口銀行と合併し三和銀行となった。(Y)

130　旧鴻池銀行本店(平成９年撮影)

大正14年(1925)に竣工した旧鴻池銀行本店の建物。昭和８年(1933)に山口・三十四銀行と合併し三和銀行となってからも、本店として使用された。昭和30年(1955)に新本店ができて三和今橋ビルとなり、平成14年(2002)に解体された。建築の名手といわれた長野宇平治の設計。鉄骨鉄筋コンクリート造５階建で、外観は低層部の１、２階部分を粗石積、中央部の３、４階に巨大な柱をならべ、さらに最上階にアーチ窓を連続させ、全体を３層から構成している。また、北西角を緩やかな曲面とする点には、建築家の都市建築に対する洗練された感性がうかがえる。(Y・S)

131　三行合併記念写真　　　鴻池合資会社資料室蔵

昭和８年(1933)に鴻池・山口・三十四の三銀行が合併して三和銀行が設立されたときの記念写真。前列左３人目から順に山口吉郎兵衛・山口銀行社長、鴻池善右衛門幸昌・鴻池銀行頭取、中根貞彦・三和銀行頭取(前日本銀行大阪支店長・理事)、菊池恭三・三十四銀行頭取。(Y)

鴻池幸方とその時代

十一代鴻池善右衛門幸方《ゆきかた》（一八六五～一九三一）は、慶応元年、十代善右衛門幸富《ゆきとみ》と殖《たね》の間に生まれた。幼名は丑之助《うしのすけ》、のち善次郎と名乗った。号は、爐峰、爐好。

明治十七年（一八八四）、若くして幸富より家督を譲り受けた幸方は、第十三国立銀行頭取に就任する。鴻池家の財界や社会における信頼は高かったので、大阪の財界により設立されたさまざまな企業（大阪倉庫・日本生命保険会社・大阪貯蓄銀行など）の社長・頭取を務めている。明治二十二年（一八八九）には、三井高安の長女路子と結婚。また、明治四十四年（一九一一）には男爵に叙せられている。

前節で述べたように、幸方の時代の鴻池家は、急激な社会情勢の変化のなかで、新たな対応を迫られていた。日本有数の豪商であった鴻池家にとっても、経営体制の刷新や事業の再編など数多くの課題があり、苦難の日々ともいえた。

一方、当時の鴻池家の生活は、経営とは異なるゆったりとした時間が流れていた（巻頭「鴻池家の日々」参照）。そこで用いられた家具調度品をみると、江戸時代以来名家として続いてきた鴻池家の家格がしのばれる。しかし、それらの品のなかにも、伝統的なものに加え海外から輸入された品々も混在しており、新時代の生活ぶりがうかがえるのである。

幸方自身は多彩な趣味の持ち主で、写真・蓄音機・盆景・押絵などの愉しみを持っていた。また信仰においては、丑《うし》年の五月二十五日生まれということもあり、天神様を篤く崇敬していた。今橋本邸内に天神様を祀り、毎月二十五日には祭事を行ったほか、大阪天満宮や北野天満宮など各地の天満宮に奉幣し、参詣を欠かさなかったという。（F）

大礼服を着用した幸方。喉下に勲三等旭日中綬章および勲三等瑞宝章を着用している。勲三等旭日中綬章は昭和３年（1928）に、勲三等瑞宝章は大正４年（1915）に授与されている。また左胸に各種記章などを付けており、向かって左から２番目のものが昭和３年にフランス政府より授与されたレジオン・ドヌール勲章である。なお幸方は大正５年（1916）正五位に、大正12年（1923）には従四位に叙せられている。（F）

132　鴻池善右衛門幸方肖像　　鴻池家蔵

133　大礼服

幸方所用の大礼服。華族の大礼服は、明治17年(1884)公布の華族令とともに定められたもので、立襟の燕尾服に肩章を付けた礼装である。上衣の襟や袖口には、雷文・五七桐唐草文の金刺繍が施されている。襟・袖口の地色は爵位によって異なり、男爵は萌黄。撚線を付けた肩章は取り外し式になっており、金ボタンには五七桐文が付く。この大礼服は大阪の島村製で、白革手袋などが付随し、帽子・剣などとともに桐製の大型箱に収められている。(F)

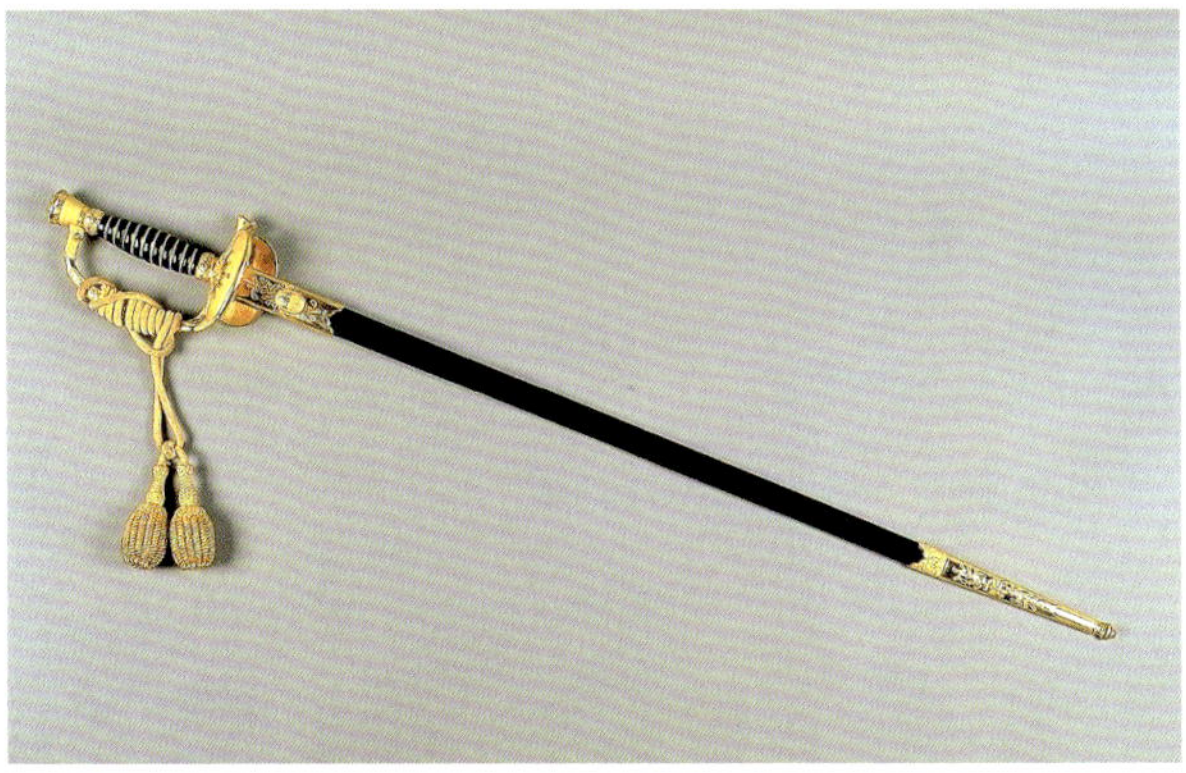

135　大礼服　剣

大礼服着用の際に佩用する剣。直刀で、各所に五七桐文を付け、柄には金の刀緒を巻き付ける。(F)

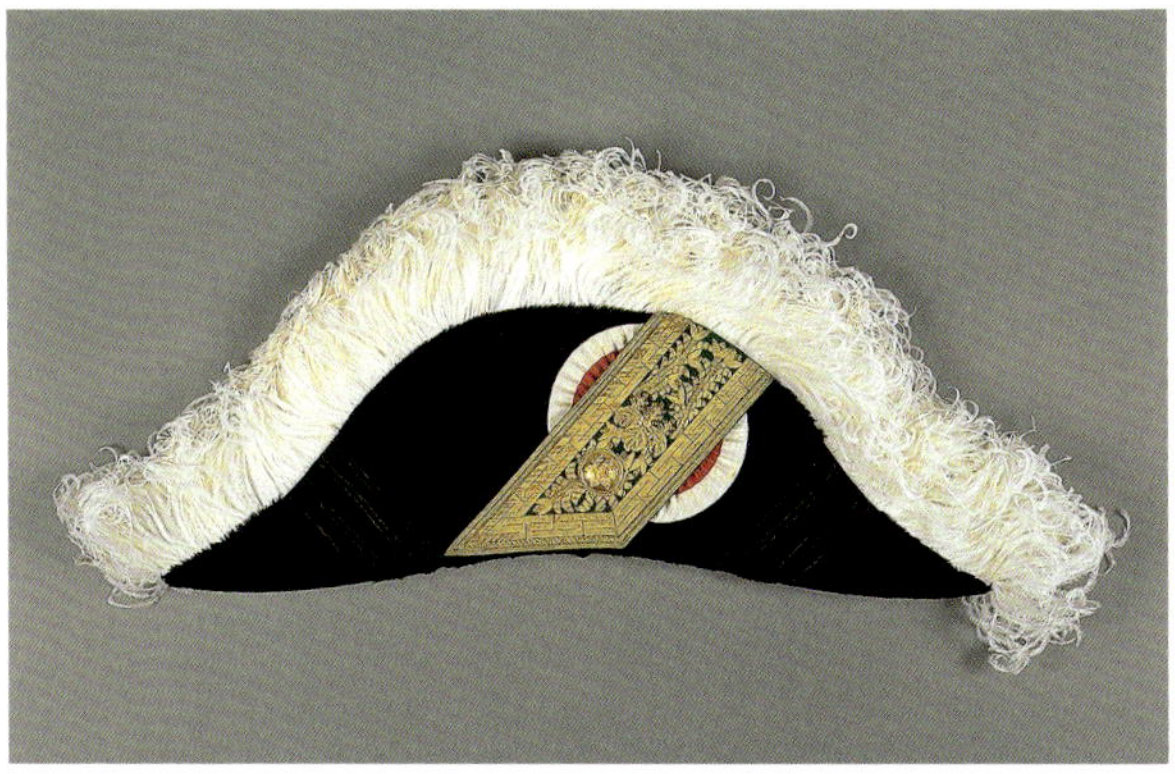

134　大礼服　帽子

黒のビロード地に白の駝鳥羽の飾毛を付ける。側面の飾章は、上衣と同じで萌黄の地に雷文・五七桐文を金刺繍する。(F)

旧今橋本邸

中央区今橋二丁目にある大阪美術倶楽部は、旧鴻池家今橋本邸の土地と建物の一部を引き継いでいる。敷地は今橋通、難波橋筋に面した南東角を占めていた。現存する旧本邸は天保八年（一八三七）の大塩焼け後の再建である。また和風の邸宅を中心に、大正十一年（一九二二）には玉突場（ビリヤード場）の洋館も建設された。しかし豪商の本邸として使い続けられたため、敷地内には大工小屋があり、度重なる増改築や補修が日常的に行われていたと考えられる。そのため現在の大阪美術倶楽部の建物は鴻池本邸の往時の雰囲気をよく伝えるものの、今橋通り側には四階建のビルが建ち、旧本邸部分も建設当時からそのままで残っているところを指摘することは難しい。（S）

136　旧表屋門（現・三宅邸）

昭和57年（1982）奈良市富雄に移築された旧鴻池本邸の表屋門。天保８年（1837）に再建されたものが現在の建物の骨格となっている。しかし近代以降、軒切りなどによる改造を受け、建設当初とは大きく異なった姿になっている。現状は切妻造本瓦葺の二階建の長屋門形式で、一階の庇は桟瓦葺、両端部に丸瓦をおいている。二階の両側には袖壁が付いている。内部は一階には大きな洋間があり、二階は資料館となっている。（S）

137　移築前の表屋門

「今橋本邸居宅惣絵図」(天保８年・No.19)における「長八畳」に相当すると考えられる。現状では化粧屋根裏天井で天窓が付いている。写真左手には「鶴亀の間」がある。改装されているが、同図の二間続きの座敷に相当すると思われる。(S)

138　畳廊下(現・大阪美術倶楽部)

扇鴻の間

「今橋本邸居宅惣絵図」の「二番蔵」北側の座敷部分に相当する。現状では床の間のある28畳の間と、手前の20畳の間からなる。その名の通り、欄間や襖の引き手には扇の図案が用いられている。なお、右手のガラス窓越しには茶室「松筠亭」が見える。(S)

「今橋本邸居宅惣絵図」の北側の「十二畳」座敷の周辺に相当する。現在は18畳二間続きで北西に間口一間半の床の間を有する。天井は中央部を鏡天井とし、南西の一画(写真左手)は屋根の傾斜をそのまま反映した天井としている。これは柱位置とともに「今橋本邸居宅惣絵図」の当時の間取りを踏襲して改造したためと考えられる。(S)

雪月花の間

全景

大阪美術倶楽部南側の表屋門跡に建てられた四階建のビルの部分から見た旧鴻池本邸の全景。手前の棟が扇鴻の間、中庭を挟んで茶室「松筠亭」がある。右手には二階部分の一部も見える。現状では屋根はほとんどが桟瓦葺、庇部分が銅板葺である。（S）

土蔵

現在の台所にある土蔵の扉。「今橋本邸居宅惣絵図」では「御納戸蔵二十畳」に相当する。観音開きの扉の奥に塗り戸、格子戸がある。この土蔵は二階建で小屋組には登り梁が使われており、屋根は現状では桟瓦葺である。（S）

139　鴻池本邸玉突場　　　鴻池合資会社資料室蔵

ご用大工・重造とその弟子・政吉が中心となって着工、大正11年（1922）3月に竣工した。二階分吹抜けの高い天井で、上部には縦長の上げ下げ窓が見られるなど、洋風の意匠を中心としている。しかし天井は和風の格天井であり、和洋折衷の傾向がうかがえる。ちなみに鴻池本邸近くの愛珠幼稚園は明治34年（1901）に和風の園舎を建てたが、両者は洋風の吹き抜け空間に和風の格天井を持つという共通点がある。（S）

瓦屋橋別邸

鴻池家は今橋の本邸のほかに瓦屋橋別邸、鴻池新田、舞子別邸などを構えていた。鴻池家のひとびとは、たくさんのひとが出入りした本宅を離れ、ゆったりとした郊外の別邸でくつろいだ時間を過ごすことも多かったようである。瓦屋橋別邸は現在の大阪市中央区瓦屋町にあったもので、松屋町筋に面して高塀をめぐらせた広大な敷地だった。船場の中心部に位置する今橋本宅とは異なり、池を中心とした広大な池泉回遊式庭園があり、邸宅は北西側に構えていた。邸宅は池を望むことができる二間続きの大広間を中心にL字型に構成され、一部二階建であった。（S）

140　庭園

141　大広間広縁

庭園に面した大広間と広縁。柱や壁を最大限省略することで、座敷から広大な池のある庭への視界を妨げることのないよう工夫されている。庭に面した広縁は繊細な屋根の構造をそのまま見せる化粧小屋裏天井である。こうした造りは、下屋敷や別荘などの近世から近代の邸宅建築によく見られた意匠である。（S）

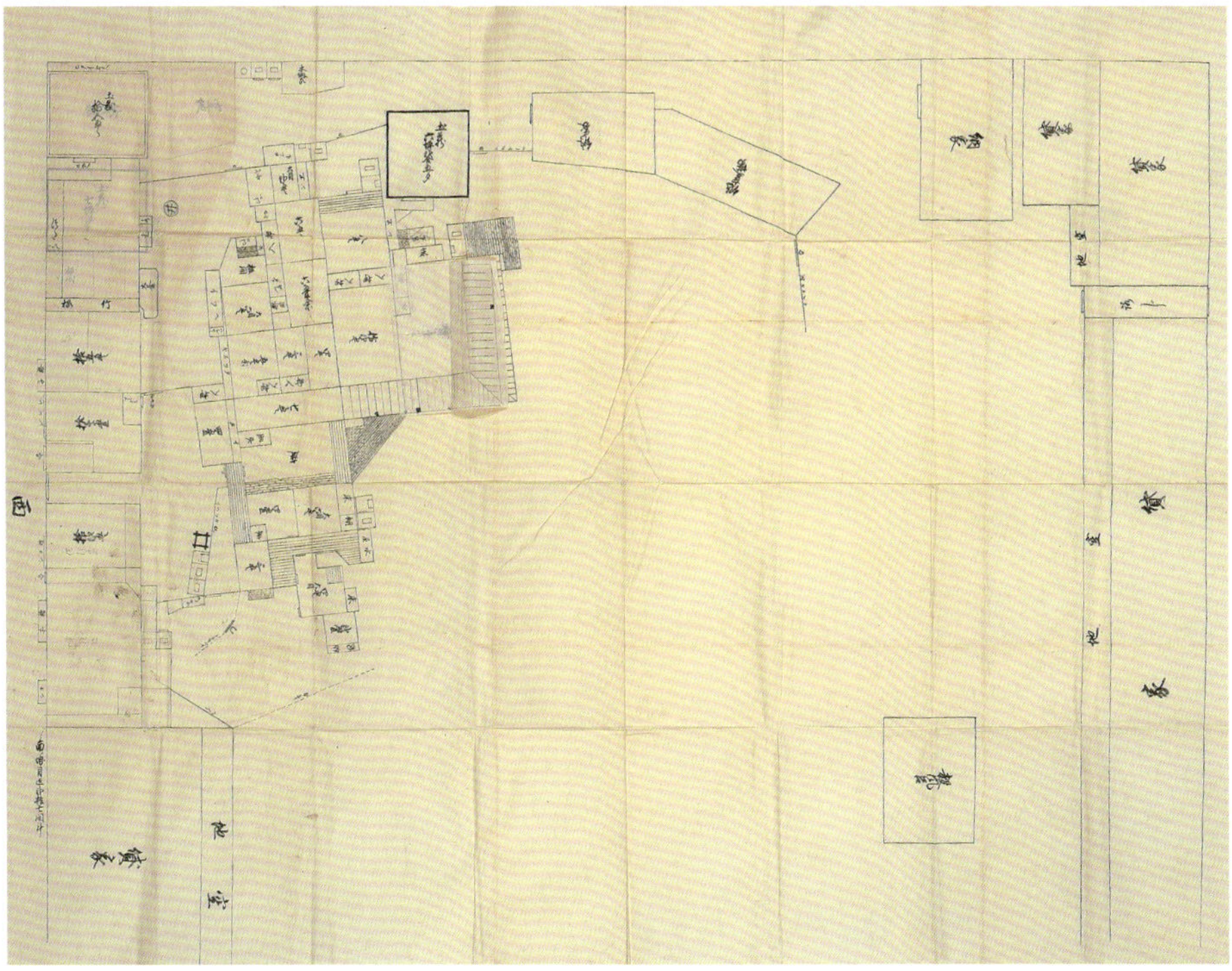

142　瓦屋橋屋敷絵図　寛政五年十一月

敷地北西に居宅を配し、南東に庭の広がる様がうかがえる。居宅の庭に張り出した部分には「十六畳半」と「十二畳」の二間続きの広間があり、板敷きの広縁がめぐっている。南側の「大目六畳」、「四畳大目」、「二畳」と書かれた部屋は茶室である。敷地の周囲には「土蔵」、「納屋」、「貸屋」などが取り囲んでいる。その中には今橋本邸と同様、建家の建設や修繕を行う大工の詰めていた「作事場」がみられる。（S）

鴻池家の食器・調度

ここで取り上げる品々は、主に鴻池幸方の時代に用いられていたもの、つまり明治時代から昭和初期にかけて使用されていた品である。ただ、それらがすべてその時代に製作または購入されたものではなく、和食器のように江戸時代から使い続けられているものも多い。一方で、近代的な器具（時計・電気スタンドなど）や、ヨーロッパから輸入された洋食器などは、この時代に入手されたものである。

これは、江戸時代以来の生活様式を基本としながらも、生活のある部分において西洋的な様式が取り入れられていったことを示している。しかし、比較的西洋化が進んだと考えられる食事の部分についても、毎日の食事についてはさほど変化しておらず、来客時などにおいて限定的に洋食が供されたものと思われる。そのことは、鴻池家の料理人が割烹店で修業した職人であったこと、数ダース単位で揃えられている洋食器がみられる（六ダース揃のナイフ・フォークさえある）ことから推測される。大正後期竣工の玉突場（七六ページ参照）での宴会では西洋料理が出されたが、それは北浜の浪花亭からの仕出しであったという（「堀幸清回想録」）。

なお、当主幸方の朝食はある時期以降は洋食であり、当館所蔵の鴻池家旧蔵品のなかにも、座敷で用いた洋食用の箱膳が含まれている。（F）

143　コーヒー碗

京焼の永楽妙全の作品で、瑠璃地に光琳三ツ松紋を散らす。碗の高台内に「京」、受皿に「永楽」の印がある。箱書に「瑠璃金襴手コーヒ茶碗」とあり、「永楽悠作　御紋附紫交趾加琲茶碗　弐箱之内　六個」の張紙がある。当館には鴻池家より１箱６組が寄贈されたが、残りの１箱は京都国立博物館に収蔵されている。幸方は永楽の作品が好みで食器や装飾品を特注していたといい（「堀幸清回想録」）、永楽得全・妙全らの作品が多数所有されていた。（F）

145　紫交趾釉三ツ松紋散鳳凰唐草文丁字風炉　京都国立博物館蔵

永楽妙全作。箱に「永楽作紫交趾鳳凰模様丁字風呂形電気香水焚」「御二階用　御廊下北押入ニアリ　青貝入平卓戴ス」の張紙がある。また釜に十一代幸方の紋である三ツ松紋があることから、幸方の時代に本邸2階で、香を焚くために用いられたものであることがわかる。（T）

146　永楽工房写真

大正時代から昭和初期頃に撮影されたと考えられる永楽工房の写真である。幸方による撮影であるのかもしれない。6人の陶工たちが、轆轤を引いたり、絵付を施したりと、作品の制作に励む様子が写し出されている。（T）

144　色絵婦人立像置物　京都国立博物館蔵

永楽妙全の作で、箱書に「仁清写　美人置物」とあり、「永楽悠美人置」の張紙がある。妙全（悠）は、十四代永楽得全の妻。京都国立博物館収蔵の鴻池家旧蔵品には妙全の作品が32件認められるが、そのうち置物・花生などの室内装飾品が半数を占める。鴻池家は、近世の十代了全・十一代保全の時代より永楽家と関係があったが、近代においても窮乏化した永楽家を経済的に支援する存在であった。（F）

147　染付梅花氷裂文大皿

18世紀後半に製作された有田焼の染付磁器と考えられる。網目のような模様は氷が割れたさまを表す氷裂文で、そこに梅花文様を散らす。高台内には「大明成化年製」と中国の年号を記す。成化は1465年から1488年の明の年号である。有田焼には、このような中国年号（成化・嘉靖・宣徳など）を入れることが多いが、これは理想とする中国磁器（景徳鎮窯など）を模倣したためで、年号は製作年を示すものではない。（F）

148　染付松文大皿

鴻池家に伝えられている大皿のひとつで、上の皿と同様に有田焼の染付磁器で、高台内に「天明年製」とあり、18世紀後半の作と考えられる。（F）

149　色絵草花虫文皿

箱書に「錦手草花皿」とあり12枚あったとされるが、一部欠損したらしく9枚が現存する。高台内に「大明成化年製」とある。鴻池家旧蔵品の磁器のなかでは古いもので、17世紀初頭の明末・清初頃の中国製磁器と考えられる。（F）

150　染付唐船文輪花皿

有田焼の輪花皿（周囲が規則的に出入りしている器形）で、唐船や人物、魚などを描き、見込には五弁花を描く。これも高台内に「大明成化年製」の中国年号を記す。箱書に「染付焼物皿　拾」とあり、10枚揃いの焼物皿で、箱の張紙には「正月用」と記されている。（F）

151　染付葉皿

葉の形をした染付磁器で、清の時代に製作された中国製の皿と考えられる。箱書には「新渡葉皿十枚」とある。皿の裏面には、1796年から1821年の年号である「嘉慶年製」と記されている。（F）

152　亀甲鶴文猪口

亀甲文と飛鶴の文様を描いている染付の猪口で、大中小の３種類からなる三つ重ねになっている。高台内に「天明年製」とあり、18世紀後半の有田焼の作であろう。箱書に「亀甲鶴三ツ重猪口一組」とあるが、現在は中の猪口が２点あり都合４点が残されている。（F）

153　色絵赤玉瓔珞文鉢

有田焼の金襴手の鉢で、18世紀前半頃のものと考えられる。金襴手の代表的な文様である赤玉文が付き、さらに瓔珞文を描く。箱の張紙には「古伊万里錦手鱠［なます］皿　七枚　内壱枚疵」とあり、現在は6点が伝わる。底は高台のない碁笥底で、めでたい「富貴長春」の文字を記す。（F）

154　染付亀甲鶴文鉢

有田焼の染付磁器で、高台内に「天明年製」とあり、18世紀後半の品であろう。箱の張紙には「伊万里亀甲鶴鱠［なます］皿　拾三枚」とある。前ページの亀甲鶴文猪口と同様の亀甲鶴文であり、いずれも天明年製であることから、同時期に同じ絵柄のものが揃えで誂えられたのではないかと考えられる。（F）

155　色絵花卉文汲出茶碗

天目台に載る有田焼の汲出茶碗で、窓に花卉文を描く。高台内には「大明成化年製」と記す。箱書に「鴻池納戸　台附汲出茶碗　六人前」とある。汲出茶碗は、茶会の際に寄付や待合で白湯・香煎などを供する茶碗のことである。（F）

156　染付唐草文蓋付碗

中国の清の時代に製作された碗で、箱書に「享保渡　南京やき唐くさそめ付蓋もの　拾」とあり、10客揃いの器である。この器と全く同じものが、大阪の住友銅吹所跡から出土している。その磁器片は享保９年(1724)の妙知焼けの焼土層から出土しており、本資料の箱書とほぼ符号する。鴻池家と住友家が同様の器を使用していたことが確かめられる興味深い資料である。(F)

157　色絵寿字文蓋付鉢

金襴手の器壁の厚い蓋付鉢で、瑠璃地に金線を多用し豪華な印象を与える。蓋には寿の文字を入れ、また身の高台内には「大明万暦年製」の中国年号を入れる。万暦は1573年から1620年の年号である。18世紀前半頃の有田焼の品と考えられ、張紙から来客用であることがわかる。(F)

158　鶴之卵盃

鶴の卵を二つ割にして作った盃で、内側には金箔を押し、外側に亀甲文を描く。(F)

159　ガラス徳利

箱書に「仏国製切子酒徳利　一対」とある金縁切子徳利。蓋裏に「昭和二年六月　春海購入」とある。春海は、大阪市東区伏見町にあった美術商春海商店のことで、文政6年(1823)の創業。明治34年(1901)頃より、春海藤次郎がフランスのバカラ社にガラス器を注文製作させ輸入し始めた。これもそのひとつであろうか。当時ガラス器は茶懐石の道具としても重宝され、春海商店には茶人の顧客も多かった。(F)

160　ガラス振出

カットグラスの振出。振出とは、調味料などを入れる容器のこと。箱の張紙に「キヤマン切子振出シ　一対」と記されている。(F)

161　アイスクリームコップ

箱書に「アイスクーム［ママ］コップ　カスタード　弐拾弐個」とあり、蓋裏に「明治三十六年二月新調」とある。現在は20点伝わっているが、昭和8年(1933)の時点で1個を欠損したと張紙に記されている。アイスクリームコップは、一般に取手のないものもあり色ガラスの品も多いが、本品は取手付きで無色のガラスに幾何学文様が施されている。(F)

162　カクテルグラス

カットグラスの脚付杯。箱書に「白耳義［ベルギー］製コクテル用カップ壱打［１ダース］」とあり、蓋裏に「昭和五年四月　春海商店買上」とあることから、幸方の最晩年に、美術商春海商店がベルギーより輸入したグラスであることがわかる。（F）

163　ガラス蓋茶碗

型吹きによる蓋付きの茶碗で、形状から菊茶碗とも呼ばれる。溶けた硝子を吹き竿に巻き取り、型に入れて整形する技法を型吹きと呼び、蓋茶碗などはこの技法で製作される。箱書には「硝子蓋茶碗　拾」とあり、当初は10客揃であったが、破損しやすいためであろうか、現在は４客のみ残されている。（F）

164　色ガラス果物器

紫のガラスに銀製の取手などを取り付けた果物器。（F）

ガラスの器に銀製の籠と取手を取り付けた氷入れで、氷挟みが付属する。籠と取手は竹籠になぞらえられており、氷挟みにも笹の模様が付けられるなど、和風の意匠となっている。（F）

165　アイスペール

ガラス製のサラダボウルで、銀の縁と取手が付けられている。握りがガラスでできた銀製の匙が2本付属しており、うち1本は先割れになっている。箱書に「硝子銀縁サラダ入　一個　銀匕［さじ］弐本添」とある。（F）

166　サラダボウル

167　ソースボート

このフィッシュナイフとフィッシュフォークのほかに、ソーススプーン２本、スプーン２本が一箱に収められている。箱書に「持回り　フ井ーシユナイフ　一　仝［同］ホーク　一　ソース匕［さじ］　二　匕［さじ］　二」とある。（F）

168　フィッシュナイフ・フィッシュフォーク

169　フォーク

１ダース紙箱入りのフォークで、イングランド・シェフィールドのディッキンソン社製のもの。柄の刻印にネバダ・シルバーとある。シェフィールドは、刃物や銀食器の産地として名高く、ディッキンソンは著名なメーカーで、そのマレー工房で生産されたものである。（F）

170　ナイフ

大・小あり、６ダースのセットで、木箱に収められている。当初６ダースであったが、蓋裏の張紙によると昭和17年(1942) 3月16日に１ダースは芦屋に移されたらしい。現在は33本が残存する。イングランド・シェフィールドのロックウッド・ブラザーズ社製。（F）

（参考）　今橋本邸の食堂　　　　鴻池合資会社資料室蔵

171　独楽文二重食籠

箱書によると、矢田市兵衛の古稀内祝として、明治38年(1905) 2月に到来したもの。矢田市兵衛は、和泉町鴻池家の十四代新十郎(幸方次男)の実父である。(F)

172　紋付菓子器

光琳三ツ松紋を蓋に付した脚付菓子器。この光琳三ツ松は幸方の紋であるが、「堀幸清回想録」によると、幸方自身が紋帳の光琳三ツ松に手を加えて描き直したものといい、家人は「老松の御紋」と呼び慣わしていたという。(F)

173　紋付手焙

小型の手焙(火鉢)で、箱の張紙に「溜［ため］手焙穂屋［ほや］附　五ツ之内」および「本邸南蔵分　五箱之内」とあることから、当初は5点1組だったと考えられる。溜とは溜塗の意味で、透漆をかけて仕上げた透明感のある漆塗のことをいう。ほや(上部の網状の部分)には、亀甲文に家紋である五ツ山紋を散らす。(F)

174　菊螺鈿手焙

精巧な螺鈿によって菊枝文を付けた手焙(火鉢)で、裏面にも螺鈿で「清菊真香」の4文字を入れる。東京・日本橋の木屋漆器店より購入されたものである。螺鈿とは、アワビなどの貝殻を漆地などに張り付けて文様を作る技法のこと。(F)

175　鉢の子手焙

鉢の子とは、托鉢僧などが持つ鉢のこと。取手付きの手焙で、中川浄益の作になる。中川家は、茶道における千家十職のひとつで、金物師の家として知られる。本作は、その十代目浄益(淳三郎)の作かと考えられる。(F)

176　松唐草文蒔絵丸火鉢

松唐草文を施した春慶塗曲火鉢。箱の張紙に「四箱之内」とあるが、現在は3点が伝わる。別の箱には「杦［すぎ］曲形松唐草黒蒔絵火鉢　四箱之内　壱」などとある。「正月用」の張紙もあることから、年始に特別に用いられたものであろうか。(F)

177　菊灯台

ガラス製のほやがついた漆塗の燭台。ほやのガラス面には松唐草文を白く描き、金具に鴻池家で蛤松葉と呼ぶ追掛松葉菱の家紋を透かし彫りする。本体の箱書には「御誂黒塗菊燈一対　四箱之内」とあり、蓋裏に「明治廿七年五月新調」とある。また、別箱になっているほやの箱書に「御紋透　菊燈火家［ほや］　四個　弐箱之内」とある。このことから明治27年(1894)に製作されたもので、もとは4対(8点)誂えられたものと考えられる。(F)

178　七宝電気スタンド

草花模様を描いた電気スタンド。箱の蓋裏に「昭和三年九月大丸ニテ御求メ品」とあるので、おそらく大阪・心斎橋の大丸百貨店で購入した既製品であろう。電気スタンドという近代的な器具に伝統的な七宝の技法を取り合わせており、新鮮な印象を与える。(F)

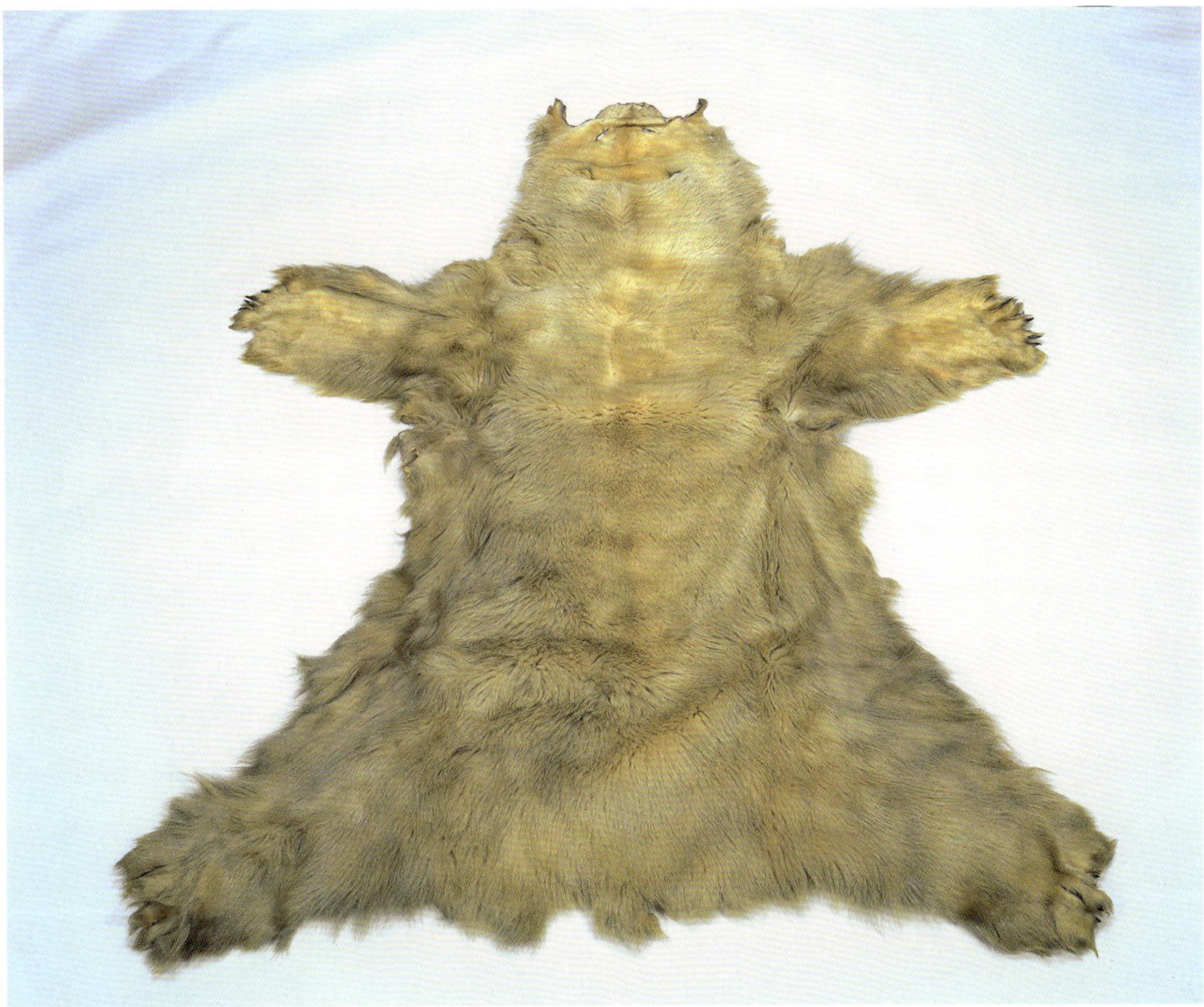

179　白熊敷皮

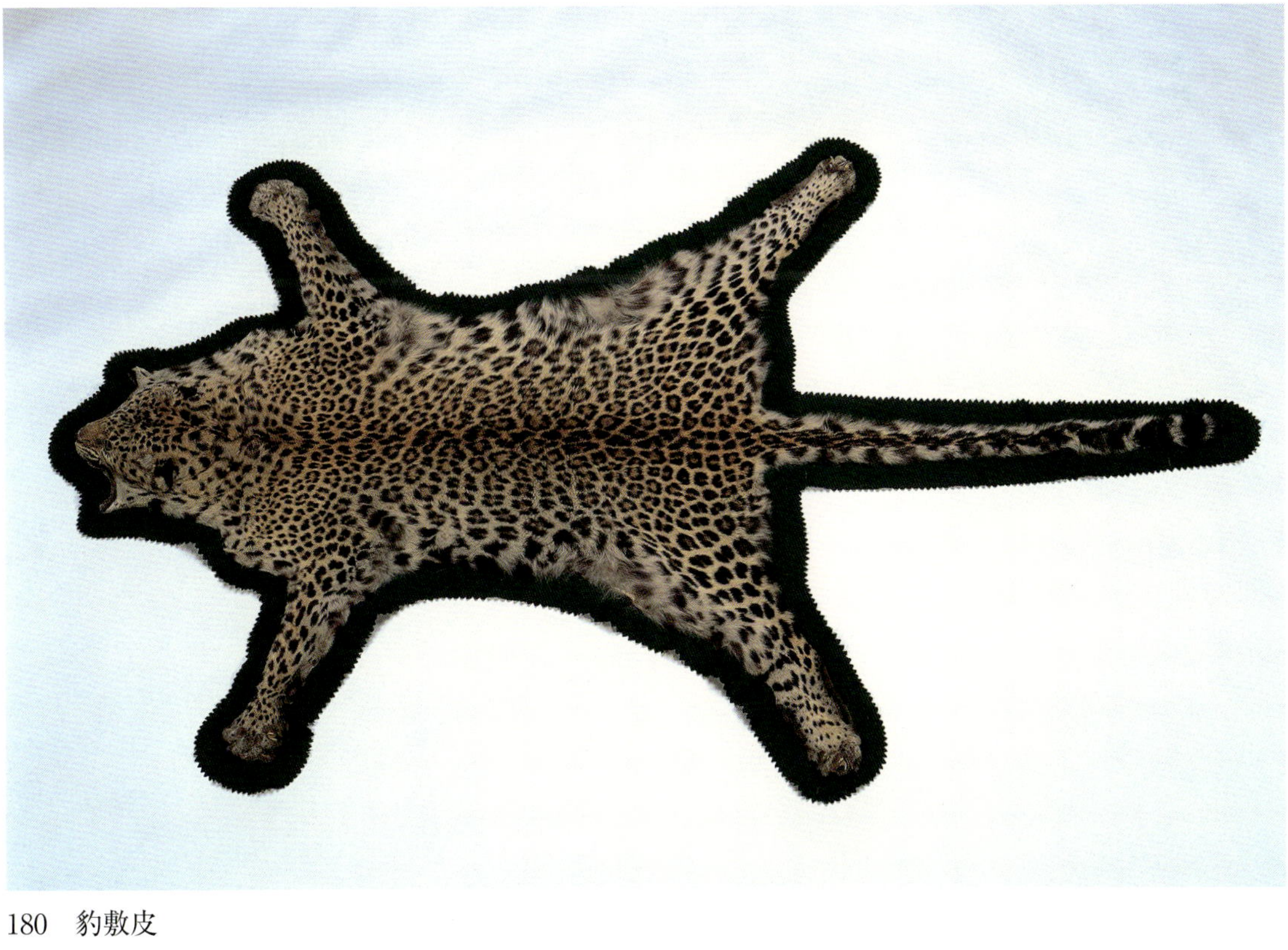

180　豹敷皮

鴻池幸方の趣味

鴻池幸方は、多彩な趣味の持ち主であった。機械好きであったといい（「堀幸清回想録」）、写真機・16ミリフィルム撮影機・35ミリフィルム映写機・幻灯機・立体写真ビューアー・蓄音機・ラジオ・オルゴール・紙腔琴《しこうきん》などを所有していた。

写真機で、邸・別邸の様子や全国の名所を撮影し、また16ミリフィルム撮影機で、鴻池新田の情景、京都の葵祭や平安神宮、阪神国道を走る電車、舞子別邸の海岸風景、瓦屋橋別邸で遊ぶ子供達などを撮影した。幻灯や立体写真では、国内はもとより世界各地の名所を目に焼き付け、活動写真では、チャップリンや尾上松之助などの物語を楽しんだ。

浄瑠璃をはじめとする邦楽を好み、それらを蝋管《ろうかん》式蓄音機で録音し、再生して聞いた。ラジオ放送が開始されると、アメリカRCA製の受信機を買い求め、ラジオから流れる長唄・常磐津・清元などを聞いたという。また、器用な手先をいかして、盆景や押絵を制作した。

幸方の機械類は、いずれも〈世界〉を記録し、再生するメディアであった。盆景や押絵でさえ、小さな宇宙を鉢や紙上に再現する営みといえた。海外文明が押し寄せる維新後の新時代に生きた幸方が、自身の内に〈世界〉の縮図を作っていたことは非常に興味深い。（F）

銅製の天使像をかたどったスピーカーで、ラッパ部分は銀製、台座は木製になっている。箱書には「銅製　西洋小児ラッパ吹スピーカー」とあり、蓋裏に「昭和五年十二月於尚美堂御誂好」とあることから、幸方晩年に尚美堂に特注した品とわかる。尚美堂は、明治33年（1900）創業で装飾品・時計・貴金属の老舗である。（F）

181　天使形スピーカー

182　蝋管《ろうかん》式蓄音機

円筒形の蝋管を用いて録音・再生するトーマス・エジソン社製の蓄音機。1890年代の製造と考えられ、幸方が30歳代の頃に購入されたものらしい。円筒状の部分に蝋管をはめ込み、その上部に付けられたレコーダー（録音用針）、またはリプロデューサー（再生用針）で録音・再生する。リプロデューサーにホーン（円錐状のらっぱ）を取り付けて音量を拡大する。蓄音機は、1877年にトーマス・エジソンにより発明されている。（F）

183　蝋管式蓄音機

アメリカン・グラフォフォン社製の蝋管式蓄音機で、1890年代の製造と考えられる。グラフォフォン社は、グラハム・ベルらが設立した企業である。本体からホーンを取り外して、革のケースに収納するようになっている。蓄音機は、日本には明治18年（1885）初めてもたらされ、その後、明治29年（1896）に横浜のＦ・Ｗ・ホーン商会が輸入を開始して普及し始めた。（F）

184　蝋管

ワックス製の円筒で、針で溝を付けて録音し、またそれをなぞることで再生する。エジソンが発明した蓄音機は錫箔を用いたが、その後ベルらが蝋管による蓄音機を開発した。しかし、蝋管は耐久性に欠けるため、20世紀になると円盤のレコードに取って代わられる。鴻池家の蝋管には、浄瑠璃などの邦楽が多数収録されている。この蝋管は、上のグラフォフォン社製の蓄音機に装着するもので、20本入りの専用箱に収納されている。（F）

手回し式の自動演奏装置の一種で、本品には上部に「紙調琴」と記されている。本体の中にふいごとリードが備えられており、穴のあいた巻物状の曲譜を動かしながら風を送ると音楽が演奏される。明治17年(1884)に戸田欣堂が考案したといわれる。この紙腔琴は、本体の4側面に、落城を眺める騎兵や沈没する軍艦などが蒔絵で描かれており、日露戦争の場面を描写したものではないかと考えられる。そのことから、明治後期の作であると推測される。(F)

185　紙腔琴《しこうきん》

186　幻灯機

スライド映写機の一種で、明治時代に大衆娯楽として、また学校教育の場でさかんに用いられた。フロ(本体)のなかに石油ランプを入れて光源とし、レンズの手前に差し込んだ種板(フィルムに相当する)をレンズで拡大し投影する。本機は、上部に取り付ける煙突を欠く。本体には熱を逃がすための丸穴が多数あいている。種板の取り付け部にはバネが仕込まれており、板を押さえつける。当館所蔵の鴻池家旧蔵品には、もう1台幻灯機がある。(F)

種板は、板にガラスを取り付け、円形の窓を開けて画面とする。画像は、写真の場合や描画の場合があり、多くは着色されている。鴻池家には、現存するだけでも800枚以上の種板があり、それらは内国名所・外国名所・人物などのジャンルごとに箱に入れて収納されていた。この種板には、板の部分に付けられた題箋(タイトル)に「名所　内国」のスタンプがあり、「東京　浅草観音堂」と記載する。(F)

187　幻灯機種板　東京・浅草寺

写真による種板は実景を撮影したものであるから、鴻池家の人々が従来見慣れた絵画による描写とは異なった風景を映し出すことになった。天橋立も、おそらくそのような名所のひとつであったろう。そのことは彼らにとって大きな驚きであったかも知れない。（F）

188　幻灯機種板　京都・天橋立

189　幻灯機種板　神戸・布引滝雌滝

外国名所では、世界各地のさまざまな名所が取り上げられている。イギリスやフランスのみならず、北米やトルコ・インド・エジプトなど多様な地域と名所が映し出された。フランスでは、この「凱旋門全図」のほか、ヴェルサイユ宮殿やオペラ座などが写されている。（F）

190　幻灯機種板　フランス・凱旋門

191　幻灯機種板　エジプト・スフィンクス

題箋に「同町ニテ地中ヨリ堀出セシ石像　二　エジプト」とある。はじめ国名を「スイス」と書き、それを訂正して「エジプト」と直している。（F）

192　幻灯機種板　ロシア・サンクトペテルブルク

193　幻灯機種板　イギリス・国会議事堂

人物のジャンルには、このような歴史上の人物と、伊藤博文のような同時代の著名人などが取り上げられている。歴史的人物については、幻灯を写しながらそれにまつわる歴史の物語が語られたことであろうし、それはしばしば教訓的な話題となったであろう。（F）

194　幻灯機種板　後醍醐天皇と楠木正成

195　幻灯機種板　鴻池幸方

このような鴻池家の人々を写した種板をみると、800枚余りの種板は必ずしも既製品ばかりではなく、特別に注文して製作させたものもあることがわかる。（F）

右目と左目で微妙にずれた２つの画像を覗くことによって立体像が得られる。器具の奥の部分に写真を装填して覗く。箱書には「紙写真用目鏡［めがね］入紙写真添　二箱之内」とあるが、紙写真は失われている。本体底部には、テープライターで「STEREO. VIEWER」のラベルがあるが、これは戦後貼付されたものであろう。立体写真は、1830年代に開発され、19世紀後半には欧米の家庭に広く普及していった娯楽品であった。（F）

196　立体写真ビューアー

197　立体写真　大阪・九階遠望

鴻池家には、500枚余りのガラス製立体写真が残されており、これはそのうちの１枚。題箋には「大坂　九揩遠望」とある。九階は、俗に「北の九階」と呼ばれる八角錐の展望台「凌雲閣」のことで、明治22年（1889）、北野村に建造され、「南の五階」（眺望閣）とともに人気を博した。高さは130尺（約39m）という。（F）

198　立体写真　奈良・大仏殿

199　立体写真　京都・上賀茂神社

題箋の「西京」は京都、「上加茂社」は賀茂別雷神社（上賀茂神社）のことである。（F）

200　木製カメラ

木製カメラ　レンズ

鴻池幸方所用のいわゆる組立暗箱で、無銘である。12インチ×10インチのガラス乾板を用い三脚に据えて撮影する。右のレンズを用いたようであるが、今日ではレンズボードを欠く。レンズの前板部分を倒して底板部分に寝かし、底板部分とピントグラス部分とを合わせるように畳むと平たくなり、持ち運び可能になる。幸方はこのカメラを用いて、各地で風景写真などを撮影した。（F）

201　日光・東照宮陽明門　　鴻池合資会社資料室蔵

幸方は、日光の写真を多数撮影した。その作品は、「日光山真景」乾坤２冊の写真帖に収められており、計70葉ある。東照宮のほか、華厳滝・中禅寺湖・二荒山神社・杉並木など広範に撮影している。（F）

202　金沢・兼六園　　鴻池合資会社資料室蔵

高津にあった植木屋吉助を撮影したもの。吉助は江戸時代以来、種々の花卉を栽培し観覧させる植木屋として著名であり、なかでも牡丹は名物であった。（F）

203　大阪・高津《こうづ》吉助《きちすけ》牡丹園　鴻池合資会社資料室蔵

204　京都・金閣寺　鴻池合資会社資料室蔵

兵庫県の舞子には、鴻池家の別邸があった。別邸は舞子駅から200mほど東の浜に程近い場所にあった。この写真は、別邸付近の浜から写したものらしく、遠景に淡路島が見える。舞子別邸は、大正12年(1923)、白木屋社長の大村彦太郎(幸方の義弟)より譲り受けたものである。（F）

205　播磨・舞子海岸　鴻池合資会社資料室蔵

206　アジサイ　　　　　鴻池合資会社資料室蔵

鴻池家に残されている植物写真帖には、植物の彩色写真と淡彩画とが入り交じっている。同じ種類の植物を写真と絵画の両方で収載している場合もあり、また植物と人物とを合成しているものもあるなど、その表現形態は興味深い。なお、他に鳥や動物の写真帖もあるが、これらは剥製を撮影したものである。（F）

207　アサガオ　　　　　鴻池合資会社資料室蔵

208　萩に月　　　　　鴻池合資会社資料室蔵

209　近江・堅田浮御堂　　　　　　鴻池合資会社資料室蔵

210　盆景　堅田之落雁　　　　　　鴻池合資会社資料室蔵

鴻池幸方による盆景「近江八景之内　堅田之落雁」を撮影した写真。楕円の葛盆に浮御堂の風景を配する。幸方は、邸に設けた温室で、庭園係に手伝わせて盆景づくりを行ったという（「堀幸清回想録」）。盆景は長く保存されるものではないので、その写真が多数撮られ残されている。（F）

211　盆景　嵐山之春色　　　　　　鴻池合資会社資料室蔵

春の京都・嵐山で、小倉山を背景とした渡月橋あたりの風景を作ったもの。川の部分には白砂が入れられ、川岸には盆栽を配する。（F）

212　盆景　瓦別邸　　鴻池合資会社資料室蔵

鴻池家の別邸である瓦屋橋邸を題材にした珍しい作品。右手前に池があり、庭の向こうに邸が作られている。（F）

213　押絵　かむろ付き芸者　　鴻池合資会社資料室蔵

さまざまな裂を用いて、人物などを形づくる押絵は、押絵羽子板などで知られる。幸方の押絵は、年中行事、歴史上の人物、さまざまな女性、文学作品などを題材として作成された。下絵は出入りの御用絵師に描かせたといい、なかでも上田南嶺という絵師を一番の贔屓にしていたという（「堀幸清回想録」）。これは、芸者14段のうちの１枚。160点余り伝えられているその作品は、余技とは思えぬほど繊細で美しい。（F）

鴻池家の茶の湯

中野　朋子

はじめに

鴻池善右衛門《ぜんえもん》家（以下、鴻池家と呼ぶ）は、始祖・鴻池新六幸元が、元和年間（一六一五～一六二四）に摂津国川辺郡鴻池村から大坂・和泉町に進出し、大規模な酒造業を展開したことにはじまる。初代の善右衛門正成《まさなり》（一六〇八～一六九三）は新六の八男として伊丹に生まれ、新六および兄弟達とともに江戸への清酒輸送事業に従事、続く二代喜右衛門之宗《ゆきむね》（一六四三～一六九六）の代になって金融業を中心にするようになった。延宝二年（一六七四）、今橋に屋敷を求めて金融業の本拠を構え、三代善右衛門宗利《むねとし》（一六六七～一七三六）のころには大坂を代表する巨大金融資本として成長したのである。

歴代当主は、酒造業・海運業あるいは両替商・蔵元・掛屋・大名貸などの商売の傍ら、茶の湯のほか、能楽・地唄・浄瑠璃などの諸芸に通じ、幾多の茶器や扇面等の蒐集をおこなったことで名高い。かつては、出入りの大名家から拝領した刀剣、拵、印籠、掛物、香炉、花瓶、料紙や硯、各藩特産の細工物、燭台、藩主の手になる墨跡や絵画なども多く所有し、また将軍家お抱えの金工である後藤家の手になる刀装具等も相当数蒐集していたようだ。学問にも熱心で、分家の鴻池又四郎①などは「五同志」のひとりとして懐徳堂の設立（享保九年・一七二四）に関わっている。

歴代当主のうちで、特に茶の湯に熱心だったのは、四代宗貞《むねさだ》（一六九八～一七四五）・五代宗益《むねます》（一七一七～一七六四）である。彼らは鴻池家の家業が安定期に入った江戸時代中期に当主となった。この時期には、茶器の目利きとして知られた茶人・鴻池道億（一六五五～一七三六）も輩出している。そこで今回は、宗貞・宗益・道億の三人を軸に、鴻池家における茶の湯のありかたと交流の拡がりとについて検討していく。

一、四代鴻池宗貞と五代鴻池宗益

四代当主鴻池宗貞は、三代宗利の子として生まれた。号は宗羽、又継塵斎とも称した。宝永二年（一七〇五）、八歳にして「善右衛門」を襲名し、家督を相続している。このとき、父の宗利は三十九歳で「喜右衛門」を襲名し、隠居となった。この時期の鴻池家では「善右衛門」の名を以て当主としていたが、当主の宗貞はまだ幼かったため、家の実質的な差配権は隠居の三代宗利にあったと考えられる。

宗貞は、宝永二年（一七〇五）におこなわれた大和川の付け替えにともなう新田の開発（現在の東大阪市鴻池新田）に際して名義人を務めている。享保八年（一七二三）には、二十六歳にして七歳の長男、五代宗益（一七一七～一七六四）に名義と家督を譲り、喜右衛門を襲名した。この翌年、享保九年（一七二四）三月二十一日、大坂で「妙知焼け」がおこり、鴻池家の今橋本邸は全焼した。

十七世紀末から十八世紀にかけては、鴻池家の経営が安定化し、資産を蓄積していった時期にあたり、寛文十年（一六七〇）には、「十人両替」②となっている。その後、酒造業・海運業を廃業し、鴻池家は両替商・蔵元・掛屋・大名貸専業となった。

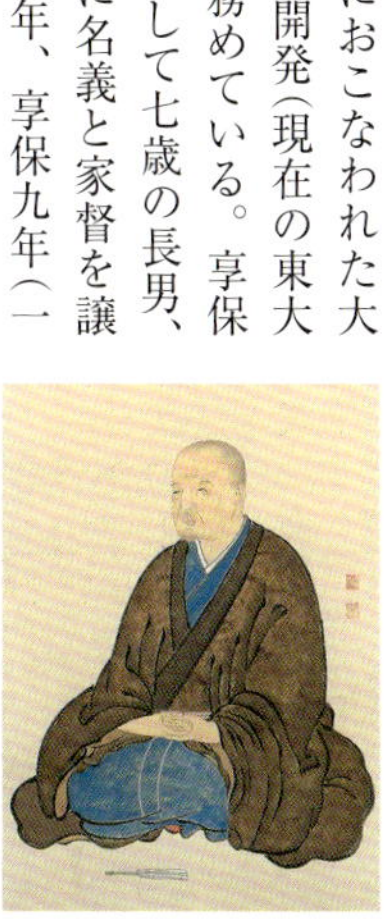
四代宗貞像（No.54）

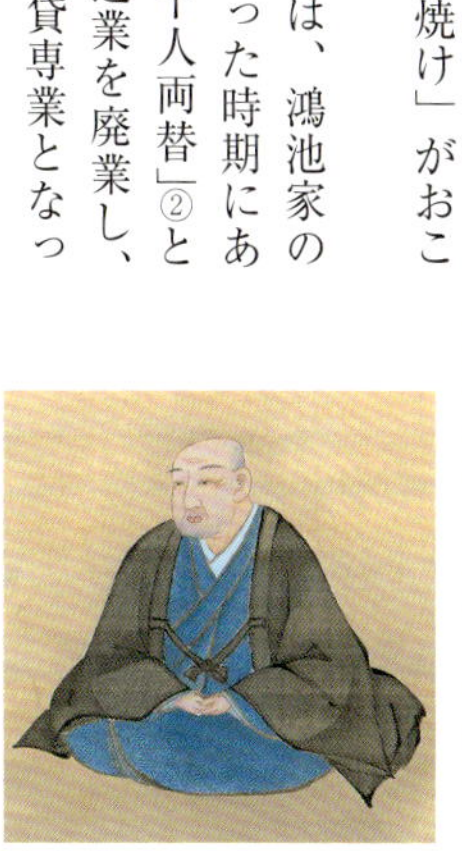
五代宗益像（No. 8 ）

五代当主鴻池宗益は、享保二年（一七一七）に、四代宗貞の子として生まれた。号は宗知、利永、吸江軒、思遠斎。宗益は、まさに鴻池の絶頂期に生まれ育った強大な当主であった。三代宗利が記した「家定記録覚」（享保八年・一七二三）は、孫である宗益に宛てた形式で書かれた家訓である。

宗益の事績において特筆すべきは、日蓮宗への傾倒が大きく原因して鴻池家において「法華騒動」と呼ばれている騒動を引き起こした点である。そもそも鴻池家においては、初代正成以来、曹洞宗を以て家の宗派と定め、寛文元年（一六六一）に、現在の大阪市中央区中寺に曹洞宗総持寺派に属する顕孝庵《けんこうあん》を創建している。これは、始祖新六家の菩提寺である慈眼寺（現・伊丹市鴻池）や、その本寺の大広寺（現・池田市綾羽）が曹洞宗に属していたことによって、大本山総持寺③の塔頭覚皇院より門英抜山を開山として迎えたのである。一族の多くが曹洞宗に帰依するなか、宗益は日蓮宗に深く傾倒した。これは、親しい茶人仲間で日蓮宗の論客でもあった加賀屋宗員による教化とされるが、そこには、遠祖と仰ぐ山中幸盛（鹿介《しかのすけ》）の日蓮宗への信奉が少なからず影響を与えているとも考えられる④。その結果宗益は鴻池一門を日蓮宗に改宗させる意図を持つに至り、顕孝庵五世瑞天とのあいだに宗教論争を引き起こすが、これは奉行所の裁決によって改宗不可となっている。

しかしその後も日蓮宗への改宗をあきらめきれず、一家を二つに分けてその一方を日蓮宗に改宗させることを計画、娘の辰に分家させ山中善作家を創立したほか、多くの茶器を日蓮宗の寺院に預け質流れにさすなど、鴻池家にとって大きな損害を与えたのが「法華騒動」であった。宗益の日蓮宗への信奉の深さをあらわすように、鴻池家に伝わる宗益像（No.８）には、「南無妙法蓮華経　日詮」との題目が書き添えられているのである。

二、茶人としての宗羽・宗知と如心斎宗左、大龍宗丈

宗貞、宗益のふたりは、茶人としてもその名を残している。宗貞は「宗羽」、宗益は「宗知」の号を以て知られ、多くの茶器を蒐集したほか、自ら多くの道具も製作している。瓦屋橋の別邸に設えられた七畳半の茶室は宗益が好んだものであった。二人は、不審庵の六代覚々斎原叟宗左(一六七八～一七三〇)⑤、七代如心斎天然宗左(一七〇五～一七五一)⑥に師事して茶の湯を学び、如心斎亡き後は、幼い八代啐啄斎《そったくさい》宗左(一七四四～一八〇八)⑦の有力な後見ともなったようだ。

鴻池家と如心斎および啐啄斎との交流をものがたる書状が、鴻池合資会社資料室に伝来している。残念なことに差し出された時期が判然とせず、誰に宛てた書状かがきっちりと判明しないものの、文中には「鴻池喜右衛門」「鴻池善右衛門」「鴻池道億」「山中善右衛門」「山中善左衛門」「山中善之助」「如心斎」「啐啄斎」「不見斎」「了淳居士」の十名の名が登場しており、これらによって鴻池家と不審庵との繋がりが特に深いことが理解される。なかには「啐啄斎、不見斎」連名の書状も見られ、実際には不審庵を通じて利休の茶の流れを汲む家々との関わりも持っていたようだ(詳細については[表]を参照のこと)。

また宗貞は、大徳寺玉林院の八世の大龍宗丈(一六四九～一七五一)とも交流を結んだ。大龍宗丈は大徳寺三四一世をもつとめた高僧で、如心斎の参禅の師でもある。如心斎は大龍宗丈の「八角磨盤空裏走」の語に了得したとの伝は名高く、「天然」の号も与えられている。宗貞と大龍宗丈、大徳寺玉林院との関わりといった場合に第一に想起されるのが、玉林院の牌堂「南明庵《なんめいあん》」・茶席「蓑庵《さあん》」「霞床席《かすみどこせき》」(重要文化財)である。これらの建物は如心斎が好んだもので、宗貞によって寛保二年(一七四二)に建立された。時の当主は宗益二十六歳である。

大坂に菩提寺・顕孝庵が存在するにもかかわらず、新たに京都大徳寺玉林院に位牌堂を建立するについては、それ相応の理由が存在したとみるべきであろう。もちろん京・四条烏丸の別邸の存在、如心斎・大龍宗丈との関係はその第一の理由であるだろうが、じつは南明庵の建立の主眼は、鴻池家が遠祖と仰ぐ山中鹿介の顕彰ならびに供養にあったのではあるまいか。そして鴻池家(山中姓)の家系が鹿介に連なることを顕彰したいという意図も存在したのであろう。その証に、位牌壇の手前には鴻池山中氏の由来が刻まれた「山中氏祖始記」の板碑も掛けられている。もっとも鴻池家の遠祖が山中鹿介であることは一族のあいだでは秘匿すべき事柄とされていたため、宗貞が「南明庵」に鹿介を祀ったことは、その禁を犯したことになる。

また臨済宗の寺院である玉林院に建立されたにもかかわらず、南明庵の位牌壇の上部には日蓮宗に関わりの深い「妙見菩薩」と伝えられる影像が納められていることにも注意が必要である。これは宗益の日蓮宗信奉に原因するとも考えられるが、山中鹿介の日蓮宗信奉とも連なる可能性はある。さらに南明庵落成の翌年、寛保三年(一七四三)には、南明庵の南側に遠祖山中鹿介の碑が建立された。この年は鹿介の百六十六回忌にあたる。

このように大龍宗丈ならびに玉林院と深い関わりを持った宗貞の画像(No.54)には大龍が「喚作宗羽即是喚作／了瑛即是畢竟是／什磨當軒大坐／主人公　前大徳大竜題」と賛をしている。「了瑛」は宗貞の法名、「前大徳大龍」がもちろん大龍宗丈のことである。この画賛によって、宗貞と大龍宗丈との交わりの浅からぬことが理解されるだろう。

宗益は「大燈国師墨跡」(正木美術館蔵)を玉林院から譲られている。「大燈国師墨跡二幅対譲状　喜右衛門殿　玉林院」(No.96)⑧によれば、「大燈国師墨跡」が玉林院から鴻池家へ譲られたのは、寛延二年(一七四九)のことであり、譲り先は「鴻池喜右衛門」となっている。この前年、寛延元年(一七四八)に、宗益は改名して「喜右衛門」を称しているので、この譲状の「喜右衛門」は宗益その人である。宗貞は延享二年(一七四五)に没しているが、如心斎と大龍宗丈は存命中であるので、実際に大燈国師墨跡の移譲にあたって、真珠庵を含めて、その取り纏めをおこなったのは大龍宗丈らであったとも考えられるが確証はない。ちなみに宗益は、珠光の「御尋之事」の書写もおこなっている⑨。

三、目利き・道億の存在

鴻池家の茶の湯を支えたもう一人の人物、鴻池道億は茶器の目利きとしてよく知られている。道億は、鴻池家初代善右衛門正成の兄・善兵衛秀成の孫で、父は善兵衛道意。はじめ善三郎、のちに彌三兵衛と改め、老年、入道して「萬峯道億居士」と称した。鴻池家四代宗貞、五代宗益と同時代を生きた人物である。近衛家熙《いえひろ》や住友家とも交わりを結んでいることは、『槐記』や住友吉左衛門へ送られた百六十通を越す道億の書状によって知れる。

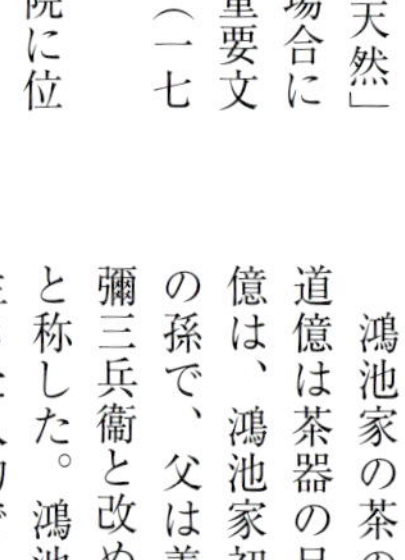

道億像(No.53)

道億は、珠光や利休の茶を慕ったといわれ、実際に珠光の「心の文」の書写(今日庵文庫蔵)や、利休の起證とされる「宗易数寄之仮名法語一枚起証」の書写(鴻池合資会社資料室蔵・No.62)をおこなっている。

鴻池道億の画像は二幅のこっているが、それらはともに道服のようなゆったりとした着衣を身に纏った姿に描かれている。一幅は、元文元年(一七三六)九月六日の道億の没後まもなくに描かれたと考えられるもの(A幅・No.53)、もう一幅は画像と賛の部分が別々の用紙に書かれたものを一幅に表装しているため制作時期の特定は難しいもの(B幅)である。この両幅に賛を認めているのが「紫野大龍」、つまり玉林院の大龍宗丈そのひとである点に注目しておく必要がある⑩。道億も宗貞同様大龍宗丈とのあいだに交流を結んだのである。

また道億は、住友吉左衛門友昌に送った書状のなかで、茶器の「目利き」や茶の湯等に関して、さまざまな興味深い意見を述べている。「道具や良悪之儀等ニ付書状」（住友史料館蔵）⑪は、道億自身が文中で「八十二罷成申候」と記していることから、最晩年の元文元年（一七三六）の「八月十六日」に記されたことがわかる書状であるがそこでは「御家柄相應之被遊かた御尤と奉存候」などと、茶の湯の心得は家格に応じてそれぞれに相応しいものがあることについて述べたあと、「喜右衛門なとハ若手の目利と承り申、茶もよく被致候よしニて世忰も御ませ候而たかいニまわり、茶なと被遊候様ニ御心かけ候ハゝ、追而御目利ニ御成□（虫損）んと奉存候、喜右衛門殊外目をかけ被申よしニ承申候」と記す。道億は、茶に親しむ際の心掛けで目利きになれる旨を説いている。ここに登場する「喜右衛門」こそ宗貞のことであり、宗貞は三十九歳という年若ながらも「目利き」であり、茶もよくすることを認めて目を掛けていると述べているのも興味深い。

四、鴻池家の道具蒐集

では、鴻池家において本格的な茶道具蒐集が始まった時期はいつ頃であったのだろうか。鴻池の道具帖に「延宝三乙卯年　諸道具買帳」（鴻池合資会社資料室蔵・No.79）がある。「延宝三年正月吉日」と表紙に記されたこの道具買帳は、鴻池にのこる最も古い道具帖でもある。紙数六十枚におよぶこの道具買帳は「鴻池喜右衛門」所蔵の道具類であることが、裏表紙の記名から判ぜられる。当時の「鴻池喜右衛門」は、二代之宗である。之宗は、道具買帳が編まれる前年の延宝二年（一六七四）に、今橋二丁目難波橋筋角の間口九間の土地を、大和屋律子より入札で買収し、早速に八歳の息子・宗利を住まわせ金融業の本拠としたのであった。「延宝三乙卯年　諸道具買帳」に「正月十九日」「宗信様家見ニ参候」などと記載されている⑫ことからも、その様子を伺い知ることができる。「宗信様」とは初代正成のことで、当時すでに之宗に家督を譲っていた。鴻池家はこののち、延宝六年（一六七八）、天和元年（一六八一）、貞享二年（一六八五）と続けざまに今橋周辺の土地を取得し、今橋本邸の基礎を築いている。

こうして考えると、「延宝三乙卯年　諸道具買帳」には、新たに鴻池家の所有となった今橋本邸のために特に入手した道具類が中心に記されていることになる。道具とはいってもその内容は「雪舟達磨一幅」「定家千載集の切一幅」「探幽三幅対」にはじまり、「青磁花入」「瀬戸口広の茶入」「唐物四角茶入」「堆朱の重香合」「青磁千鳥手香炉」「井戸茶碗」「備前の水指」「かぶと釜」といった、花入・茶入・香合・香炉・茶碗・釜などの各種の茶道具がその大半を占め、「織部扇子皿」「南京茶碗皿」といった懐石道具かと考えられる道具類の記載も見える。紙数六十枚のうちの三十三枚に、紙一枚あたり八件の道具が記載されており、この年には総計二百六十一件におよぶ道具購入がおこなわれたことが判明する。つまり、二代之宗の時代にはすでに鴻池家の茶道具・名器蒐集が本格化しつつある可能性が高いということができるであろう。

その事実を裏付ける資料がある。「竹尺八花入　利休作　文叔在判」（個人蔵・No.83）である。この竹尺八花入は節を筒の中央より下に配して切ったいわゆる「尺八」の花入であり、筒の背面に「利休作　宗守（花押）」と官休庵五代文叔宗守（一六五八〜一七〇八）が漆書し、内箱蓋裏には官休斎十三代有隣斎宗安が極め、箱には鴻池家の倉札が貼付されている。利休の添状によると制作には「カウチ竹」を用いており、その深い味わいがなんともいえない存在感・重厚感を醸し出しているものだ。この資料には「鴻池了信老」へ宛てられた宗守からの添状が伴っているのである⑬。「鴻池了信」とは、二代之宗の号であり、元禄九年（一六九六）に卒していることから、「竹尺八花入」は少なくとも元禄九年（一六九六）以前には鴻池家に入っているらしいことが、この添状によって確認されることになるのである。

鴻池家の茶の湯はその「道具」に主眼をおいた茶の湯であった。茶道具類の蒐集が積極的におこなわれた時期については、今後の研究が待たれるところではあるが、現在把握できる範囲では、第一の時期が今橋に本拠を構えた延宝年間（一六七三〜一六八一）であり、第二の時期が四代宗貞ならびに五代宗益が実権を有した享保から宝暦年間（一七一六〜一七六四）にかけてと考えられる。今後、茶道具蒐集の時期の検討、鴻池家の金融業への事業転換との関わり、今橋屋敷の購入・拡張との関係、道具の管理と移動の問題などの視点から整理していくことが、鴻池家における茶の湯の展開について考察するうえで不可欠な要素となってくるのである。

五、鴻池家の茶の湯

宗貞・宗益・道億の三人を軸に、鴻池家における茶の湯のありかたと交流の拡がりについて検討してみた。宗貞・宗益と如心斎・啐啄斎との師弟関係、大徳寺玉林院ならびに大龍宗丈との関わり、そして道億による茶道具目利きなど、彼らの生きた元禄から享保期にかけてが、鴻池家の茶の湯にとって一つの頂点を迎えた時期であったことに間違いはない。もちろん鴻池家においては宗貞以前にも茶の湯に親しんでおり、その基礎は之宗が今橋に屋敷を構えて以降、多くの道具蒐集をおこなってきたことによって築かれた。また以降も、別家の草間直方（一七五三〜一八三一）は茶道具研究に打ち込み、九十五巻に索引二巻が添う大著『茶器名物図彙』（個人蔵・No.72）を著すほどになっている⑭。

最後に、蒐集された茶道具類の「管理」の問題について述べておこう。「寛政三年　道具改帳」（鴻池合資会社資料室蔵・No.80）は、寛政三年（一七九一）に編まれた道具帖であるが、二番蔵二冊、八番蔵二冊のあわせて四冊が伝わっており、それぞれイロハ順に掛物・副状、釜、風炉、炭取など、四十種におよぶ分類のもとに茶の湯の道具類を分類している。各々の道具名称の右上部分には「午」を筆頭に「昭和十二年」まで、多い物で約三十個の干支の小印による押印が認められる。これは例年夏の晴天を選んでおこなう虫干の検印のようである。虫干は今橋本邸の「大座敷」「次ノ間」「御居間」から「玄関」までを用いる一大行事であった⑮。昭和十五年（一九四〇）、美術品の入札をおこなった十二代幸昌（一八八三～一九五四）は入札結果を先祖に報告するために大阪天満宮の宮司によって捧げられた祝詞（No.114）のなかで次のような言葉を述べている⑯。「歴代家主ガ丹精ヲ籠メテ蒐集」した「天下無二ノ至寶」と称すべきものも多いが、「多数ノ美術品ヲ将来永ク完全ニ保存スルハ容易ノ業」ではない。従って、多くの名家の蔵品が展観・入札に供されている今の時宜を逃さず、「換価運用スル」ことに決したと。

豪商・鴻池家にとっての茶の湯は、楽しみや嗜みを超えて多種多様な展開を見せた、まさに鴻池家の文化そのものであったと考えることができるのである。

（なかの・ともこ　大阪歴史博物館　学芸員）

［註］

①鴻池又四郎は、堺の生まれ。三代宗利の娘・津代（強）の婿に迎えられ、分家である又四郎家を創設した。号は宗古。宝暦四年（一七五四）、六十四歳で卒。法名・復翁宗古居士。懐徳堂は、大坂の有力町人である「五同志」（三星屋武右衛門、道明寺屋吉左衛門、舟橋屋四郎右衛門、備前屋吉兵衛、鴻池又四郎）が中井甃庵とはかり、三宅石庵を招いて創設した学問所。享保十一年（一七二六）には、中井甃庵らの奔走により、江戸幕府の官許を得、大坂学問所として公認された。

②「十人両替」とは、本両替の中から選ばれた十軒の御用両替商のことで、両替商仲間および金銀相場の統制や幕府公金の出納などを司り、帯刀を許され町役を免除される等の特権が与えられるというものであった。

③大本山総持寺は、元亨元年（一三二一）瑩山紹瑾《けいざんじょうきん》（一二六八～一三二五）によって開創。かつては石川県鳳至郡門前町に所在し、「曹洞宗出世之道場」として繁栄したが、明治三十一年（一八九八）の大火で焼失。本山は明治四十三年（一九一〇）に横浜市鶴見区に移転した。

④宗益とその父・宗貞によって建立された大徳寺玉林院の南明庵は鴻池家の牌堂であるが、その位牌壇上部には日蓮宗に関わりの深い「妙見菩薩」と伝えられる尊像が祀られている。これは宗益自身の信奉とも考えられるが、しかし「南明庵」の役割についても加味して考える必要がある。また山中鹿介の墓地等は、岡山県高梁市落合町、鳥取県気高郡鹿野町鹿野の幸盛寺、京都市上京区の日蓮宗本山・本満寺［広宣流布山本願満足寺］、京都市北区大徳寺町の大徳寺塔頭玉林院など各地に所在し、このうち玉林院の山中鹿介墓の建立には鴻池家が深く関わっている。

⑤覚々斎原叟宗左は、延宝六年（一六七八）に久田家三代宗全の子として生まれた。十二歳で表千家五代随流斎宗左の養子となり、十四歳で表千家六代を継いでいる。号は、覚々斎・原叟・流芳軒など。享保十五年（一七三〇）に五十三歳で卒した。

⑥如心斎天然宗左は、宝永二年（一七〇五）に覚々斎宗左の長男として生まれた。折しも町人文化の台頭する時期にあって、古風な茶の湯に新風を取り入れ調和させることに心を砕き、茶の湯の普及につとめた。紀州家に出仕した。裏千家七代竺叟宗室、八代一燈宗室（一七一九～一七七一）の兄にあたる。号は、如心斎・天然・丁々軒《とうとうけん》・椿斎《ちんさい》・松風楼などがあり、特に如心斎の斎号は紀州侯より、天然の号は大徳寺・玉林院の大龍宗丈（一六四九～一七五一）より受けたものである。一燈宗室、川上不白（紀州新宮藩水野氏の家臣川上五郎作の次男・一七一八～一八〇七）、無学宗衍《そうこう》（大徳寺第三七八世住持。玉林院十代。大龍和尚の嗣）、官休庵の堅叟宗守直斎（一七二五～一七八二）らとともに七事式を制定し、表千家中興の祖といわれた。寛延四年（一七五一）に四十七歳で卒している。

⑦啐啄斎件翁宗左は、延享元年（一七四四）に如心斎の長男として生まれた。如心斎が卒したとき、啐啄斎は八歳。後継としてはあまりにも幼いため、叔父である一燈宗室や如心斎の高弟たちによって訓育され、宝暦八年（一七五八）元伯宗旦百回忌を迎えるにあたって正式に不審庵の八代を継ぐことになった。父と同じく紀州家に出仕。文化五年（一八〇八）に六十五歳で卒している。

⑧「大燈国師墨跡二幅対譲状　喜右衛門殿　玉林院」（鴻池合資会社資料室蔵）

「　　覚

一大燈国師墨蹟貳幅對　壹箱

右之両軸此度貴殿江相譲

　申處実正也後来為無違犯

仍而状如件

　　　　京紫野

寛延二己巳年十月日　玉林院（印）

　山中喜右衛門殿」

⑨村田珠光から古市播磨にあてた文「御尋之事」は、同じく珠光の「心の文」とともに古くから知られており、正本は鴻池家に伝来し、昭和十五年（一九四〇）の売立に出た。鴻池家に入るまでの経緯は不明とされているが、少なくとも茶人として知られた宗益の存命中、明和元年（一七六四）までには鴻池家に入った可能性が高くなってくるだろう。

⑩A幅の賛は「左題萬峰道億居士像　紫野大龍書／数奇／永世伝名真／賓化主茶三昧／春之香風儀設／是誰珠光道／庄外清標比」、B幅の賛は「龐蘊入門與／一掌浄名入／以談不二居士／作磨生接人／喫茶去／　紫野大龍題」

⑪「道具や良悪之儀等ニ付書状」（住友史料館蔵）より引用。傍線部分は筆者による。

（前略）

目利之被成事手かゝミ筋事ハ私敷寄申故ニ□（虫損）無之、道具ハ我等方ニ御座候、是ハ道具之手かゝミニて御座候得ハ、御所望被遊候而も私一生ニ御外ニハ遣し不申候茶湯を建立仕候ハ道具ニて目利を大切ニ仕候か本の事ニ御座候、世上覚ちかへニて茶湯と申事を申候得共、宗旦なとの不目利ニ利休筋なと被申候へハ一ツも宗易か眼ニ似申ハ無之事ニ御座候、宗易道具を見開候而名人ニ成被申候、不入事を申上候様ニ思召らんづれども本の道具と申物ニて一切茶の次第をわけ申事ニ御座候、とかくに少茶之道理を御習候様ニ可被成候、京も大坂も江戸迄宗旦流ニ罷成申候、なけかしき事ニ御座候、折てハ京へ御上り先道具の事ハ御見習候様ニ可被成候、御家柄相應之被遊かた御尤と奉存候、祖父甚兵衛殿ハ御心易仕得共迄申、是ハ各（格）別の御茶、遠州かゝりニて御座候、御家之事代ニ御年頃ニ仕事申故ニ何ニてもよき事ニ御より候様ニと奉存申上候、同名喜右衛門なとハ若手の目利と承り申茶もよく被致候よしニて世忰も御ませ候而たかいニまわり、茶なと被遊候様ニ御心かけ候ハヽ、追而御目利ニ御成□（虫損）んと奉存候、喜右衛門殊外目をかけ被申よしニ承申候少々御上り被成候ハヽ、御かた尓候様御切を御出可被成候、私も八十二罷成申候、大果之道具の事を□（虫損）候衆、世上ニ見及無之、一向ニ宗旦ニ成可申事と存候、宗易か流れたんとする人無之候、是ハ目利よりも出申茶湯ニ而御座候、諸事其元様ハ若き御事ニ御座候、とかく人ニ御たまされなきやう□（虫損）と存申進候
恐惶謹言

八月十六日　　こうのいけや
道億
（花押）

住友吉左衛門様

⑫一丁表に次のようにある。
「正月十九日
一つりかま壱口　　宗信様家見ニ参候」

⑬「竹尺八花入　利休作　文叔在銘」添状
「利休尺八切花入一覧申候。
一段見事ニ候。無紛存候。御秘蔵尤ニ候。恐惶謹言。
三月十九日　　花押

鴻池了信老　千宗守

⑭草間直方は宝暦三年（一七五三）の生まれ。別家の両替商鴻池屋伊助がその人であり、町人学者としても名高い。両替商として、熊本藩・南部藩などの財政改革に尽力する一方、『三貨図彙』や『草間伊助筆記』などを著した。『茶器名物図彙』は『山上宗二記』を披見したことがきっかけで編纂に着手、『古今名物類聚』ほか種々の名物記などを参考にしながらも、多くの茶道具について、自ら諸方を訪ねて寸法などの再確認作業をおこなったようである。天保二年（一八三一）に七十九歳で卒。

⑮鴻池合資会社には文政六年（一八二三）の「虫干図録」（No.102）や天保年間（一八三〇～一八四四）・嘉永年間（一八四八～一八五三）の「道具虫干帖」（No.103）などの記録がのこされている。

⑯「鴻池家美術品入札ノ節　祝詞文」（鴻池合資会社資料室蔵・No.114）より抜粋。

［主な参考文献等］
・江崎政忠「山中道億」（『茶道全集巻の十一』）収載）、創元社、一九三七年。
・江崎政忠「鴻池道億と茶道」（『大大阪を培うた人々』収載）、日本放送出版協会、一九四〇年。
・宮本又次『鴻池善右衛門』、吉川弘文館、一九五八年。
・鴻池統男／廣山謙介『鴻池家年表』、鴻池合名会社、一九九一年。
・谷端昭夫『チャート茶道史』、淡交社、一九九五年。
・倉沢行洋『藝道の哲学』東方出版、一九八三年。

表

番号	宛　名	差出人	想定可能な年代	備　考※1
1	鴻池喜右衛門	如心斎	享保15年（1730）～宝暦元年（1751）	「居士遠忌」に関する内容。ここでいう「居士遠忌」が利休百五十回忌であれば、寛保元年（1741）前後のことである。なお、如心斎が家元であった期間の「喜右衛門」は、四代宗貞（享保８年・1723～延享元年・1744）、または五代宗益（寛延元年・1748～宝暦10年・1760）。
2	鴻池喜右衛門	如心斎	享保15年（1730）～宝暦元年（1751）	「宗閑」の「夜咄の茶事」についての感想。如心斎が家元であった期間中の「喜右衛門」は、四代宗貞（享保８年・1723～延享元年・1744）、または五代宗益（寛延元年・1748～宝暦10年・1760）。
3	鴻池道億	如心斎	享保15年（1730）～元文元年（1736）	如心斎から道億への「松屋小長盆」借用に関する申し入れ。道億は元文元年（1736）に没している。
4	山中善右衛門	啐啄斎 不見斎 連名※2	明和８年（1771）～享和元年（1801）	口切の茶事の返礼。なお、啐啄斎・不見斎が共に家元であった期間中の「善右衛門」は六代幸行（宝暦６年・1756～寛政７年・1795）、または七代幸栄（寛政７年・1795～文化元年・1804）。
5	山中善左衛門	啐啄斎	明和８年（1771）～文化５年（1808）	「長生丸花入」を用いた茶会の返礼。宛名の「善左衛門」は「善右衛門」カ。
6	山中善之助	啐啄斎	明和８年（1771）～文化５年（1808）	「了淳居士追善茶会」とあり、六代幸行の追善茶会についての内容。善之助は分家の「山中善之助家」の五代善之助で、幸行の息と考えられる。

※１　備考欄には、簡単な書状の内容、宛名の人物として想定可能な人名とその名を名乗った期間等を記入した。
※２　不見斎は、裏千家九世・石翁宗室（1746～1801）。一燈の長男で、幼名は粂三郎。名は玄室・宗室・石翁と称し、号は不見斎のほか寒翁・洛北閑人などが知られている。加賀前田家・伊予久松家に仕え、その三男宗什は官休庵を継いで、同家六代好々斎となった。

出品目録

［豪商鴻池誕生］

番号	資料名	出品点数	所蔵者
1	鴻池正成木像	一駆	鴻池家
2	鴻池正成室種木像	一駆	鴻池家
3	浪花持丸長者鑑	一枚	大阪歴史博物館
4	遠祖山中幸盛画像	一幅	鴻池家
5	始祖鴻池新六画像	一幅	鴻池家
6	二代鴻池之宗画像	一幅	鴻池家
7	四代鴻池宗貞画像(宗羽君御肖像)	一幅	鴻池家
8	五代鴻池宗益画像	一幅	鴻池家
9	九代鴻池幸実画像	一幅	鴻池家
10	先祖之規範並家務	一冊	鴻池合資会社資料室
11	家定記録覚	三冊	鴻池合資会社資料室
12	手形之事(一軒役免除)	一通	鴻池合資会社資料室
13	永代売申家役手形之事	一通	鴻池合資会社資料室
14	内久宝寺町上屋敷惣絵図	一舗	鴻池合資会社資料室
15	三貨図彙	三十九冊	大阪歴史博物館
16	草間直方画像	一幅	個人蔵
17	鴻池両替店の図	一点	鴻池合資会社資料室
18	銀鴻善包(銀67匁5分・銀17匁7分・銀9匁9分・銀9匁8分・銀3匁6分・銀2匁)	六点	UFJ銀行(東京都江戸東京博物館寄託)
19	今橋本邸居宅惣絵図	一舗	鴻池合資会社資料室
20	千両箱	一点	UFJ銀行(東京都江戸東京博物館寄託)
21	算用帳	二冊	鴻池合資会社資料室
22	大福帳	一冊	鴻池合資会社資料室
23	金銀引替御用之元帳	二冊	大阪大学経済学部経済史経営史資料室
24	覚(大浚御用金)	一通	大阪大学経済学部経済史経営史資料室
25	鴻池新田開発事略　天・地・人	三冊	鴻池合資会社資料室
26	◎鴻池新田会所(写真)	三点	東大阪市教育委員会
27	大名貸証文	一通	鴻池合資会社資料室
28	各藩掛合控	五冊	大阪大学経済学部経済史経営史資料室
29	広島藩掛合控	八冊	大阪大学経済学部経済史経営史資料室
30	獅子牡丹蒔絵金象嵌印籠	一合	鴻池合資会社資料室
31	梨子地瀧虎蒔絵印籠　銘　梶川作	一合	鴻池合資会社資料室
32	刀　無銘　江義弘(号　芦葉江)	一口	高松市歴史資料館
33	鞍置馬金目貫	一組	個人蔵
34	二匹獅子金目貫	一組	個人蔵
35	十二支目貫	一組	個人蔵
36	龍虎豹金目貫	一組	個人蔵
37	色絵布袋目貫	一組	個人蔵
38	赤銅五羽鶴小柄	一本	個人蔵
39	矢短冊三所物	一組	林原美術館
40	玄宗楊貴妃三所物	一組	個人蔵
41	赤銅龍虎三所物	一組	個人蔵
42	這龍三所物	一組	個人蔵
43	後藤彫三所物十三代之控	一冊	鴻池合資会社資料室
44	嘉永七年　初秋小道具仮控	一冊	鴻池合資会社資料室
45	正月鉳・五月鉳・九月鉳　光俦作	三点	鴻池合資会社資料室
46	伝山中鹿介所持　音羽茶入　銘「玉葛」　箱書遠州	一口	鴻池合資会社資料室
47	初代宗信様御印判　山中善右衛門幸栄箱書	一点	鴻池合資会社資料室
48	初代宗信居士御文　「こうのいけやていしん殿」宛	一幅	鴻池合資会社資料室
49	御先祖様方御筆之物	一巻	鴻池合資会社資料室
50	五代宗益作　黒楽茶碗　銘「小がらす」	一口	鴻池合資会社資料室
51	六代幸行作　竹花入　銘「布引」	一口	鴻池合資会社資料室
52	七代幸栄筆　初瀬山之図	一幅	鴻池合資会社資料室
53	鴻池道億画像	一幅	鴻池合資会社資料室
54	四代鴻池宗貞画像(了瑛様御肖像　大龍宗丈賛)	一幅	鴻池合資会社資料室
55	村田珠光文「御尋之事」　宗益書写	一幅	鴻池合資会社資料室
56	鴻池様御道具拝見ノート	十九冊	鴻池合資会社資料室
57	鴻池喜右衛門宛　如心斎文	一幅	鴻池合資会社資料室
58	鴻池喜右衛門宛　如心斎文	一幅	鴻池合資会社資料室
59	山中善左衛門宛　千宗左・千宗室連名文	一幅	鴻池合資会社資料室
60	山中善左衛門宛　啐啄斎文	一幅	鴻池合資会社資料室
61	山中善之助宛　啐啄斎文	一幅	鴻池合資会社資料室
62	利休起証「宗易数寄之仮名法語一枚起証」　鴻池道億書写	一幅	鴻池合資会社資料室
63	鴻池道億宛　如心斎文	一幅	鴻池合資会社資料室

64	覚（唐物古難波茶入等に関する評）	一通	住友史料館
65	書状（茶道他けいこ御大切之儀）	一通	住友史料館
66	書状（私儀准后様へ御出入仕候儀）	二通	住友史料館
67	書状（可中之茶入之儀等）	一通	住友史料館
68	鴻池道意作　竹花入	一口	鴻池合資会社資料室
69	鴻池道億作　茶杓	一本	鴻池合資会社資料室
70	朱菱形香合	一合	鴻池合資会社資料室
71	鴻池道億墓	一基	丈六　戒光寺
72	茶器名物図彙	九十七冊	個人蔵
73	玉林院南明庵建絵図	一点	鴻池合資会社資料室
74	玉林院「南明庵」「蓑庵」「霞床席」（写真）	一件	大徳寺塔頭　玉林院
75	戊の年所々会付	一冊	鴻池合資会社資料室
76	順会茶事控	一冊	鴻池合資会社資料室
77	大黒茶ノ湯記	一冊	鴻池合資会社資料室
78	反古庵茶書（写）	一綴	鴻池合資会社資料室
79	延宝三乙卯年　諸道具買帳	一冊	鴻池合資会社資料室
80	寛政三年　道具改帳（二番・八番）	四冊	鴻池合資会社資料室
81	青磁下蕪花入　銘「鎹」	一口	大阪市立東洋陶磁美術館
82	朝鮮唐津耳付六角花入	一口	出光美術館
83	竹尺八花入　利休作　文叔在判	一口	個人蔵
84	瀬戸肩衝茶入　銘「暁」	一口	出光美術館
85	○赤楽茶碗　銘「若山」	一口	野村美術館
86	鼠志野茶碗　銘「横雲」	一口	野村美術館
87	南蛮芋頭水指	一口	東京国立博物館
88	狂言袴茶碗　銘「浪花筒」	一口	東京国立博物館
89	古赤絵雲堂手茶碗	一口	大和文華館
90	蓮鷺文手桶茶器	一口	東京国立博物館
91	徹翁義亨墨跡　虎林字号	一幅	東京国立博物館
92	独楽香合　銘「昔男」	一合	東京国立博物館
93	銹絵柳文重香合	一合	大和文華館
94	古芦屋四方霰釜	一口	野村美術館
95	大燈国師墨跡二幅対二重箱之控（付属・題簽）	一通	鴻池合資会社資料室
96	大燈国師墨跡二幅対譲状　喜右衛門殿　玉林院	一通	鴻池合資会社資料室
97	大燈国師墨跡二幅対　真珠庵添状	一通	鴻池合資会社資料室
98	瀬戸真中古茶入　銘「小筵」	一口	正木美術館
99	尻張釜　銘「永平寺」	一口	正木美術館
100	大富重伝作　共筒茶杓	一本	正木美術館
101	利休作　共筒茶杓　銘「ゆみ竹」	一本	正木美術館
102	弐番　虫干図録	一冊	鴻池合資会社資料室
103	道具虫干帖	一冊	鴻池合資会社資料室
104	御先代御筆之物並御道具類控　山中幸栄	一冊	鴻池合資会社資料室
105	赤絵花文湯呑	一口	京都国立博物館
106	染付雲堂手筒茶碗	一口	京都国立博物館
107	染付牛文入隅四方向付	一口	京都国立博物館
108	黄交趾釉蒔絵竹一重切形花入	一口	京都国立博物館
109	古扇　森一鳳　藻刈舟	一本	太田記念美術館
110	古扇　森寛斎　若松に狗子	一本	太田記念美術館
111	古扇　森狙仙　猿	一本	太田記念美術館
112	古扇　耳鳥斎　練物	一本	太田記念美術館
113	明治九年府立博物場出品之控	一冊	鴻池合資会社資料室
114	鴻池家美術品入札ノ節　祝詞	一通	鴻池合資会社資料室
115	松筠亭蔵品展観目録	三冊	鴻池合資会社資料室
116	赤綸子地几帳文繍紋振袖	一領	大阪歴史博物館
117	黄綸子地入子菱桐文縫紋小袖	一領	大阪歴史博物館
118	薄墨地松秋草に牛文染縫小袖	一領	大阪歴史博物館
119	扇面散蒔絵書棚	一基	大阪歴史博物館
120	紋付香道具	一式	大阪歴史博物館
121	紋付膳椀	二組	大阪歴史博物館
122	紋付渡金箱	一式	大阪歴史博物館
参考◉	飛青磁花入	一口	大阪市立東洋陶磁美術館
参考◉	大燈国師墨跡　渓林偈・南嶽偈	二幅	正木美術館
参考◎	虚堂智愚墨跡　送僧偈	一幅	正木美術館
	千両箱	一点	大阪歴史博物館保管
	黒塗十二ヶ月図印籠	十二合	鴻池合資会社資料室
	唐子図蒔絵印籠	一合	鴻池合資会社資料室
	金鬼鍾馗緒締　銘　利寿	一組	鴻池合資会社資料室
	刀　銘　備前国住長船与三左衛門尉祐定　永正三年二月日	一口	鴻池合資会社資料室
	刀　銘　月山	一口	鴻池合資会社資料室
	脇差　銘　長曽根興里入道乕徹	一口	鴻池合資会社資料室
	金桐鳳凰三所物	一組	個人蔵
	万年青図三所物	一組	林原美術館

群馬図二所物　銘　桂永寿(花押)	一組	鴻池合資会社資料室
刀脇差短刀新刀小刀控	一冊	鴻池合資会社資料室
鴻池道億画像	一幅	鴻池合資会社資料室
書状(茶書、茶碗之始等御尋ニ付)	一通	住友史料館
書状(道具や良悪之儀等ニ付)	一通	住友史料館
書状(目利を第一御けいこ可被下候等ニ付)	一通	住友史料館
書状(目利数少なき儀、道具は大方にせ物等ニ付)	一通	住友史料館
楽旦入(得入カ)作　黒茶碗・赤茶碗	一対	鴻池合資会社資料室
楽旦入作　長次郎七種写	七口	鴻池合資会社資料室
白釉鉄絵茶碗	一口	京都国立博物館
古扇　柴田是真　茶入に茶杓	一本	太田記念美術館
古扇　松村月渓　寿老	一本	太田記念美術館
古扇　松村月渓　枇杷	一本	太田記念美術館
古扇　墨江武禅　美人戯児	一本	太田記念美術館
紅綸地流水に遠山桜文刺繡打掛	一領	大阪歴史博物館
茶地松皮菱取りに秋草文刺繡小袖	一領	大阪歴史博物館
白地宝尽くし文摺箔振袖	一領	大阪歴史博物館
茶地変わり格子文長上下	一具	大阪歴史博物館
紺地腰替わりに山道文熨斗目小袖	一領	大阪歴史博物館
素襖袴	一具	大阪歴史博物館
小結烏帽子	一頭	大阪歴史博物館
人物図火消半纏	一領	大阪歴史博物館
仕覆裂	十点	大阪歴史博物館
紋付衣桁	一基	大阪歴史博物館
紋付薬箪笥	一式	大阪歴史博物館
紋付化粧道具	一式	大阪歴史博物館
紋付書棚	一式	大阪歴史博物館
図表　鴻池家系図		
図表　鴻池家年表		
図表　鴻池家大坂市中所持屋敷の分布		
図表　算用帳から見える鴻池家の資産の推移		

[鴻池幸方とその時代]

番号	資料名	出品点数	所蔵者
123	第十三国立銀行株券　第壱番	一枚	UFJ銀行(東京都江戸東京博物館寄託)
124	旧国立銀行券　弐円	一枚	UFJ銀行(東京都江戸東京博物館寄託)
125	旧国立銀行券　壱円	一枚	UFJ銀行(東京都江戸東京博物館寄託)
126	第十三国立銀行看板	一点	UFJ銀行(東京都江戸東京博物館寄託)
127	鴻池家憲法	一冊	鴻池合資会社資料室
128	新国立銀行券　五円	一枚	UFJ銀行(東京都江戸東京博物館寄託)
129	新国立銀行券　壱円	一枚	UFJ銀行(東京都江戸東京博物館寄託)
130	旧鴻池銀行本店(平成九年撮影)	一点	大阪歴史博物館撮影
131	三行合併記念写真	一枚	鴻池合資会社資料室
132	鴻池善右衞門幸方肖像	一点	鴻池家
133	大礼服	一式	大阪歴史博物館
134	大礼服　帽子	一点	大阪歴史博物館
135	大礼服　剣	一振	大阪歴史博物館
136	旧表屋門(現・三宅邸)	一件	個人蔵
137	移築前の表屋門	一枚	大阪歴史博物館
138	大阪美術倶楽部(畳廊下・扇鴻の間・雪月花の間・全景・土蔵)写真	一件	大阪美術倶楽部
139	鴻池本邸玉突場	一枚	鴻池合資会社資料室
140	庭園(瓦屋橋別邸)	一枚	大阪歴史博物館
141	大広間広縁(瓦屋橋別邸)	一枚	大阪歴史博物館
142	瓦屋橋屋敷絵図　寛政五年十一月	一舗	鴻池合資会社資料室
143	コーヒー碗	一客	大阪歴史博物館
144	色絵婦人立像置物	一個	京都国立博物館
145	紫交趾釉三ツ松紋散鳳凰唐草文丁字風炉	一個	京都国立博物館
146	永楽工房写真	一枚	大阪歴史博物館
147	染付梅花氷裂文大皿	一枚	大阪歴史博物館
148	染付松文大皿	一枚	大阪歴史博物館
149	色絵草花虫文皿	一枚	大阪歴史博物館
150	染付唐船文輪花皿	一枚	大阪歴史博物館
151	染付葉皿	二枚	大阪歴史博物館
152	亀甲鶴文猪口	三口	大阪歴史博物館
153	色絵赤玉瓔珞文鉢	一口	大阪歴史博物館
154	染付亀甲鶴文鉢	一口	大阪歴史博物館
155	色絵花卉文汲出茶碗	一口	大阪歴史博物館

156	染付唐草文蓋付碗	一合	大阪歴史博物館
157	色絵寿字文蓋付鉢	一口	大阪歴史博物館
158	鶴之卵盃	一口	大阪歴史博物館
159	ガラス徳利	二口	大阪歴史博物館
160	ガラス振出	二口	大阪歴史博物館
161	アイスクリームコップ	二口	大阪歴史博物館
162	カクテルグラス	二口	大阪歴史博物館
163	ガラス蓋茶碗	一合	大阪歴史博物館
164	色ガラス果物器	一口	大阪歴史博物館
165	アイスペール	一式	大阪歴史博物館
166	サラダボウル	一式	大阪歴史博物館
167	ソースボート	二点	大阪歴史博物館
168	フィッシュナイフ・フィッシュフォーク	二本	大阪歴史博物館
169	フォーク	一式	大阪歴史博物館
170	ナイフ	一式	大阪歴史博物館
171	独楽文二重食籠	一点	大阪歴史博物館
172	紋付菓子器	一口	大阪歴史博物館
173	紋付手焙	一点	大阪歴史博物館
174	菊螺鈿手焙	一点	大阪歴史博物館
175	鉢の子手焙	一点	大阪歴史博物館
176	松唐草文蒔絵丸火鉢	一点	大阪歴史博物館
177	菊灯台	一対	大阪歴史博物館
178	七宝電気スタンド	一台	大阪歴史博物館
179	白熊敷皮	一点	大阪歴史博物館
180	豹敷皮	一点	大阪歴史博物館
181	天使形スピーカー	一点	大阪歴史博物館
182	蝋管式蓄音機	一台	大阪歴史博物館
183	蝋管式蓄音機	一台	大阪歴史博物館
184	蝋管	一式	大阪歴史博物館
185	紙腔琴	一台	大阪歴史博物館
186	幻灯機	一台	大阪歴史博物館
187	幻灯機種板　東京・浅草寺	一枚	大阪歴史博物館
188	幻灯機種板　京都・天橋立	一枚	大阪歴史博物館
189	幻灯機種板　神戸・布引滝雌滝	一枚	大阪歴史博物館
190	幻灯機種板　フランス・凱旋門	一枚	大阪歴史博物館
191	幻灯機種板　エジプト・スフィンクス	一枚	大阪歴史博物館
192	幻灯機種板　ロシア・サンクトペテルブルク	一枚	大阪歴史博物館
193	幻灯機種板　イギリス・国会議事堂	一枚	大阪歴史博物館
194	幻灯機種板　後醍醐天皇と楠木正成	一枚	大阪歴史博物館
195	幻灯機種板　鴻池幸方	一枚	大阪歴史博物館
196	立体写真ビューアー	一台	大阪歴史博物館
197	立体写真　大阪・九階遠望	一枚	大阪歴史博物館
198	立体写真　奈良・大仏殿	一枚	大阪歴史博物館
199	立体写真　京都・上賀茂神社	一枚	大阪歴史博物館
200	木製カメラ	一台	大阪歴史博物館
201	日光・東照宮陽明門	一枚	鴻池合資会社資料室
202	金沢・兼六園	一枚	鴻池合資会社資料室
203	大阪・高津吉助牡丹園	一枚	鴻池合資会社資料室
204	京都・金閣寺	一枚	鴻池合資会社資料室
205	播磨・舞子海岸	一枚	鴻池合資会社資料室
206	アジサイ	一枚	鴻池合資会社資料室
207	アサガオ	一枚	鴻池合資会社資料室
208	萩に月	一枚	鴻池合資会社資料室
209	近江・堅田浮御堂	一枚	鴻池合資会社資料室
210	盆景　堅田之落雁	一枚	鴻池合資会社資料室
211	盆景　嵐山之春色	一枚	鴻池合資会社資料室
212	盆景　瓦別邸	一枚	鴻池合資会社資料室
213	押絵	十四点	鴻池合資会社資料室
	第十三国立銀行株券	一枚	UFJ銀行（東京都江戸東京博物館寄託）
	廻文箱　本家店	一点	大阪歴史博物館蔵
	銭箱　甲号　第十三国立銀行	一点	大阪歴史博物館蔵
	大日本金満長者鑑　明治三十六年度	一枚	個人蔵
	弁当箱　第十三国立銀行	一点	大阪歴史博物館蔵
	黄交趾釉花卉文花瓶形電気スタンド	一点	京都国立博物館
	紫交趾釉牛文置物	一点	京都国立博物館
	三脚	一脚	大阪歴史博物館
	写真帖	四冊	鴻池合資会社資料室
	紋付角火鉢	一点	大阪歴史博物館
	紋付六角火鉢	一点	大阪歴史博物館
	矢車文菊灯台	一対	大阪歴史博物館

参考文献

鴻池統男／廣山謙介監修『鴻池家年表』鴻池合名会社、一九九一年

宮本又次『鴻池善右衛門』吉川弘文館、一九五八年

森泰博「鴻池家の広島藩掛合帳」(『上智経済論集』10-1収載) 上智大学経済学部、一九六三年

森泰博「鴻池の大名貸」(『上智経済論集』11-1収載) 上智大学経済学部、一九六四年

『大阪市史』大阪市参事会、一九一一年

宮本又次『大阪の研究』2、3、4 清文堂、一九六八・六九・七〇年

『大阪の歴史力』農山漁村文化協会、二〇〇〇年

脇田修『近世大坂の経済と文化』人文書院、一九九四年

安岡重明『財閥形成史の研究』増補版 ミネルヴァ書房、一九九八年

新修大阪市史編纂委員会編『新修大阪市史』第三巻・第四巻・第五巻 大阪市、一九八九・九〇・九一年

森泰博『大名金融史論』大原新生社、一九七〇年

『重要文化財旧鴻池新田会所・史跡鴻池新田会所跡修理工事報告書』東大阪市、一九九六年

江崎政忠「鴻池道億と茶道」(『大大阪を培うた人々』収載) 日本放送出版協会、一九四〇年

江崎政忠「山中道億」(『茶道全集巻の十二』収載) 創元社、一九三七年

堺市博物館『朱漆「根来」その用と美』堺市博物館、一九八六年

高橋義雄『近世道具移動史』有明書房、一九九〇年

倉沢行洋『藝道の哲学』東方出版、一九九八年

リチャード・L・ウィルソン／小笠原佐江子『乾山焼入門』雄山閣出版、一九九九年

野村美術館学芸部『茶道史に輝く人々』財団法人 野村文華財団、一九九五年

大阪美術倶楽部／東京美術倶楽部『松筠亭蔵品展観目録』一九四〇年

谷端昭夫『チャート茶道史』淡交社、一九九五年

佐々木三味『茶器とその扱い』淡交社、一九五四年

茶道資料館『茶道具の鑑賞と基礎知識』淡交社、二〇〇二年

創元社『茶道全集』(復刻判) 創元社、一九七二年

千宗室『茶道学大系』淡交社、一九九九～二〇〇一年

谷端昭夫『茶の湯の文化史―近世の茶人たち―』吉川弘文館、一九九九年

青木準子『茶の湯ハンドブック 名物茶入伝来便覧 付・天目茶碗』主婦の友社、一九九五年

徳川義宣／小田榮一／竹内順一／谷晃『茶の湯美術館』1東京・関東、2京都・関西、3全国 角川書店、一九九七～九八年

茶道資料館『徳川斉荘と玄々斎宗室』茶道資料館、二〇〇三年

福岡市美術館『没後30周年記念特別展―松永耳庵コレクション展』図録 福岡市美術館、二〇〇一年

財団法人 野村文華財団『わび茶の成立 珠光・紹鴎』財団法人 野村文華財団、一九八九年

桑田忠親 新装普及版『茶道の逸話』東京堂出版、一九九〇年

京都国立博物館『特別展覧会 日本人と茶―その歴史・その美意識』京都国立博物館・読売新聞社大阪本社、二〇〇二年

林屋晴三編『茶道聚錦』小学館、一九八四～八七年

谷晃『茶会記の研究』淡交社、二〇〇一年

粟野秀穂「鴻池宗羽居士と玉林院」(『史蹟と古美術』第19巻2号収載) 國史普及會、一九三七年

国立歴史民俗博物館編『社寺の国宝・重文建造物塔 棟札銘文集成―近畿編1―』国立歴史民俗博物館、一九九六年

太田記念美術館学芸部『鴻池コレクション扇絵図録』第1集(浮世絵)、第4集(円山・四条派) 浮世絵 太田記念美術館、一九八一・八四年

京都府京都文化博物館『近世工芸の華 婚礼のいろとかたち』展図録 京都府京都文化博物館、一九九七年

東京国立博物館『江戸蒔絵』東京国立博物館、二〇〇二年

東京国立博物館『創立130周年記念特別展 江戸蒔絵―光悦・光琳・羊遊斎―』東京国立博物館、二〇〇二年

大阪市立美術館「カザールコレクション―江戸時代の蒔絵―調度」(大阪市立美術館蔵品図録15) 大阪市立美術館、一九八五年

荒川浩和「日本の美術 第195号 印籠と根付」至文堂、一九八二年

荒川浩和「日本の美術 第276号 香道具」至文堂、一九八九年

別冊太陽『日本人の心X 婚礼』平凡社、一九七五年

京都国立博物館『京都国立博物館所蔵 鴻池家伝来永楽善五郎関係資料』京都国立博物館、一九九八年

三島敏明『京都における幕末の茶陶名工展』京都美術青年会、一九八九年

国立歴史民俗博物館『男も女も装身具―江戸から明治の技とデザイン―』国立歴史民俗博物館、二〇〇二年

高松市歴史資料館『第二十五回特別展 芦葉江と名刀展』高松市歴史資料館、二〇〇〇年

日本刀装具美術館『鴻池家秘蔵特別展』日本刀装具美術館、一九九五年

堀幸清「堀幸清回想録」自筆稿本、一九九〇年

三和銀行調査部『サンワのあゆみ』三和銀行、一九八三年

勝田貞次『日本コンツェルン全書X 川崎鴻池コンツェルン読本』春秋社、一九三八年

宮本又郎『日本の近代11 企業家たちの挑戦』中央公論新社、一九九九年

吉見俊哉『「声」の資本主義』講談社、一九九五年

国立科学博物館『情報技術のあけぼの「情報世紀」の主役たち』国立科学博物館、二〇〇一年

「鴻池今屋橋別邸」(『建築と社会』第15集第8号収載) 日本建築協会、一九三二年

中瀬寿一「旧鴻池邸と大塩事件ルポ『浪華市廓 奇火災見聞之記』旧鴻池邸表屋 町人文化資料館の宮崎家文書紹介」(『大阪春秋』第12巻第1号 通巻第39号収載) 大阪春秋社、一九八四年

藤樫準二『勲章』保育社、一九七二年

中川邦昭『カメラ・ギャラリー』美術出版社、一九九一年

R・V・ジェンキンズ『フィルムとカメラの世界史』平凡社、一九九八年

小笹洋一『図鑑カメラ100年』京都書院、一九九八年

岡泰正『びいどろぎやまん図譜』淡交社、一九九六年

別冊太陽『骨董をたのしむ2 明治・大正のガラス』平凡社、一九九四年

中ノ堂一信『京都窯芸史』淡交社、一九八四年

大橋康二『日本のやきもの 有田・伊万里』淡交社、二〇〇二年

大阪市文化財協会『住友銅吹所跡発掘調査報告』大阪市文化財協会、一九九八年

謝辞

本展の開催ならびに本図録の編集にあたり、多くの方々、博物館・美術館をはじめとする関係諸機関のご指導、ご協力を賜りました。

ここにご芳名を記し、深く感謝の意を表します。

[協力者]

安達 直哉
荒川 正明
磯部 義隆
伊藤 嘉章
井上 伸一
今井 敦
今井 典子
大橋 康二
尾野 善裕
恩賀 敬子
御宮知 樹
草間 敏夫
熊倉 功夫
鴻池 善右衛門
小林 克
齋藤 慎一
阪井 政市
佐々木 孝文
沢井 実
重岡 香織
重富 滋子
Julia E. Pool
洲鎌 佐智子
関戸 健吾
千 方可
園 平治
高橋 範子
武井 香奈江
田所 建
谷 晃
出川 哲朗
戸田 禾
戸田 義晃
永橋 守
中西 裕見子
野上 建紀
花房 昭一
林 進
日高 薫
廣田 義人
藤井 雄三
藤浦 正行
堀 幸清
水岡 育子
三宅 えり子
森 幹盛
行吉 正一
鷲塚 麻季
渡邊 恭章

[協力機関]

出光美術館
東京都江戸東京博物館
大阪市立東洋陶磁美術館
大阪大学経済学部経済史経営史資料室
大阪天満宮
大阪美術倶楽部
大阪府立中之島図書館
太田記念美術館
表千家同門会 大阪支部
京都国立博物館
京都文化博物館
鴻池合資会社
鴻池新田会所
国立民族学博物館
国立歴史民俗博物館
丈六 戒光寺
住友史料館
大徳寺塔頭 玉林院
高松市歴史資料館
茶道資料館
東京国立博物館
野村美術館
林原美術館
肥田家
東大阪市教育委員会
正木美術館
大和文華館
UFJ銀行

(五十音順・敬称略)

[写真撮影]

岩間 明徳 (UFJ銀行所蔵品・No.41)
城野 誠治 (No.89、93)
宮原 正行 (鴻池家所蔵品・鴻池合資会社資料室所蔵品・住友史料館所蔵品・大阪歴史博物館所蔵品・大阪美術倶楽部・大徳寺塔頭玉林院・No.16、34、35、36、37、38、40、42、71)
山崎 義洋 (大阪歴史博物館所蔵品)

(五十音順・敬称略)

豪商《ごうしょう》 鴻池《こうのいけ》——その暮らしと文化——
Wealthy Merchants, The Kōnoike Family
——Their Life and Culture——

発行日　平成15年3月12日
編　集　大阪歴史博物館
発行者　今東成人
発　行　東方出版株式会社
〒543-0052　大阪市天王寺区大道 1-8-15
TEL 06-6779-9571　FAX 06-6779-9573
制　作　ニューカラー写真印刷株式会社

ISBN4-88591-840-5 C0021

Introduction

The Kōnoike Family gained a foothold in the development of business, when the founder of the family, Yamanaka Shinroku, made inroads into the markets in Uchikyuhoji-machi, Osaka, from Kōnoike village in Kawabe county, Settsu province (present-day Itami City) and started a large-scale *sake* brewing industry and marine transportation business in the beginning of the 17th century. In the early 18th century, the family grew into a typical authorized money exchange house in Osaka, and developed Kōnoike-Shinden (New Rice Field). The family endeavored to build a stable business by making *"Shisso- Kenyaku"* (Simplicity and Frugality) their guiding principle.

In the wake of the Meiji Restoration *(Meiji Ishin)*, a great number of the money exchanger went bankrupt in the turbulence of the time. However, the Kōnoike family retained its position through the several administrative reforms, including the establishment of The Thirteenth National Bank and subsequently The Kōnoike Bank. At about the time of the eleventh head of the family, Yukikata, the Kōnoike family was reputed to be a distinguished family in the economic world in Osaka.

In this exhibition, materials, which were donated by the Kōnoike family to Osaka City, are on display as the main artifacts. The exhibition introduces the process of the development of the family from the early period to its success as a money exchange house. It also illustrates the vast scope of its cultural activities and the way of life of the family at the time of the eleventh head, Yukikata, providing a comprehensive picture of the Kōnoike family, wealthy merchants in Osaka.

We would like to express our heartfelt gratitude to the Kōnoike family, to all the owners of the artifacts generously lent for this exhibition, and to the various parties concerned who cooperated with us in researching the cultural properties of these valuable items.

March, 2003

Osaka Museum of History

Special Exhibition

Wealthy Merchants, The Kōnoike Family

——Their Life and Culture——

Osaka Museum of History